Thorsten Hinz

PSYCHOLOGIE DER NIEDERLAGE

EDITION JF

Thorsten Hinz

Die Psychologie der Niederlage

Über die deutsche Mentalität

EDITION JF

Lektorat: Silke Lührmann, Berlin
Buchgestaltung und Satz: oktavo, Syrgenstein
Druck und Bindung: CPI Moravia Books GmbH, Pohořelice, Tschechien

Abbildung auf dem Umschlag:
Wolfgang Mattheuer, »Kain« (1965, Öl auf Hartfaser, 96 x 118 cm)
© VG Bild-Kunst, Bonn; Eigentümer: Stiftung Moritzburg.
Kunstmuseum des Landes Sachsen-Anhalt.
Für die Genehmigung zum Abdruck danken wir Frau Ursula Mattheuer-Neustädt
und der Stiftung Moritzburg.

Bibliographische Information der Deutschen Bibliothek:

Die Deutsche Bibliothek verzeichnet diese Publikation in der
Deutschen Nationalbiographie; detaillierte bibliographische Angaben sind
im Internet über http://dnb.ddb.de abrufbar.

ISBN 978-3-929886-34-4

Hohenzollerndamm 27a, 10713 Berlin

Inhaltsverzeichnis

Für Berlin

Wenn die Tore, aufgespalten
von den Wüsten, nicht zu halten
und die Burg im Sand verrinnt,
Jeder sieht hier etwas enden,
Jeder sieht sich hier was wenden
Keiner sieht, was hier beginnt ...

Gottfried Benn, 1948

Fremder Blick: Abschied von Berlin

Aus meiner Zelle vor dem leeren Blatt
Im Kopf ein Drama für kein Publikum
Taub sind die Sieger die Besiegten stumm
Ein fremder Blick auf eine fremde Stadt
Graugelb die Wolken ziehn am Fenster hin
Weißgrau die Tauben scheißen auf Berlin

Heiner Müller, 14. Dezember 1994

1
Einleitung

Wer die deutsche Politik danach beurteilt, ob sie den Selbsterhalt des deutschen Staates als Deutsch-Land, als Heimstatt der Deutschen sichert – ob sie im eigenen Land deren unaufhebbare Eigenrechte sichert, die keiner Begründung bedürfen und die andere Völker in ihren Grenzen genauso beanspruchen können –, der sieht sich bald auf zwei Möglichkeiten beschränkt: Er verfällt entweder in Depression, wahlweise auch in Zynismus oder Abstumpfung, die um so größer sind, weil das unterstellte Allgemeininteresse gar nicht zu existieren scheint. Jedenfalls wehren die Bürger – der »Demos« – sich nicht oder kaum gegen eine Politik, die dieses Allgemeininteresse permanent verletzt. Im Gegenteil, sie bestätigen sie täglich durch große und kleine Plebiszite, durch ihre Gleichgültigkeit und ihre Sprache, durch ihr Medien- und Konsumverhalten.

Um das zu verstehen und – das ist die zweite Möglichkeit – Distanz zu finden, muß man das hinter den zahllosen Absurditäten stehende Gesetz entschlüsseln. Die These lautet: Die Entwicklung in Deutschland und die Mentalität, die sie stützt und duldet, gehorchen dem Gesetz der Niederlage, die Tag für Tag bestätigt, erneuert und vertieft wird. Spontan verweist der Begriff auf das Jahr 1945, das hier nicht als »Stunde Null« verstanden wird. Vielmehr markiert es innerhalb eines Kontinuums einen Punkt, an dem langfristige Tendenzen und Haltungen sich verdichtet und die Anhäufung von Quantitäten zu einem qualitativen Umschlag geführt haben. Danach wurde das Niederlage-Denken beherrschend und für die Gesellschaft, schließlich für den Staat und die Nation konstituierend.

Dieser Ausgangspunkt birgt die Gefahr in sich, Verlust, Verfall und Untergang auch dort zu beklagen, wo sich lediglich natürliche

Veränderungen vollziehen und Lebensimpulse entladen. Umgekehrt kann die Furcht davor, einer selbstentworfenen Apokalyptik zu verfallen, ebenfalls zur Realitätsblindheit führen. Längst verdichten die negativen Einzelbefunde sich zu Tendenzen, die auf eine Regression der Gesellschaft hindeuten, auf eine Rückentwicklung zum Primitiven. Das deutsche Bildungssystem, das zu den besten der Welt zählte und bereits im Kaiserreich für eine flächendeckende Alphabetisierung gesorgt hatte, entläßt heute immer mehr Analphabeten. Und die Entwicklung gewinnt erst an Fahrt! In den Ballungsgebieten explodiert der Anteil der Erstkläßler, die sprachliche, motorische und soziale Defizite schwerster Art aufweisen, die nicht wirklich bildungsfähig sind und es niemals sein werden. Ein rohstoffarmes Land, dessen Qualitäten auf seinen intellektuellen Vorsprüngen beruhten, leitet damit seine wirtschaftliche und soziale Verwahrlosung ein. Die D-Mark, der bundesdeutsche Kronschatz, wurde von der politischen Klasse zu schlechten und betrügerischen Bedingungen einer europäischen Gemeinschaftswährung geopfert. Das hat im eigenen Land zum Verlust an Wohlstand geführt, ohne daß andere Länder daraus bleibenden Nutzen ziehen konnten. Die Möglichkeiten der Bundesrepublik, die Schulden minder entwickelter Partnerländer zu begleichen und sich deren – scheinbares – Wohlwollen durch finanzielle Nachgiebigkeit zu erkaufen, stoßen nun erstmals an ihre Grenzen und mit ihnen das grundlegende Politikkonzept.

Am schwersten aber wiegt der Verlust an biologischer Substanz durch sinkende Geburtenraten und Überalterung. Der Anblick kindlicher und jugendlicher Anmut wird seltener, ebenso die schöpferische Kraft, denn bahnbrechende Erfindungen und Leistungen finden eher in der vierten als in der siebten Lebensdekade statt. In einem allgemeineren Sinne kündet der Verzicht auf Kinder vom fehlenden Mut, einen neuen Anfang zu setzen.

Unbeeindruckt von dieser Entwicklung sind die in- und ausländischen Unterschichten, was die regressiven Tendenzen in der Gesellschaft zusätzlich vorantreibt. Eine aktive Bevölkerungs- und Sozialpolitik, die diesen Trend quantitativ und qualitativ umkehrt, gibt es nicht bzw. wird unter Hinweis auf Praktiken des Nationalsozialismus zurückgewiesen. Statt dessen wird eine Zuwanderung hingenommen und finanziert, die sich gleichfalls aus Angehörigen der Unterschichten rekrutiert und zu ethnisch-religiösen Parallelstrukturen führt. Diese nehmen – nicht zuletzt über ihr physisches Drohpotential aus jungen Männern – einen illegitimen Einfluß auf die deutsche Gesellschaft. Der Staat weicht auf Kosten seiner angestammten Bewohner zurück, deren staatsbürgerliche Privilegien sich in dem Maße verringern, wie ihre Steuer- und Abgabenbelastung steigt.

Zu der allgemeinen Regression ist auch die Neigung zu rechnen, derartige Entwicklungen zu ignorieren oder durch ideologische Sprachspiele unkenntlich zu machen – eine Praxis, an der bereits die DDR gescheitert ist. Der Untergang des Ostblocks, dessen Frontlinie der zweite deutsche Staat markierte, hat diese Neigung verschärft. Der Druck, den der Osten auf den Westen ausübte, hielt die Bundesrepublik davon ab, zur Gänze dem eigenen Nihilismus zu verfallen, und zwang ihr ein gewisses Maß an politischem Realismus ab. Die DDR wirkte damit für die Bundesrepublik als Notbremse, die mit der Wiedervereinigung gelöst wurde.

Es waren unter anderem die früh erkannten regressiven Tendenzen, die Arnold Gehlen auf gewollte Mißverständnisse in der Einschätzung der geschichtlichen Situation schließen ließen und zu der These von den »widerlegten Völkern« veranlaßten: »Es ist die bedeutendste geschichtliche Leistung einer Nation«, heißt es in *Moral und Hypermoral,* »sich überhaupt als eine so verfaßte geschichtliche Einheit zu halten, und den Deutschen ist sie nicht geglückt. Die Selbsterhaltung schließt die geistige Behauptung und das Bekenntnis einer Nation zu sich selbst vor aller Welt ebenso ein wie die Sicherheit im großpolitischen Sinne, und diese besteht in der Macht eines Volkes, den physischen wie den moralischen Angriff auf sich unmöglich zu machen.« Die Selbstbehauptung wird in ihr Gegenteil verkehrt durch eine Geschichts- und Gedenkpolitik, welche die eigene Geschichte radikal moralisiert, eine transzendente deutsche Schuld deklariert und damit zur materiellen und moralischen Erpressung des eigenen Landes einlädt. Das gilt auch für den merkwürdigen Schuldstolz, der eine Pervertierung nationaler

Identität darstellt. Wenn weiterhin die Kontaminierungen aus der nationalsozialistischen Periode in immer tiefere Vergangenheitsschichten getrieben werden, dann ist der Beweis erbracht, daß keine Verarbeitung eines Schuldtraumas, sondern eine Neurotisierung bzw. Selbstneurotisierung stattfindet. Sicherlich gibt es vielfältige äußere Interessen, die sich daran knüpfen, aber der stärkste Antrieb dazu kommt von den Deutschen selbst.

Handelt es sich um einen Drang zum Tode? Es ist, wenn man Gehlen folgt, noch verzwickter: »Widerlegte Völker, die sich einer übermächtig fremdbestimmten Zukunft gegenübersehen, versuchen doch in weiten Verkehrs- und Meinungsräumen zu missionieren, um eine Atmosphäre der Schonung zu verbreiten.«[1] Die Selbstanklagen und -verkleinerungen sollen die anderen von der eigenen Gutartigkeit überzeugen und sie ihrerseits zur Güte veranlassen. Die deutsche Vergangenheitspolitik ist in einem bestimmten Umfang zu einem Exportschlager geworden, dem vielleicht letzten, den der deutsche Geist hervorgebracht hat. Bei den Import-Nationen handelt es sich bezeichnenderweise um Länder, die im internationalen Konzert ebenfalls eher ab- als aufsteigen, doch selbst sie bestehen auf einer Singularität der deutschen Schuld. Anderen Mächten, äußeren und inneren, dienen die deutschen Schuldbeteuerungen als Waffe, die sie gegen Deutschland wenden, indem sie sich als virtuelle Opfer eines nachwirkenden nationalsozialistischen Gedankenguts drapieren. Für sie ist die bekundete moralische Unterwürfigkeit das Einfallstor, um einen Gegner zu überwinden, der sich selbst nicht mehr für satisfaktionsfähig, und das heißt: der sich für widerlegt hält!

Gehlens Feststellung war sowenig ein spontaner Schwächeanfall wie die Haltung, die er beschrieb. Die Mentalität läßt sich weder durch Ignoranz noch durch eine entgegengesetzte Moralisierung beheben, weil sie tiefe historische und menschliche Gründe hat. Das heißt nicht, daß sie unabänderlich ist. 1989/90 zeigte die Offenheit der Geschichte sich in einer nicht mehr für möglich gehal-

---

1 Arnold Gehlen: *Moral und Hypermoral. Eine pluralistische Ethik.* Frankfurt a. M./Bonn 1969 (1968), S. 103 und S. 112.

tenen Weise, auch wenn der Umschwung am Ende nicht gehalten hat, was er zunächst versprach. Ein wesentlicher Grund für die Entstehung der Niederlage-Mentalität war die unglückliche Position, die Deutschland in den europäischen Hegemonialkämpfen zugewiesen war. Seine geschichtlichen Erfahrungen korrelierten mit der geographischen Lage in der Mitte Europas, die ihm kaum einmal Ruhe- und Konsolidierungsphasen gestatteten. Dieses Problem ist heute weitgehend gegenstandslos, weil – wenigstens bei sachlicher Betrachtung – ein innereuropäischer Hegemonialkampf sinnlos erscheint. Die Kämpfe um die Vorherrschaft in Europa besaßen nur so lange einen tieferen Sinn, wie die Europäer davon ausgehen konnten, daß ihr Kontinent das Zentrum der Welt bildete, wo sich das globale Schicksal entschied. Nun, da die Gewichte sich verschoben haben und die Selbstbehauptung der europäischen Staaten nur gemeinsam möglich ist, sollte ein seelisch krankes Herzland nicht länger im Interesse der Nachbarn liegen. Diese Einsicht könnte einen Mentalitätswechsel in Deutschland erleichtern. Erschwerend wirkt inzwischen aber, daß weitere europäische Länder angefangen haben, sich ihrer Selbstinteressen zu begeben, wenigstens im Verhältnis zu den außereuropäischen Kulturen und Religionen. Insofern steht das mentale Problem Deutschlands modellhaft für ein europäisches Problem.

Die in diesem Buch versammelten Aufsätze wollen Erscheinungsformen und Entwicklungslinien der Niederlage-Mentalität in Deutschland beschreiben. Ausdrücklich wurde dazu eine Deutschland-zentrierte Perspektive gewählt, in der das eigene Land weniger als Agens der Weltpolitik, sondern als ihr Objekt und, wenn man so will, als ihr Opfer erscheint. Bekanntlich wird das gegenwärtig als »Selbstviktimisierung« verworfen, wodurch wichtige Tatsachen und Zusammenhänge verlorengehen. Aus den bisherigen Ausführungen dürfte sich ergeben haben, daß der Verfasser aus tiefer Überzeugung eine Trennlinie zwischen Nationalgefühl und Nationalismus zieht und letzteren für einen Anachronismus hält.

Berlin, am 30. Mai 2010

2
Erste Miniatur: 2004 – Ein deutscher Kanzler am Omaha Beach

Am 6. Juni 2004 herrschte Kaiserwetter am Strand der Normandie. Die Medienberichte vermerkten einen blauen Himmel, milden Seewind und weiße Wolken, die die Kulisse vollkommen machten. 24 Staats- und Regierungschefs aus 16 Ländern waren angereist: die Präsidenten der USA, Rußlands und Frankreichs, die britische Königin mit ihrem Premier, die Ministerpräsidenten der Commonwealth-Staaten Australien, Neuseeland und Kanada, das zusätzlich durch seine Generalgouverneurin vertreten war. Hohe und höchste Gäste kamen auch aus Polen, Tschechien, der Slowakei, aus Belgien, den Niederlanden, Luxemburg, Norwegen und Griechenland. Gemeinsam feierten sie den 60. Jahrestag der Landung an ebendiesem Küstenabschnitt, den die Alliierten »Omaha Beach« getauft hatten. Die Eröffnung der Zweiten Front hatte die deutsche Niederlage im Zweiten Weltkrieg besiegelt.

Erstmals dabei: der Kanzler der Bundesrepublik Deutschland, Gerhard Schröder. Die Anwesenheit eines deutschen Regierungschefs bei der Gedenkfeier der Weltkriegssieger war für keine Seite selbstverständlich. Schröders Amtsvorgänger Helmut Kohl hatte 1984 den Gedanken an eine Teilnahme barsch zurückgewiesen: »Es ist für den deutschen Bundeskanzler kein Grund zum Feiern, wenn andere ihren Sieg in einer Schlacht begehen, in der Zehntausende Deutsche elend umgekommen sind.« Und der Fraktionschef der CDU/CSU, Alfred Dregger, ein mehrfach verwundeter Frontsoldat, hatte hinzugefügt: »Das sind Siegesfeiern. Da haben wir nichts zu suchen (...).«[1] Zehn Jahre später lehnte Kohl das diskre-

1 Zit. nach: *Die Zeit*, 23. November 1984.

te Angebot des französischen Präsidenten François Mitterrand, am 50. Jahrestag mit seiner Anwesenheit das Ende der Nachkriegsordnung zu dokumentieren, ebenso diskret ab.

Nach weiteren zehn Jahren mußte Gerhard Schröder solche Bedenken gar nicht mehr beiseite schieben, einfach weil sie ihm fremd waren. Was Helmut Kohl, Jahrgang 1930, noch umgetrieben hatte: der Widerwille, einen Sieg anderer mitzufeiern, der den Tod der eigenen Landsleute voraussetzte, entstammte einer ihm fremden Welt. Der Krieg hatte den 1944 Geborenen zum Halbwaisen gemacht, aber er hatte ihn nicht bewußt miterlebt. Die Feierlichkeiten am 6. Juni schienen ihm die Bühne zu bieten, um sich als Gleichberechtigter neben den Vertretern der früheren Kriegsgegner zu präsentieren und dem In- und Ausland zu zeigen, daß Deutschlands historische Paria-Stellung beendet war.

Die Position des Paria war Teil der Nachkriegsordnung gewesen, die sich – so der allgemeine Tenor – mit dem Mauerfall, dem Ende des Kalten Krieges, dem Zerfall des Ostblocks und der Mitgliedschaft des wiedervereinigten Deutschland und der ost- und ostmitteleuropäischen Länder in der Nato erledigt hatte. Seit der Wiedervereinigung und der förmlichen Bestätigung seiner Souveränität im Zwei-Plus-Vier-Vertrag wurde Deutschland zunehmend gedrängt, sich international stärker zu engagieren – politisch, aber auch militärisch. Das bedeutete eine sensationelle Kehrtwende, wenn man bedenkt, daß der deutsche Militarismus noch lange nach 1945 im Ausland als Feindbild gedient und blockübergreifend für Interessengemeinschaften gesorgt hatte.

Wenn diese Phase tatsächlich vorbei und Deutschland politisch und moralisch rehabilitiert war, dann bestand Gerhard Schröders Mission darin, diesen Prestigegewinn vor dem In- und Ausland als neues realpolitisches Faktum zu verdeutlichen. Wenn Deutschland in der Weltpolitik, zu der es so nachdrücklich eingeladen wurde, mehr sein wollte als Objekt, Erfüllungsgehilfe und Reservoir der anderen, dann mußte es lernen, seine Interessen zu erkennen, zu formulieren und zu vertreten. Das wiederum setzte voraus, die eigenen mentalen Blockaden zu lösen und die lange verpönte Frage nach Konditionen, Umfang und Möglichkeiten wiedergewonnener deutscher Macht zu stellen. So oder so ähnlich dürften seine und die Kalkulationen seiner Berater gelautet haben.

Doch damit war die Frage nach der NS-Vergangenheit, der deutschen Schuld und dem Umgang mit ihr erneut gestellt. Von den quälenden Diskussionen darüber hatte Schröder sich ferngehalten, zum Holocaust-Mahnmal in Berlin fiel ihm bloß ein, es möge ein Ort werden, »wo die Leute gern hingehen«.[2] Seine Positionen waren unreflektiert, doch sein Machtinstinkt sagte ihm, daß ein Denken, das starr auf die NS-Vergangenheit fixiert blieb, die politische Situation und die deutschen Interessen verfehlte. Um die psychologische Situation zu entkrampfen, inszenierte der »Medienkanzler« ein symbolträchtiges Bildprogramm. Auf dem Kanzlerschreibtisch stand ein Foto, das seinen 1944 in Siebenbürgen gefallenen Vater in Wehrmachtsuniform zeigte. Das war ein demonstrativer Brükkenschlag zur Väter- und Soldatengeneration und die Zurückweisung des Versuchs, diese Generation kollektiv zu kriminalisieren. Man darf Schröder die Absicht unterstellen, daß sein Auftritt in der Normandie diese Rehabilitierung bekräftigen und sie zugleich in den Rahmen der internationalen Nachkriegsordnung einfügen sollte.

Zur Nachkriegsordnung gehörten neben den politisch-militärischen Gegebenheiten auch die Erzählungen über sie und über ihre Entstehung. Diese historischen »Meistererzählungen«[3] der ehemaligen Kriegsgegner über den Zweiten Weltkrieg wurden nach 1945 in kurzer Zeit formuliert und durchgesetzt und waren für die staatliche Begründung der Nachkriegszeit von größter Bedeutung. An erster Stelle stand stets der Sieg über das Deutsche Reich. Zweitens wurde die Einheit und Geschlossenheit der eigenen Nation herausgestellt, der Zusammenhang und die Kontinuität von militärischem und zivilem Widerstand. Das dritte Element war die

---

2 Zit. nach: Volkhard Knigge, Norbert Frei (Hg.): *Verbrechen erinnern. Die Auseinandersetzung mit Holocaust und Völkermord.* München 2002, S. 223.

3 Etienne François: »Meistererzählungen und Dammbrüche. Die Erinnerung an den Zweiten Weltkrieg zwischen Nationalisierung und Universalisierung«. In: *Mythen der Nationen. 1945 – Arena der Erinnerungen.* Hg. v. Monika Flacke. Deutsches Historisches Museum Berlin. Mainz am Rhein 2004. S. 13–28. Hier S. 15.

Selbstheroisierung. Je stärker die Verurteilung und Diabolisierung des nationalsozialistischen Deutschland, desto überwältigender der eigene Kampf, das eigene Leid, die eigene Gloriole. Dem eigenen Helden- und Märtyrerstatus entsprach das Verbrechertum der Gegenseite. Deutschland bildete also in den nationalen Mythen der Nachbarn bzw. Kriegsgegner die negative Kontrastfigur. Diese nationalen Erzählungen summieren sich zu einem internationalen Konsens, der Deutschland einsam auf der historischen Strafbank sieht. In vielen Ländern wurden der 8. oder 9. Mai zu nationalen Feiertagen erhoben.

Das Selbstverständnis Deutschlands wird also unmittelbar von dem der anderen Länder berührt – und umgekehrt. In den letzten Jahren haben die nationalen Erzählungen über die Makellosigkeit des kollektiven Selbst durch die Hervorhebung des Holocaust und die Aufarbeitung der Kollaboration in den besetzten Ländern zahlreiche Korrekturen und Differenzierungen erfahren. Das Bedürfnis, Deutschland die Rolle des Hauptdrahtziehers des Bösen zuzuweisen, wurde dadurch noch stärker. Wenn diese geistig-moralische Basis nicht ebenfalls modifiziert wurde, dann bedeutete das materielle Ende des Kalten Krieges für Deutschland statt der Aufhebung des politisch-moralischen Mündelstatus nur seine Fortsetzung unter neuen Bedingungen.

Es ist zweifelhaft, daß der Kanzler diese komplexen Zusammenhänge überhaupt begriff. Eine Antwort darauf bzw. eine symbolische Geste hat er weder gesucht noch gefunden. Die Möglichkeiten seiner Symbolpolitik waren durch den Irak-Krieg und Schröders Mangel an diplomatischem Takt ohnehin eng. Seine wohlbegründete Ablehnung des Militäreinsatzes hatte er durch plakative Wahlkampfrhetorik, die in der US-Regierung und der Nato-Führung für Empörung sorgte, politisch diskreditiert. Das zwang ihn jetzt zu Zurückhaltung und Entgegenkommen. Er verzichtete darauf, auf dem deutschen Gräberfeld in La Cambe einen Kranz niederzulegen, weil sich unter den 21 000 deutschen Gefallenen 5 000 Angehörige der Waffen-SS befanden. Obwohl auch »sie alle, fast Kinder noch, gefallen waren, ohne sich jemals eines Verbrechens schuldig gemacht zu haben«, stimmte der deutsche Kanzler ihrer Verbannung aus der internationalen wie aus der nationalen Gemeinschaft der zu ehrenden Toten zu.[4] Als Alternative wurde eine Kranzniederlegung auf dem britischen Soldatenfriedhof Ranville anberaumt, wo neben 2200 Gefallenen des Commonwealth auch 322 deutsche Wehrmachtsangehörige ruhen. Hier versagte es sich der Kanzler, zunächst der Toten des eigenen Volkes zu gedenken. Seine erste Totenehrung galt den gefallenen Commonwealth-Soldaten, erst danach legte er einen Kranz für die deutschen Toten nieder, die damit noch posthum Nachrangige und Besiegte blieben.

Schröder folgte gewiß eher äußeren Zwängen als der eigenen Überzeugung. Dafür spricht, daß er knapp neun Monate später, am 20. März 2005, eine Ausstellung mit Werken des Malers Bernhard Heisig in Leipzig persönlich eröffnete. Heisig, 1925 in Breslau geboren, war einer der bekanntesten Maler der DDR. Er hatte nie verschwiegen, daß er als junger Mann der Waffen-SS angehört hatte. Das erlebte Grauen hat er in seinen Bildern ausführlich thematisiert. Der Kanzler schloß in seine Würdigung ausdrücklich die Persönlichkeit Heisigs ein: »Ich habe nicht nur großen Respekt vor Ihrem Lebenswerk, sondern auch vor Ihnen. Deswegen bin ich sehr gerne hierher gekommen.«[5] Eine Geste und ein innenpolitisches Signal, daß er sich seines Versäumnisses in der Normandie instinktiv bewußt war.

Das Ergebnis seines Auftritts bei der D-Day-Feier fiel noch hinter den dürftigen Ertrag der Bitburg-Geste vom 5. Mai 1985 zurück, als sein Vorgänger Helmut Kohl und der US-Präsident Ronald Reagan gemeinsam Kränze auf einem Soldatenfriedhof für amerikanische und deutsche Soldaten niedergelegt und einen Händedruck über den Gräbern zelebriert hatten. Der Bitburg-Besuch entwickelte sich zum Medienskandal, als sich herausstellte, daß unter den namentlich genannten Toten 43 eindeutig der Waffen-SS angehört

---

4 Rudolf Kreis: *Die Toten sind immer die anderen. Eine Jugend zwischen den Kriegen.* Berlin 2009, S. 530. Der Autor, Jahrgang 1926, gehörte zu den wenigen überlebenden Angehörigen der Waffen-SS seines Jahrgangs.

5 http://www.bundesregierung.de/nn_1514/Content/DE/Bulletin/2001_2005/2005/03/2005-03-20-rede-von-bundeskanzler-gerhard-schroeder-zur-ausstellungs-eroeffnung-bernhard-heisig-die-w.html.

hatten, darunter ein 23jähriger Untersturmführer (der niedrigste Offiziersdienstgrad) und neun Unteroffiziere. Bei den übrigen SS-Männern handelte es sich um Wehrpflichtige im Alter von 17 bis 19 Jahren. Kohl hielt an dem Vorhaben fest, und der US-Präsident stand ihm loyal bei, weil der Kanzler 1983 gegen stärksten innenpolitischen Widerstand die Stationierung amerikanischer Mittelstreckenraketen in der Bundesrepublik durchgesetzt hatte. Mit einiger Berechtigung nannte Jürgen Habermas die Verbrüderung Reagans mit Kohl die »symbolische Gegenleistung für das Durchpauken einer Raketenstationierung, die ihrerseits schon symbolischen Charakter gehabt hatte. Hatte sie doch weniger den Interessen der eigenen Bevölkerung als der symbolischen Vergewisserung von Bündnistreue gedient.« Kohl habe mit dem Bitburg-Besuch »die Abkehr von einer destabilisierenden Vergangenheitsbewältigung und die Bezeugung aktueller Waffenbrüderschaft« erstrebt, was dank der liberalisierten deutschen Gesellschaft jedoch verhindert worden sei.[6]

Diese letzte Feststellung ist eine Selbstüberschätzung, denn auch die liberalen deutschen Meinungsführer vollzogen auf verschlungenen Wegen nur nach, was die internationalen Konstellationen ihnen nahelegten. Wenn der Kanzler nach Ablösung des auf den Deutschen lastenden Schuldstigmas strebte, stellten die amerikanischen Reaktionen in ihrer Gesamtheit klar, daß nur eine Stundung der Schuld angesagt war: als Lockmittel, um sich der Brauchbarkeit deutscher Soldaten und der deutschen Aufrüstung gegen die Sowjetunion zu versichern. An der generellen Feststellung jedoch, daß die deutschen Gefallenen ein schlechthin böses Prinzip vertreten hatten, waren weiterhin keine Zweifel zulässig, so daß das Stigma jederzeit bei Bedarf remobilisiert werden konnte. Mehr noch: Sein Weitergelten »auf der Herkunft des Verbündeten (legitimierte) die verbrannte Erde, die zur Stationierung der Raketen gehört«.[7] So erfüllten die sich kritisch dünkende liberale Öffentlichkeit genauso

---

6 Jürgen Habermas: »Die Entsorgung der Vergangenheit« in: *Die Zeit*, 17. Mai 1985

7 Peter Furth: *Troja hört nicht auf zu brennen. Aufsätze aus den Jahren 1981 bis 2004*. Berlin 2006, S. 209

wie der um Bündnistreue besorgte Kanzler im Kalkül auswärtiger Atomkriegsstrategen denselben Zweck.

Die Ansprüche Gerhard Schröders waren entgegen allem souveränen Anschein noch bescheidener als die seines Vorgängers. In seiner Ansprache vor dem Rathaus von Caen sagte er: »Wir in Deutschland wissen, wer den Krieg verbrochen hat. Wir kennen unsere Verantwortung vor der Geschichte, und wir nehmen sie ernst. Tausende alliierter Soldaten starben an einem einzigen, grausamen Tag. Sie zahlten den höchsten Preis für die Freiheit. Deutsche Soldaten fielen, weil sie in einen mörderischen Feldzug zur Unterdrückung Europas geschickt wurden.«[8] Er wiederholte die Alleinschuld-These und reduzierte die historischen und politisch-militärischen Zusammenhänge des Zweiten Weltkriegs auf eine schlichte Gut/Böse-Relation. Vor einem hochrangigen internationalen Publikum übernahm er einschränkungslos alle Argumente, die die politische und moralische Grundlage der Nachkriegsordnung gebildet hatten. Die Aussage schließlich: »Es ist nicht das alte Deutschland jener finsteren Jahre, das ich hier vertrete. Mein Land hat den Weg zurück in den Kreis der zivilisierten Völkergemeinschaft gefunden«, setzte das NS-Regime mit Deutschland in eins und bestätigte die Propagandaformel, das deutsche Volk als Ganzes sei aus der Ordnung der zivilisierten Welt herausgefallen. Die von Deutschen begangenen Kriegsverbrechen erschienen, weil Schröder die harte Kriegführung der Gegner unerwähnt ließ, nicht mehr als überschießende Handlungen innerhalb eines gemeinsamen Gewaltzusammenhangs, sondern als Entäußerungen eines Dämons.

Die Rede und die Art der Kranzniederlegung zementierte das historische Schuldstigma, gegen das sich Kohl noch gewehrt hatte, indem er auf die Gleichberechtigung der deutschen Toten pochte. Die Überwindung des Makels und die Gleichberechtigung, die Schröder für die Gegenwart und Zukunft beanspruchte, war an seine zivilisatorische Erneuerung und Bewährung geknüpft, das heißt

---

8 Die Rede wird hier und im folgenden aus der Quelle zitiert: http://www.dw-world.de/dw/article/0,,1227968,00.html

an die Aneignung der moralischen und sachlichen Standards der ehemaligen Gegner, die in der Darstellung des Kanzlers die »zivilisierte Völkergemeinschaft« ungebrochen repräsentierten. Indirekt akzeptierte Schröder ein dauerndes Abhängigkeitsverhältnis, denn den Genesungsgrad einzuschätzen, obliegt dem Arzt, nicht dem Erkrankten. Der Kanzler schloß die Nachkriegsordnung also überhaupt nicht ab, sondern er verlängerte sie, indem er sich ihren begrifflichen, geschichtspolitischen und moralischen Voraussetzungen völlig unterwarf, in eine uferlose Zukunft. Das Stigma, ohne ausdrücklich benannt zu werden, blieb ein Damoklesschwert, das bei Nichtbewährung auf die Deutschen niedersausen konnte: Die neue Qualität bestand darin, daß der deutsche Regierungschef sich zu seiner Berechtigung bekannte.

Das implizierte – gegen Schröders Intention – die anhaltende realpolitische Degradierung Deutschlands. Der Zweite Weltkrieg hatte mit der bedingungslosen Kapitulation geendet, die Weichen für die Nachkriegsordnung in Europa und Deutschlands Rolle darin waren ohne deutsche Beteiligung bestimmt worden. Sie war zunächst darauf angelegt, Deutschland als politisches Subjekt auszuschalten und in eine entpolitisierte Verwaltungseinheit mit formeller Staatlichkeit zu verwandeln, deren äußere Angelegenheiten von den Siegermächten bestimmt wurden. Diese Ordnung hatte sich zwar seit 1949 gelockert, doch war sie nie außer Kraft gesetzt worden. Erst 1989/90 schien sie umzustürzen, weil die staatliche Teilung als wichtigster Kontrollmechanismus über das besiegte Land aufgehoben war. Denkwürdig ist das Telefonat der damaligen britischen Premierministerin Margaret Thatcher mit US-Präsident George Bush am 24. Februar 1990, in dem sie die Idee eines langfristig angelegten Gleichgewichtskonzepts für Europa entwickelte, das die Sowjetunion einbeziehen und Deutschland domestizieren sollte. Das war nicht weniger als eine Rückkehr zu den Konstellationen von 1914. Bush behauptete, die Bedenken und Vorschläge der Premierministerin überhaupt nicht zu verstehen.[9]

---

9 Margaret Thatcher: *Downing Street Nr. 10. Die Erinnerungen*. Düsseldorf u.a. 1993, S. 1105 f.

Schröders Auftritt in der Normandie zeigte, daß die Aufsicht, die Thatcher über Deutschland verhängen wollte, überhaupt nicht nötig war, weil ein subtilerer Mechanismus diese Funktion viel effektiver wahrnahm: die umfassende Internalisierung des Besiegten-Status durch die Deutschen. Folgte man der Logik der Kanzler-Ansprache, dann bestand das Eigeninteresse Deutschlands darin, die zu seiner machtpolitischen Eliminierung geschaffene Ordnung nicht nur als Handlungsgrundlage zu akzeptieren, sondern auch als ethischen Wert und als permanente moralische Selbstprüfung zu begreifen.

Im Jahr 2004 ging es nicht mehr um die Stationierung von Atomwaffen, dafür erwarteten die USA die Unterstützung Deutschlands im Afghanistan-Krieg, als Kompensation für die deutsche Weigerung, am Feldzug gegen den Irak teilzunehmen. Schröder beugte sich. Um seine Entscheidung zu rechtfertigen, deutsche Soldaten in einen fremdbestimmten Krieg zu schicken, führte er als letztes Argument den Sieg der Alliierten über Deutschland 1945 an: »Zum Sturz der Hitler-Diktatur brauchte es Patrioten und Soldaten. Weil wir Deutsche das wissen, sind wir keine Pazifisten. Wir sind aber auch nicht leichthin bereit, zu militärischen Mitteln zu greifen. Wo militärisches Eingreifen jedoch nötig war und ist, entzieht sich Deutschland seiner Verantwortung für Frieden und Menschenrechte nicht.« Schröder hielt sich exakt an das Vokabular des westlich-liberalen Universalismus, der über das Deutsche Reich gesiegt hatte und am Omaha Beach gefeiert wurde. Die Identifizierung des Kanzlers mit den Siegern erreichte ihren Höhepunkt in dem Satz: »Der Sieg der Alliierten war kein Sieg über Deutschland, sondern ein Sieg für Deutschland.«[10] Demnach wären die Interessen und Identität Deutschlands von seinen Bezwingern vertreten und repräsentiert worden und hätten die Deutschen in Wahrheit gegen sich selber gekämpft. Mit den Motiven der Kriegsgegner und den Umständen, unter denen sie Deutschland eroberten, hatte diese Einschätzung wenig, mit dem geistig-moralischen Nachvollzug der militärischen Niederlage eine Menge zu tun. Der Kanzler ging,

---

10 Zit. nach: »Ein Sieg für Deutschland«, *FAZ*, 7. Juni 2004.

entgegen seiner Annahme, von keinen nationalen Voraussetzungen und Positionen mehr aus, sondern von den Fremdzuschreibungen der Sieger. Die Aufgabe der Bundesrepublik bestand dann logischerweise nicht mehr darin, das unterlegene Deutschland in geläuterter Form als gleichberechtigten Partner wiederaufzurichten, sondern es fugenlos in der Interessenpolitik der Vormächte aufgehen zu lassen, die die universalistischen Prinzipien definierten. Die deutsche Geschichte vor 1945 bildete dann nur noch ein dunkles, drohendes Hintergrundrauschen. Aus Deutschland, das hatte Bundeskanzler Gerhard Schröder in der Normandie klargestellt, war wirklich die Bundesrepublik geworden.

3

Zweite Miniatur: 1944 – Ein Toter auf Urlaub in Friedrichsruh

Fast auf den Tag 60 Jahre zuvor, vom 1. bis zum 3. Juli 1944, hatte Ulrich von Hassell, Politiker, Karrierediplomat und führender Kopf des deutschen Widerstands, bei ebenfalls herrlichem Sommerwetter das Anwesen der Fürsten Bismarck in Friedrichsruh bei Hamburg besucht. Der Kaiser hatte es 1871 seinem Kanzler geschenkt, als Dank für den Sieg über Frankreich und die Reichsgründung. Hassells Visite erscheint in seinen Tagebuchnotizen wie eine Wallfahrt, die an den Zeitumständen scheitert. An dem noch unzerstörten Ort – längst keine Selbstverständlichkeit mehr mitten im Bombenkrieg –, der wie kein anderer Bismarcks Aura bewahrt hatte, wollte er Kraft, Trost und die Zuversicht schöpfen, daß Deutschland noch zu retten war. Doch Sorge und Schmerz überwältigten ihn: »Alles aber trat zurück hinter der Erinnerung an den Großen, im Haus, im Mausoleum, im kleinen Museum. Kaum zu ertragen, ich war dauernd an Tränen beim Gedanken an das zerstörte Werk.«[1]

Hassell war ein Todgeweihter, zehn Wochen später starb er im Gefängnis Berlin-Plötzensee am Galgen. Er gehörte zu den zivilen Mitverschwörern des 20. Juli. Hätte Stauffenbergs Bombe den Diktator getötet, er wäre Außenminister der neuen Reichsregierung geworden. Von 1932 bis Februar 1938 hatte er als Botschafter in Rom amtiert. Im Zuge des großen Revirements, das 1938 Joachim von Ribbentrop ins Ministeramt brachte, wurde er in den Warte-, später Ruhestand versetzt. Danach arbeitete er im Vorstand

1 *Die Hassell-Tagebücher. 1938–1944. Ulrich von Hassell. Aufzeichnungen.* Hrsg. v. Friedrich Freiherr Hiller von Gaertringen. Tb, 1991 (Berlin 1988), S. 486.

des Mitteleuropäischen Wirtschaftstags, wodurch ihm nach dem Kriegsausbruch 1939 weiterhin Auslandsreisen möglich waren.

In seiner Biographie und Familiengeschichte bündelten sich mehrere preußisch-deutsche Traditionslinien. Ulrich von Hassell war der Sohn eines Offiziers gleichen Namens und Enkel eines Obergerichtspräsidenten. Seine Mutter Margarethe, eine geborene von Stosch, war die Nichte des Admirals Albrecht von Stosch, erster Chef der deutschen Marine und Preußischer Staatsminister von 1872 bis 1883. Albrecht von Stosch hatte den jungen Kapitänleutnant Alfred Tirpitz (seit 1900: von Tirpitz) gefördert, der später als »Vater der Marine« und Staatssekretär des Reichsmarineamtes einer der prägenden Männer der Wilheminischen Zeit wurde. Ulrich von Hassell jun. heiratete 1911 dessen Tochter, Ilse von Tirpitz. Nach dem Ersten Weltkrieg veröffentlichte Ulrich von Hassell sen. ein Buch über den Vater seiner Schwiegertochter, das sich vor allem mit der Beziehung zwischen Tirpitz und von Stosch – seinem, Hassell sen., eigenen Schwiegervater – beschäftigte. Beim Schreiben standen ihm die deutsche Niederlage, der Versailler Vertrag und der Verlust der deutschen Kriegsflotte unmittelbar vor Augen. Das Buch endete mit den gesperrt gedruckten Sätzen: »Unsere Hoffnung aber sei das kommende Geschlecht. Ein Sklavenvolk sind wir noch nie gewesen. Seit zweitausend Jahren hat unser Volk nach jähem Sturz stets wieder sich emporgehoben.«[2]

Das gesamte patriotische Erbe, wie die Hassells, Stoschs und Tirpitz' es verstanden, wurde hier als Auftrag weitergegeben, und Ulrich von Hassell jun., selber im Weltkrieg schwer verwundet, empfand ihn tief. Als Diplomat bemühte er sich um die Revision des Versailler Vertrags. Er war Mitglied der Deutschnationalen Volkspartei, 1933 trat er zur NSDAP über in der Annahme, Hitler würde für innenpolitische Stabilität sorgen und sich deshalb auch international besser durchsetzen können als seine Vorgänger. Die eigene Aufgabe sah er darin, der neuen Regierung seine Erfahrung zur Verfügung zu stellen und zugleich mäßigend auf sie ein-

---

2 Ulrich von Hassell (sen.): *Tirpitz. Sein Leben und Wirken mit Berücksichtigung seiner Beziehungen zu Albrecht von Stosch.* Stuttgart 1920. S. 236.

zuwirken. Die allmähliche Annäherung Deutschlands an Italien war ihm recht, allerdings lehnte er eine ideologische Fundierung des Bündnisses ab, weil er die Entfremdung im Verhältnis zu Großbritannien und Frankreich fürchtete. Hassell verstand sich selbst als Realpolitiker. Weil er von unverrückbaren ethischen Grundsätzen ausging, geriet er in Konflikte mit dem NS-Regime. Spürbar erschüttert, schrieb er am 25. November 1938 im *Tagebuch* über den »schwer lastenden Eindruck der niederträchtigen Judenverfolgung nach der Ermordung von Raths«. Er registrierte den außenpolitischen Schaden, den die sogenannte Reichskristallnacht angerichtet hatte, doch der galt ihm als zweitrangig gegenüber den Beschädigungen »unseres inneren Leben, das immer vollständiger und eiserner von einem solcher Dinge fähigen System erfaßt wird«. Er fügte hinzu: »Es gibt wohl nichts Bittereres im Leben, als ausländische Angriffe auf das eigene Volk als berechtigt ansehen zu müssen.« Erleichtert stellte er fest, daß die Auslandspresse bereit war, zwischen dem Verhalten der Durchschnittsbürger und dem des Regimes zu unterscheiden.

Seitdem war seine Bitterkeit ins Unermeßliche gewachsen. Als er im Sommer 1944 im Mausoleum des großen Kanzlers stand, krachte dessen Schöpfung in allen Fugen. Deutschlands militärische Situation war katastrophal. Im Westen hatten die alliierten Invasoren an der französischen Kanalküste einen festen Brückenkopf gebildet und bereits eine Million Soldaten angelandet. Es war nur eine Frage von Tagen, bis ihre materielle und personelle Überlegenheit die deutsche Abwehr überwinden und sie ganz Nordfrankreich erobern würden. Im Osten hatte die Rote Armee am 22. Juni – dem dritten Jahrestag des deutschen Angriffs auf die Sowjetunion – eine Großoffensive gestartet, die in kürzester Zeit die Heeresgruppe Mitte zertrümmerte und die Front um 300 Kilometer nach Westen verschob. Mit der Macht eines Naturereignisses näherte sie sich der Reichsgrenze, sogar ein schneller Vorstoß auf Berlin schien möglich. In Italien drangen die Alliierten in Richtung Norden vor, im Juni bereits hatten sie Rom eingenommen.

Hassell hatte seit 1938 auf den Sturz Hitlers hingearbeitet. Aus seinen Tagebüchern geht hervor, wie gering die Möglichkeiten des zivilen Widerstands waren. Ein Netz von Verbindungen zu knüpfen, Informationen auszutauschen, das Terrain im Ausland zu sondieren, über politische und personelle Alternativen und die Reform des Staates nachzudenken – das alles war wichtig, um den Umsturz vorzubereiten, doch vollziehen konnten ihn nur die Militärs. Die aber zögerten aus immer neuen und oft einsichtigen Gründen. Was immer man gegen Hitler sagen konnte, im Unterschied zu den konservativen Eliten verfügte der Diktator im Volk über eine echte Massenbasis. Wirtschaftlich und sozial war es in Deutschland seit 1933 aufwärts gegangen, die gehässigsten Bestimmungen des Versailler Vertrags waren beseitigt, Deutschland wurde im Ausland – widerstrebend zwar – respektiert. Mit dem Münchner Abkommen im Herbst 1938 hatte Hitler die Sudetendeutschen aus der Bedrükkung durch den tschechisch dominierten Staat befreit, in den sie nie hineingewollt hatten, und mit den Westmächten wenigstens äußerlich ein freundliches Einvernehmen erzielt. Die Argumente der Widerständler waren angesichts dessen schwer vermittelbar, den Widerwillen und die Risiken, die Hitlers dynamische Politik im Ausland mittlerweile heraufbeschwor, nahmen die Deutschen überwiegend nicht wahr.

Hassell blieb nur übrig, den fortschreitenden moralischen Verfall im Innern und später an der Front zu notieren. Früh erhielt er Kenntnis von Massakern an den Juden, ohnmächtig beobachtete er die Besatzungspolitik in den besetzten Staaten, die den Haß auf Deutschland steigerte.

Wie Carl Goerdeler, Ernst von Weizsäcker und andere konservative Widerständler wollte er die Ergebnisse des Ersten Weltkriegs gründlich revidieren. Dazu betrieb er eine Geheimdiplomatie, die Hitler einerseits überspielen, seine außenpolitischen Erfolge in Friedenszeiten aber sichern und sogar noch überbieten sollte. Über die Bedeutung seiner Bemühungen aber täuschte er sich bitter. In einem Geheimgespräch, das er Ende Februar 1940, sechs Monate nach Ausbruch des Zweiten Weltkriegs, mit einem britischen Emissär in der Schweiz führte, standen der Anschluß Österreichs, des Sudentenlandes und die Berechtigung der deutschen Ostgrenzen von 1914 für ihn außerhalb jeder Diskussion.

Um dieser Ziele willen war Hitler ihm als das geeignete Werkzeug erschienen, denn mit traumwandlerischer Sicherheit erreichte er, was der Weimarer Republik verweigert worden war: die Wiederherstellung der deutschen Wehrhoheit und der militärischen Souveränität über das Rheinland, den Anschluß Österreichs und des Sudetenlandes. Doch bereits im Vorfeld des Münchner Abkommens waren Hassell Zweifel gekommen, ob der mögliche Ertrag das immer höhere Risiko der Hitlerschen Politik rechtfertigte. Deshalb gehörte er zu den Befürwortern eines Putsches. Ein neuer Krieg, das war ihm klar, würde den Bestand des Deutschen Reiches gefährden. So traten zu den moralischen Aversionen die außenpolitischen Bedenken.

Doch Hassell, als er in Friedrichsruh weilte, hätte sich auch selbstkritisch fragen können, ob die Voraussetzungen, unter denen er seine Kontakte ins Ausland geknüpft hatte, nicht falsch gewesen waren – ob sie das deutsche Drama nicht noch verschlimmert hatten. Er war kein außenpolitischer Dilettant wie der als neuer Kanzler vorgesehene Carl Goerdeler, der sich soviel auf seine – gänzlich irrelevanten – Kontakte nach England zugute hielt, teilte aber dessen Strategie, die fehlende innenpolitische Basis für einen Putsch durch eine äußere Drohkulisse zu ersetzen, um die Generäle zum Losschlagen zu veranlassen. Die Beschwörung eines britisch-französischen Militärschlags als Reaktion auf Hitlers Politik sollte die Militärs dazu bringen, den »Führer« zu stürzen. Die vom deutschen Widerstand 1938/39 lancierten Mahnungen an London, gegenüber neuen Forderungen und Vorschlägen Hitlers ablehnend und hart zu reagieren, wurden von Großbritannien bis zur letzten Konsequenz befolgt – ob im Vertrauen auf den deutschen Widerstand oder aus ganz eigenen Motiven, sei dahingestellt. Am 3. September 1939, zwei Tage nach dem deutschen Angriff auf Polen, erklärte es Deutschland den Krieg. Doch die vom Widerstand geweckte Erwartung Chamberlains, die Kriegserklärung würde in Deutschland zum Umsturz führen, blieb unerfüllt. Nachdem am 1. September 1939 der Krieg ausgebrochen war, wäre den Generälen ein Putsch als Landesverrat erschienen, zu dem sie sich nicht bereit fanden. Und in Großbritannien gewannen jene die Oberhand, die den Kampf gegen Deutschland bis zum Ende ausfechten wollten.

Die klandestine Unterredung, die Hassell Anfang 1940 im schweizerischen Arosa mit dem englischen Geschäftsmann und Amateurdiplomaten James Lonsdale-Bryans geführt hatte, blieb also reine Wolkenschieberei. War er sich dessen bewußt, und hatte er die gefährliche Lage, in der sich Deutschland – und eben nicht nur Hitler – mittlerweile befand, überhaupt begriffen? Mit dem Berlin-Besuch im März 1940, den der stellvertretende US-Außenminister Sumner Welles im Rahmen seiner Sondierung in Europa unternahm, verband sich für ihn und Goerdeler die Hauptsorge, Welles könnte eine Friedenslösung vorbereiten, durch die Hitlers Ansehen bei den Generälen nur steigen würde. Goerdeler wollte erreichen, daß Sumner Welles gar nicht erst nach Berlin kam, was Hassell für unrealistisch hielt. Er wollte dafür sorgen, daß der Amerikaner zuvor »richtig ›gelegt‹« würde, um anschließend aus Berlin »die richtigen Eindrücke« – und das hieß doch wohl: den Eindruck, daß Verhandlungen mit dem deutschen Staatsoberhaupt unmöglich seien – mitzunehmen.[3] Der Mitteilung des ehemaligen Reichsbankpräsidenten Hjalmar Schacht, Hitler habe erkannt, daß die Zeit »von jetzt an gegen das Reich« arbeite, fügte Hassell in Klammern die Bemerkung an: »Das ist das erste Mal, daß er das zugibt.«[4] Wenn ihm aber klar war, in welcher bedrohlichen Lage Deutschland sich entgegen allem Anschein befand, was bedeutete dann der Versuch, die Sondierung von Sumner Welles zu sabotieren, die immerhin die vage Hoffnung auf einen Kompromißfrieden versprach? War es aus nationaler Sicht nicht Leichtsinn, die Feindschaft zu Hitler höher zu stellen als die Aussicht auf eine Friedenslösung, die den Diktator einschloß?

So jedenfalls sah es der ehemalige Völkerbundkommissar von Danzig, Carl J. Burckhardt, der nach dem Krieg ein vernichtendes Urteil über Hassells politische Manöver abgab. Er sei leichtsinnig, naiv, indiskret und seine Vorstellungen seien »dumm« wie

---

3 *Hassell-Tagebücher*, S. 183.

4 *Hassell-Tagebücher*, S. 193.

»die von Kadettenschülern« gewesen. Denn Hassell wollte »immer alles den Engländern sagen und meint, sie hätten nur ein einziges Interesse, eine starke, konservative, mit Ideen von Tirpitz durchsetzte nationale Regierung in Deutschland«. Irrigerweise glaube er, eine englische Sympathie für Deutschland ließe sich aufbauen auf einem »gemeinsamen ›Gentlemen-Begriff‹«.[5] Nur leitete sich Hassells Unwille, innenpolitische Bedenken dem Primat der Außenpolitik unterzuordnen, nicht einfach aus Klassendünkel und Ehrgeiz her, sondern aus ethischen Überzeugungen, die er durch das NS-Regime tief verletzt sah. Nahm er um derentwegen die Niederlage Deutschlands in Kauf? Hassell hätte diese Fragestellung als empörend empfunden, denn er begriff die moralische und die äußere Selbstbehauptung Deutschlands, die er durch seinen Stand repräsentiert sah, als zwei Seiten derselben Medaille. Doch daraus ergab sich in der konkreten Situation ein unlösbarer Widerspruch. Hassell, der durch Indiskretionen die Position der deutschen Regierung schwächte, setzte auf der Gegenseite den Großmut voraus, dieses Verhalten zu honorieren und Deutschland zu schonen. Was nach aller Tradition und in jedem Staat als Landesverrat galt,[6] sollte die deutschen Widerständler in den Augen des Auslands, insbesondere Großbritanniens, als besonders glaubwürdige Partner und zur künftigen Führung Deutschlands qualifizieren. Widerständler wie Hassell gingen davon aus, daß ihre Informationen nur gegen Hitler, nicht aber gegen die Interessen Deutschlands und gegen sie selbst verwandt würden. Sie ignorierten die bitteren Erfahrungen, die Deutschland während und nach dem Ersten Weltkrieg mit US-Präsident Woodrow Wilson gemacht hatte, und bewiesen, daß sie von ihrer Wahrnehmung im Ausland, wo sie als Reaktionäre und preußische Militaristen galten, völlig falsche Vorstellungen besaßen. Im Ausland mußte man das entweder für politische Naivität

---

5 Zit. nach: Carl J. Burckhardt: *Meine Danziger Mission 1937–1939.* Taschenbuch, München 1962 (1960), S. 232. Sie werden hier vor- und dem 1942 verstorbenen italienischen Botschafter in Berlin, Bernardo Attolico, in den Mund gelegt.

6 Sogar der deutschfeindliche Chefberater des britischen Außenministers, Sir Robert Vansittart, vertrat diese Haltung, als ihn Carl Goerdeler im März 1938 in London besuchte. Die Informationen hielt er aus britischer Sicht trotzdem für nützlich. Vgl. dazu: Joachim Fest: *Hitler. Eine Biographie.* Taschenbuch, Berlin 1991 (1973), S. 769.

halten oder eine besonders raffinierte Strategie dahinter vermuten, die auf gefährliche Ziele hinarbeitete. So oder so kamen sie keinesfalls als gleichberechtigte Partner in Frage, höchstens fungierten sie als der sprichwörtliche Mohr, der seine Schuldigkeit schon bald getan hatte.

Daraus ergaben sich Enttäuschungen und Konflikte, die Hassell aber an keiner Stelle seines Tagebuchs näher ausgeführt, geschweige denn konsequent durchdacht hat. Über die antideutsche Stoßrichtung der Atlantik-Charta, die am 14. August 1941 von US-Präsident Franklin Roosevelt und dem britischen Premierminister Winston Churchill verabschiedet wurde, versuchte er sich wider besseres Wissen hinwegzutäuschen. Der unter Punkt 6 formulierten Forderung nach »endgültiger Zerstörung der Nazi-Herrschaft« stimmte er selbstverständlich zu. Den inneren Zusammenhang mit Punkt 8, der im Interesse des »künftigen Friedens« die einseitige Abrüstung von Nationen forderte, die »mit Angriffen über ihre Grenzen hinaus drohen oder zu drohen bereit sind«, und den angelsächsischen Anspruch auf Definitionshoheit über die globale Politik, der dahintersteckte, verdrängte er beharrlich. Zwar räumte er ein, daß Punkt 8 so ausgelegt werden konnte – nicht: so gemeint war! –, als ob eine Wiederholung des Versailler Vertrages geplant sei, und »eine Regimeänderung nütze gar nichts, der Gegner gehe auf die Vernichtung Deutschlands aus«, doch daran glauben mochte er nicht. Allerdings fürchtete er, »daß es nächstens zu spät sein wird, ja vielleicht schon zu spät ist«, weil die Identifikation zwischen Naziregime und Deutschland »reißende Fortschritte« gemacht habe.[7]

Hätte er als Außenminister einer neuen Reichsregierung etwas anderes bewirken können als die Unterzeichnung der bedingungslosen Kapitulation? Als er im Sommer 1944 bei den Bismarcks weilte, mußte ihm klar sein, daß es Handlungsmöglichkeiten jenseits davon nicht mehr gab. Die verzweifelten Sondierungen und Bitten von Adam von Trott zu Solz, der sein Staatssekretär im Auswärtigen Amt werden sollte, hatten die USA und Großbritanni-

---

7 *Hassell-Tagebücher*, S. 295 f.

en nicht bewegen können, von ihrer Forderung abzurücken. Der deutsche Widerstand, das »bessere Deutschland«, spielte nun, da ihr Sieg feststand, in den Plänen der Allierten keine Rolle mehr. Ihnen ging es um die Zerschlagung des Reiches. Alle gegenteiligen Annahmen waren nur Hoffnungen ohne reale Grundlage. In den sogenannten Kaltenbrunner-Berichten, in denen die Verhöre der verhafteten Verschwörer zusammengefaßt wurden, ist von einem »ganz *weltfremden Optimismus* hinsichtlich der außenpolitischen Gestaltungsmöglichkeiten« die Rede. Es sei das »Eigenartige, daß *einem ungehemmten Pessimismus hinsichtlich der außenpolitischen und militärischen Lage unter der Führung Adolf Hitlers ein ebenso ungehemmter Optimismus für die Zeit nach der Beseitigung des Führers gegenübersteht*«. (Herv. im Orig.)[8] Hassell war von tiefen Depressionen ergriffen, die sich mit dem Schmerz darüber verbanden, daß der väterliche Auftrag unerfüllt blieb. Ende 1943 erinnerte er sich an den 70. Geburtstag seines Vaters am 11. November 1918, »den er tief unglücklich beging (...) Wir sind heute noch nicht, äußerlich noch nicht so weit wie damals, in Wirklichkeit sieht es schlimmer aus, grade weil es das zweite Mal innerhalb einer Generation ist.«[9]

Diesmal würde die deutsche Niederlage eine totale sein.

Um die Schale der Bitterkeit bis zum Rand zu füllen, wurde ihm kurz vor dem 20. Juli 1944 zugetragen, seine Mitarbeit an den *Monatsheften für Auswärtige Politik* würde ihn im Ausland »kompromittieren«. Zum Schaden, von den vermeintlichen ausländischen Bündnispartnern nur benutzt worden zu sein, kam nun der Hohn der Ehrabschneiderei. Die Gleichsetzung der deutschen Nation mit dem Nationalsozialismus, die die Forderung nach der bedingungslosen Kapitulation moralisch legitimierte, traf seine eigene Person. »Daß man mich mit dem Regime identifiziert, glaube ich nie im Leben«, tröstete er sich.[10] Tatsächlich schützte ihn davor seine Hinrichtung.

---

8 Hans-Adolf Jacobson (Hg.): *Opposition gegen Hitler und der Staatsstreich vom 20. Juli 1944 in der SD-Berichterstattung*. Stuttgart 1989, S. 133.
9 *Hassell-Tagebücher*, S. 445.
10 *Hassell-Tagebücher*, S. 487 f.

Anläßlich seines Besuchs in Friedrichsruh dachte er nochmals über die Fehler der deutschen Außenpolitik nach. Er bedauerte, daß Deutschland den Reichsgründer als »Gewaltpolitiker mit Kürassierstiefeln« herausgestellt hatte, »in der kindlichen Freude darüber, daß jemand Deutschland endlich wieder zur Geltung brachte. In Wahrheit war die höchste Diplomatie und das Maßhalten seine große Gabe.«[11] War die Katastrophe also vor allem auf persönliches Versagen, auf die Maßlosigkeit, Naivität und Blindheit der Bismarck-Nachfolger, der gesellschaftlichen Eliten, des Staatsvolks zurückzuführen? Diese Hybris war keine deutsche Exklusiv-Eigenschaft. Weshalb konnte sie ausgerechnet in Deutschland und in diesem Ausmaß zum Zuge kommen? Welche äußeren Umstände mußten hinzutreten?

Am 29. Juli 1944, neun Tage nach dem mißglückten Attentat auf Hitler, wurde Ulrich von Hassell von der Gestapo verhaftet. Am 8. September wurde er zum Tode verurteilt und hingerichtet. Wenige Tage vor Kriegsende, am 29. April 1945, einem Sonntag, wurde das Schloß des Fürsten von Bismarck von britischen Tieffliegern beschossen und mit Splitter- und Brandbomben belegt. Es wurde völlig zerstört. Sein Wiederaufbau erfolgte in schlichteren Formen.

---

11 *Hassell-Tagebücher*, S. 486.

4

Niederlage und Gegenwart

Der konservative Außenpolitiker und deutsche Patriot, der seinen Einsatz gegen Hitler mit dem Leben bezahlte, und der deutsche Kanzler, welcher der Weltöffentlichkeit seine Lehren aus der Geschichte präsentierte – sie gehörten nicht nur verschiedenen Zeiten und Generationen an, sie schienen auch verschiedenen Nationen zu entstammen. Was dem einen die Tränen in die Augen getrieben hatte: die absehbare Zerschlagung des Deutschen Reiches, war dem anderen nicht einmal eine Erwähnung wert – nicht aus Gefühlskälte, sondern weil es außerhalb seines Horizonts lag. Das war mehr als ein Perspektivenwechsel, wie er in der Entwicklung eines Landes über die Jahrzehnte normal ist, hier drückte sich eine Umdefinition und Umkehrung des nationalen und geschichtlichen Selbstverständnisses aus. Hassell, der selber aus moralischer Verantwortung mit den Kriegsgegnern kooperiert hatte, hätte Schröders Einlassungen wohl als geistigen Landesverrat bezeichnet. Der Kanzler wiederum gab an keiner Stelle zu erkennen, daß er für die Traditionen, Denkansätze und nationalen Zielvorstellungen, die Hassell vertreten hatte, ein auch nur rudimentäres Verständnis besaß. Vermutlich hatte er sich nie mit ihnen beschäftigt.

Im Vergleich dieser zwei Vertreter der politischen Eliten scheint exemplarisch der Kontinuitätsbruch auf, den die Niederlage Deutschlands im Zweiten Weltkrieg markiert. Um diese Wirkung zu entfalten, mußte sie von besonderer Qualität sein. Denn Niederlagen hatte es seit dem Anbeginn der Geschichte gegeben, und nur wenige hatten eine karthagische Wirkung für den Besiegten gehabt. Selbst der Fall Trojas, »der Anfang aller abendländischen Niederlagen« (Wolfgang Schivelbusch), barg den Keim des Neuanfangs in sich: Der Mythos läßt Äneas, den Prinzen aus dem trojanischen Königshaus, entkommen und zum Stammvater Roms werden.

Doch muß man so weit gar nicht zurückgehen, um auf positive Nachwirkungen von Niederlagen zu stoßen. Es genügt, sich der vernichtenden Schlappe zu erinnern, die Preußen 1806 gegen Napoleon erlitt und die seinen Bestand als Staat beinahe ausgelöscht hätte. Der Unterschied zu 1945 lag darin: Preußen war zwar schwer verwundet, doch es verfügte über ein intaktes Selbstbewußtsein. Es stellte seine Existenzberechtigung überhaupt nicht in Frage, im Gegenteil, es mobilisierte alle Energien, um ihr desto entschiedener neue Geltung zu verschaffen. Sein ungebrochenes Selbstbewußtsein ließ es nach einem Moment des Schocks die Niederlage als Herausforderung verstehen. Dazu gehörte die Kraft, die Überlegenheit des Siegers schonungslos anzuerkennen, die Ursachen seiner Überlegenheit zu ermitteln, von ihm zu lernen, zugleich die eigenen Fehler und Verspätungen zu analysieren und aus all dem entschiedene Konsequenzen zu ziehen. Diese verwirklichten sich in der berühmten preußischen Reformbewegung: Der Staat und die Verwaltung wurden modernisiert, die Bauern aus der Leibeigenschaft befreit, das Heeres- und Bildungswesen den neuen Erfordernissen angepaßt. Von diesen Reformen sollte wiederum Frankreich lernen, als es 1870 der von Preußen angeführten Koalition der deutschen Bundesstaaten unterlag, aber ebenfalls nicht daran dachte, seinen Großmachtanspruch aufzugeben. Um den Unterschied zwischen 1806 und 1945 weiter zu präzisieren: Die Anerkennung der gegnerischen Überlegenheit und ihre Kompensation betrifft den Bereich, den der Historiker Wolfgang Schivelbusch die »materielle Modernität« nennt, also die Technik und Organisation der Gesellschaft. »Nicht zur Disposition stehen die Seele, der Geist, die kulturelle Identität des Entleihers.«[1]

Deshalb ist der Satz, wonach der Sieger die Geschichte schreibt, in der Regel nur begrenzt gültig. Natürlich will der Sieger seinen Erfolg als Ausdruck langfristiger Überlegenheit und höherer

---

1 Wolfgang Schivelbusch: *Die Kultur der Niederlage.* Tb, Frankfurt a. M. 2003 (2001), S. 11 und S. 48.

Gerechtigkeit erscheinen lassen und damit den Sieg ideologisch zementieren. Doch in dem Moment, da der Besiegte wieder zu Kräften gekommen ist, erweist sich die Brüchigkeit dieser Konstruktion. Die Fähigkeit zur Selbstkritik und -analyse, die dem Unterlegenen durch seine Situation abverlangt wird, führt zu Erkenntnisgewinnen und sichert ihm später einen Vorsprung gegenüber dem Sieger.[2]

In der Bundesrepublik – die den Kernstaat des wiedervereinigten Deutschland bildet – erfolgte innerhalb kürzester Zeit die technisch-industrielle Erneuerung. Dazu mußte man nicht einmal von den Siegern lernen, sondern lediglich die Erlaubnis von ihnen erhalten, an den eigenen wissenschaftlich-technischen Kenntnissen und am deutschen Arbeitsethos wieder anknüpfen zu dürfen. Auch der Sozialstaat und die soziale Marktwirtschaft waren keine Importe, ihre Wurzeln reichten ins Kaiserreich und in die katholische Soziallehre zurück. In den Fragen der Bildung, Justiz, Forschung, der föderalen Struktur, des Parteiensystems usw. verhielt es sich ähnlich. Die politische Generallinie indes war vorgegeben durch die West-Alliierten und die Zwänge des Kalten Krieges, aus denen Konrad Adenauer den Entschluß zur entschiedenen Westintegration und zur Hinnahme der deutschen Teilung ableitete. Man darf ihm die Absicht zugute halten, auf diese Weise die kleinen Spielräume der deutschen Politik zu nutzen, allmählich zu erweitern und das Fernziel eines deutschen Einheitsstaates doch noch zu erreichen.

Was wurde unterdessen aus der Seele, dem Geist, der kulturellen Identität des Landes? Der Philosoph Peter Sloterdijk sieht in der geistig-kulturellen Westintegration den »Beschluß, sich mit der Siegerkultur in einer Friedensordnung höherer Stufe zusammenzuschließen«.[3] Das Verb »zusammenschließen« insinuiert eine selbstbestimmte Entscheidung, sein Eigenes in einer höheren Einheit zu integrieren. Als Meilensteine dieser »Selbstrekon-

---

2 Vergl. auch: Baal Müller: *Der Vorsprung der Besiegten. Identität nach der Niederlage.* Schnellroda 2009.

3 Peter Sloterdijk: *Theorien der Nachkriegszeiten. Bemerkungen zu den deutsch-französischen Beziehungen seit 1945.* Frankfurt a. M. 2008, S. 18.

struktion«, der geläuterten Wiederaufrichtung, nennt er: das Stuttgarter Schuldbekenntnis der Evangelischen Kirche vom 19. Oktober 1945, das Wiedergutmachungsabkommen mit Israel 1952, die Versöhnungsgesten zwischen Adenauer und dem französischen Präsidenten de Gaulle in Reims 1962, den Kniefall Willy Brandts am Ehrenmal des Warschauer Ghettos 1970, schließlich die Inauguration des Holocaust-Denkmals in Berlin 2005. Genau genommen, faßt Sloterdijk lediglich den gesellschaftlichen Konsens über die Geschichte der Bundesrepublik zusammen.

Seine Aufzählung ließe sich um weitere, durchweg einseitige Gesten vermehren. Keine von ihnen – mit Ausnahme der Veranstaltung von Reims, die das Ende einer langen, gegenseitigen Feindschaft symbolisch besiegelte – führte dazu, daß Deutschland anschließend als gereinigter Sünder den anderen wieder gleichberechtigt gegenübertreten konnte. Im Gegenteil, die Intensität der Bekenntnisse steigerte sich, und stets wurden neue politische und materielle Verpflichtungen Deutschlands aus ihnen abgeleitet. Sie waren und sind darauf angelegt, ein kollektives Schuldgefühl in Deutschland zu erhalten und zu intensivieren. Inzwischen hat auch die Veranstaltung von Reims aus höchstem Munde eine sachte Umdeutung erfahren. Am 11. November 2009, auf der Feier zum 91. Jahrestag des Waffenstillstands in Paris, sagte Kanzlerin Angela Merkel: »Wir werden nie vergessen, wie sehr in der ersten Hälfte des 20. Jahrhunderts Franzosen durch Deutsche zu leiden hatten.«[4] Die angenommene Schuld am Zweiten Weltkrieg wurde en passant auf den Ersten ausgedehnt.

Gar nicht hoch genug kann man die Relevanz des Holocaust-Denkmals im Zentrum von Berlin veranschlagen. In den ehemaligen Ministergärten, auf die Bismarck in seiner insgesamt 28jährigen Amtszeit als Preußischer Ministerpräsident und Reichskanzler geblickt hatte, beansprucht es das Areal zweier Fußballfelder. Es befindet sich im Schnittpunkt zentraler politischer und nationaler Symbole und Institutionen: von Reichstag und Bundesrat, von Potsdamer Platz und Brandenburger Tor, von Goethe-Denkmal

---

4 http://www.france-allemagne.fr/Bundeskanzlerin-Merkel-nimmt-an,4962.html.

und Wilhelmstraße, der ehemaligen preußisch-deutschen Regierungsmeile. Durch Größe, Lage, Gestalt und Anmutung beansprucht es die Funktion des Identitäts- und Sinnzentrums im wiedervereinigten Land. Es steht da als symbolischer Telos einer verfehlten Historie, als archimedischer Punkt, von dem aus die Kultur und Geschichte Deutschlands erklärt und seine Politik und sein Staatsethos als eines der Schuld, Schande und Dauersühne bestimmt werden. Das Besondere an seiner Inauguration ist, daß die Deutschen selber bzw. ihre Eliten sich dazu bereit fanden, dem »negativ-germanozentrierten Paradigma«, das in zwei Weltkriegen wirksam wurde, zusammen mit dem jüdischen Paradigma, für das der Holocaust zentral ist, in der Mitte ihrer Hauptstadt ein Denkmal zu setzen.[5] Damit wurde ein geschichtliches Ereignis im Sinne einer Fremdzuschreibung isoliert und als schwarzes Loch sanktioniert, auf daß es die Vergangenheit und Zukunft Deutschlands in sich hineinziehe und auslösche. Statt mit einer »Selbstrekonstruktion« haben wir es daher mit der Selbstzerstörung des Nationalbewußtseins zu tun. Die Äußerungen von Kanzler Schröder und seiner Nachfolgerin Merkel sind Fußnoten innerhalb des Prozesses.

Eine Analyse deutscher Zustände kann nur sinnvoll sein, wenn sie diese Erkenntnis in den Blick nimmt und darüber hinaus nach den Gründen dafür fragt. Andernfalls bleibt sie in ephemerer Kritik stecken und ist selbst nur das Symptom historischer Amnesie. Einige Beispiele aus der Publizistik der letzten Jahre: Der Fernsehmoderator Wolfgang Herles betrauert in dem Buch *Wir sind kein Volk* das Ende der Bundesrepublik. Er kritisiert die »Generation Kohl«, die die Wiedervereinigung über die Köpfe der »jüngeren Bundesrepublikaner« herbeigeführt habe, welche »auf dem besten Wege waren, Abschied von der Idee der Nation zu nehmen«.[6] Durch die »Ostdeutschen«, die unter dem Motto »Wir sind ein Volk« die Wiedervereinigung erzwangen, sieht er sich um eine ganze Epoche zurückgeworfen. Für Herles zählen allein der individuelle Frei-

5 Ernst Nolte: *Der kausale Nexus. Über Revisionen und Revisionismen in der Geschichtswissenschaft.* München 2002, S. 353.
6 Wolfgang Herles: *Wir sind kein Volk. Eine Polemik.* Tb, München 2004, S. 22 f.

heitsbegriff und die Möglichkeit, den Anspruch auf persönliches Glück zu verwirklichen. Seine Hoffnung setzt er auf ein in Regionen gegliedertes Europa, in dem die nationale Ebene weitgehend überflüssig wird. Es ist leicht zu erkennen, daß der Autor den Europa-Bezug, der nach dem Zweiten Weltkrieg die nationale Identität ersetzen mußte, verinnerlicht hat, ohne sich darüber Rechenschaft abzulegen, daß er außerhalb Westdeutschlands von niemandem geteilt wird, jedenfalls nicht in dieser Absolutheit. Weiterhin fällt die Abstinenz vom Politischen auf, die ebenfalls einer Zeit entstammt, als die Bundesrepublik unter der Vormundschaft der Siegermächte, insbesondere der USA, stand. Herles, Jahrgang 1950, hält den ererbten Wohlstandsstaat für naturgegeben. Er kommt gar nicht auf den Gedanken, daß er nach innen und außen behauptet werden muß, sogar gegen die Begehrlichkeiten europäischer Nachbarn.

Der Journalist Jens Bisky sieht eine »neue deutsche Frage« auf der Tagesordnung, die verursacht ist durch die ökonomische Schieflage in der ehemaligen DDR. Diese erzwingt einen Sozialtransfer, der gesamtdeutsch für Unsicherheit sorgt. Der Autor wirft die Frage auf, »warum die Einheit unser Land gefährdet«.[7] Er konstatiert den Kompensationscharakter des Wohlstandsversprechens. Es soll das Sinnvakuum füllen, das sich aus der Unfähigkeit ergibt, dem Land eine Idee zu verleihen, die integrierend und auf die Ex-DDR-Bürger einladend wirkt. Augenfällig wird die geistige Leere in der fruchtlosen Diskussion über den Berliner Schloßplatz. Für die symbolische Mitte des Landes gibt es noch immer kein Konzept, das zu überzeugen und zu begeistern vermag. So weit, so richtig. Nur unterläßt es der Autor, auf die historischen und politischen Zusammenhänge einzugehen, so daß die tieferen Gründe des Vakuums und der als verfehlt beschriebenen Wiedervereinigung nicht analysiert werden. Als Gegenrezepte fallen ihm – ganz bundesrepublikanisch – nur die üblichen Sozialtechniken ein.

Einen Schritt weiter geht der Schriftsteller Richard Wagner, der in der »abgerüsteten Nation« ein Problem erkennt. Den Verfall der

---

7 Jens Bisky: *Die deutsche Frage. Warum die Einheit unser Land gefährdet.* Berlin 2005.

staatlichen Autorität, die Hysterisierung politischer Debatten, den geisterhaften Antifaschismus, den überbordenden Sozialstaat, die Hemmungen, auf den Zuwanderungsdruck oder auf die Frage nach Kriegseinsätzen schlüssig zu reagieren, beschreibt er als Folgen eines gestörten Selbstverständnisses. »Die Notwendigkeit der Klärung des Nationenbegriffs ist aktueller denn je. Alle anderen Fragen hängen von dieser Klärung ab, auch diese: Was macht Deutschlands Zugehörigkeit zur westlichen Welt aus?« Als Kriterien nennt er »Demokratie, individuelle Freiheit, Bürger- und Menschenrechte, freie Marktwirtschaft und Privateigentum«, also ausschließlich universelle Werte, die keine nationale Spezifik begründen können. Die Widersprüche, in denen sich Wagner verfängt, werden noch größer, wenn er proklamiert, eine derartige »Normalisierung unseres Selbstverständnisses« würde auch »den vagabundierenden Topoi des Revisionsimus die Ambivalenz nehmen. Es gibt nichts zu revidieren, weder durch Luftkriegsdiskussionen noch durch Vertreibungsdokumentationen. Die Lektion ist gelernt.«[8] Das wiederum entspricht exakt dem geschichtlichen Kotau, den Kanzler Schröder am Omaha Beach vollzogen hatte. Indem Wagner auf eine Zurückweisung oder Modifikation der Zuschreibungen verzichtet und ein eigenes Selbstverständnis ausdrücklich nicht zuläßt, macht er die Abrüstung des Nationalen total. Er verteidigt ungewollt den Status quo, an dem er doch leidet.

Ähnlich unausgegoren sind die Überlegungen von Wolfgang Herles zur deutschen Geschichtspolitik. Er deutet eine Aversion gegen das megalomane Holocaust-Mahnmal an, das »die Trauer und Scham (transzendiert). Es läßt am Ende die Beschämten selbst ein wenig wie Opfer übermächtiger Schicksalskräfte erscheinen.«[9] Das sind richtige Detailbeobachtungen, aus denen aber kein Erkenntnisgewinn folgt. Meint der Autor, daß die Überwältigung der Deutschen durch die Schulddemonstration zu Unrecht geschieht, oder ist er überzeugt, daß sie sich einen falschen Opfer-

---

8 Richard Wagner: *Der deutsche Horizont. Vom Schicksal eines guten Landes.* Berlin 2006, S. 297 f., S. 382, S. 385.

9 W. Herles: *Kein Volk,* S. 141.

status anmaßen? Die zweite Variante ist wahrscheinlich, aber andererseits ist Herles die masochistische Moral, die das Mahnmal dem deutschen Betrachter aufzwingt, tief unheimlich. Tatsächlich handelt es sich um die Präsentation und die Behauptung eines kollektiven, nationalen Verbrechertums, das einen politischen, kulturellen und moralischen Subjektcharakter für die Zukunft unmöglich zu machen droht.

Das Mahnmal ist der vorläufige Gipfel der Vergangenheitsbewältigung, die Ende der fünfziger Jahre voll einsetzte und spätestens mit der Studentenbewegung 1968 ihre pathologischen Abgründe eröffnete. Arnold Gehlen kommentierte damals fassungslos: »Unergründlich, was in den jungen Menschen der Bundesrepublik vorgeht, die (...) gegen das anrennen, was sie für einen übermächtigen Staat halten oder für eine Gesellschaft von Unterdrückern anstatt von Eingeschüchterten. Hinter dem Rücken ihres Bewußtseins reagieren sie vielleicht gegen das Definitive, das Irreparable – die Niederlage, die sie gar nicht mehr erlebten, mit der Mentalität aufsässiger Geschlagener, aber ohne deren Erfahrung«.[10] In kurzer Zeit summierten die Bußrituale und Selbstbezichtigungen sich zu Indizien einer »masochistischen Moral«, die Anerkennung verschafft und »in der Selbsterniedrigung eine pathologische Form nationaler Kohärenz« rettet.[11] Da Masochismus und Selbsterniedrigung auf die Dauer aber auch die Generativität, die Bereitschaft zur Fortpflanzung, erschlaffen lassen, wachsen sie sich zur Krankheit zum Tode aus und zerstören damit die Kohärenz. Das führt zu einem neuen Widerspruch: Diejenigen, »die das deutsche Volk durch eine multikulturelle Bevölkerung ersetzen« wollten, »also durch ein kollektives Subjekt, das man kaum noch für den Holocaust verantwortlich machen kann«, lösen den »schicksalhaften Zusammenhang von Schuld und Nation« auf, auf den sie andererseits insistieren.[12] Wenn die Situation wie hier sich politisch, psy-

---

10 A. Gehlen: *Moral und Hypermoral*. S. 104.

11 Herbert Speidel: »Aus der Sicht des Psychologen«, in: Heinz Nawratil: *Der Kult mit der Schuld. Geschichte im Unterbewußtsein*. München 2002, S. 239–256. Hier S. 244.

12 Andreas Krause Landt: »Holocaust und deutsche Frage. Ein Volk will verschwinden«. In: *Merkur*. Zeitschrift für europäisches Denken. Heft 12, Dezember 2005, S. 1116 f.

chologisch, geschichtstheologisch nicht mehr erschließt, dann vielleicht medizinisch?

Offensichtlich handelt es sich um eine Abnormität, die sich sowohl gegen das eigene Land wie gegen das Leben selbst richtet und nach dem »Kern-Ereignis« fragen läßt, von dem aus der Staat Bundesrepublik Deutschland seine Identität und seinen historisch-politischen Ansatz herleitet.[13] Solche Kern-Ereignisse sind in der Regel nationale, freiheitliche, antifeudale, bürgerlich-liberale Bewegungen, die sich in Revolutionen, Unabhängigkeitskriegen oder -erklärungen entäußern – Ereignisse jedenfalls, die einen positiven Selbstbezug ermöglichen. Im Deutschen Reich war das die Kaiserproklamation am 18. Januar 1871 im Spiegelsaal von Versailles, wie sie durch Anton von Werners Gemälde ins breite Bewußtsein gehoben wurde. Es kann sich bei dem Kern-Ereignis allerdings auch um passiv Erfahrenes, um gemeinsam Erlittenes handeln.

In der Bundesrepublik war nach der Katastrophe des Zweiten Weltkriegs die Kraft des nationalen Gedankens gebrochen. In den Jahren der deutschen Teilung wurde er weiter zerschlissen. Die Reichsgründung geriet in Vergessenheit bzw. wurde als Fehler verworfen, ersatzweise wurde der Verfassungspatriot zum staatsbürgerlichen Ideal erhoben. Trotzdem ließ sich mit dem 23. Mai 1949, dem Tag der Verkündung des Grundgesetzes, zu keinem Zeitpunkt eine Emphase verbinden, die Gemeinschaftsgefühle stiftete. Das Grundgesetz war hinter verschlossenen Türen und unter massiver Einflußnahme der West-Alliierten formuliert worden, und die Art und Weise der begrenzten Kompetenzübergabe durch die Hohen Kommissare der Alliierten an die Bundesregierung rief die subalterne Situation des Landes ins Gedächtnis. Der 17. Juni, der an den Ost-Berliner Arbeiteraufstand von 1953 gemahnte, konnte als »Tag der deutschen Einheit« das staatsideologische Defizit genausowenig füllen. Der Aufstand war von den sowjetischen Besatzern nie-

13 Den Begriff benutzt Hans-Joachim Arndt in: *Die Besiegten von 1945. Versuch einer Politologie für Deutsche samt Würdigung der Politikwissenschaft in der Bundesrepublik Deutschland.* Berlin 1978, hier: S. 13.

dergeschlagen worden. Als Nationalfeiertag assoziierte er damit eine weitere Niederlage und die anhaltende Abhängigkeit der Deutschen von den Weltkriegssiegern. Deutschland, das 1990 durch den Beitritt der DDR zur Bundesrepublik als Einheitsstaat formal wiederentstand, hatte seit 1945 nur noch als »deutsche Frage« existiert, die keine der beiden Teilstaaten beantworten konnte, weder für sich selbst noch für die Nation als Ganzes. Das war die direkte Konsequenz der bedingungslosen Kapitulation der deutschen Wehrmacht am 8. Mai 1945, die den Zustand der *Debellatio*, der vollständigen, umfassenden, totalen Niederlage notifizierte, wie ihn noch kein moderner Nationalstaat erlebt hatte.

Militärisch wurde sie vollzogen durch die Überwindung, Zerschlagung, Entwaffnung und Gefangennahme der deutschen Armee und Regierung und durch die militärische Besetzung Deutschlands. Politisch wurde der deutsche Staat faktisch aufgehoben, sämtliche Kompetenzen gingen an die vier Hauptsiegermächte über, das Handeln seiner Bürger im Krieg wurde unter den juristischen Vorbehalt der Alliierten gestellt, das Territorium einseitig verkleinert. Drittens ging es darum, den Deutschen ihre militärische und politische Niederlage auch als eine moralische und kulturelle zu vermitteln. Die Eingriffe in ihre Bewußtseinsstruktur zielten darauf ab, sie zu zwingen, sich die Sicht, die die Sieger auf sie hatten, zu eigen zu machen und sich von ihrer Herkunft zu entfremden. Das Kern-Ereignis, das die Nachkriegszeit bestimmte, war also die totale Niederlage von 1945, woran die Konstituierung der beiden Teilstaaten 1949 überhaupt nichts änderte. Deutschland befand sich weiter »in der Lage eines debellierten früheren Staatssubjekts, in dem sich ein durch territoriale Spaltung suspendierter Bürgerkrieg entwickelte, ausgelöst durch antagonistische Verfassungs-, Gesellschafts- und Geschichtstheorien der zwei ex-alliierten Hauptsieger«.[14] Im Kalten Krieg standen beide deutschen Teilstaaten sich als Speerspitzen ihrer amerikanischen bzw. sowjetischen Vormacht gegenüber. Die Frage ist nun, ob sie sich mit ihren jeweiligen zugewiesenen Rollen identifizier-

---

14 H.-J. Arndt: *Die Besiegten*, S. 107.

ten oder untergründig an einem deutschen Gesamtbewußtsein festhielten.

Für das Ausland blieben die Deutschen bis 1989 Besiegte und die deutsche Teilung ein Faktum, das daraus folge. Die Deutschen täuschten sich über ihren Status zunehmend hinweg: in der DDR mit Hilfe der marxistischen Geschichtsphilosophie, in der Bundesrepublik mit einer Politikwissenschaft, die sich als Demokratiewissenschaft begriff. In beiden Fällen wurde die nationale Grundtatsache negiert und der außer Kraft gesetzte deutsche Nationalstaat in ein negatives Licht getaucht. So fühlten beide Teilstaaten sich schließlich subjektiv selber als Sieger, ohne es zu sein. Die SED-Führung erlebte spätestens Ende 1989, daß sie nichts anderes war als die Verfügungsmasse Moskaus, und die Bundesregierung zeigte sich überrascht und irritiert, als einen Monat nach dem Mauerfall ihre drei Nato-Partner USA, Großbritannien und Frankreich sich im Kontrollratsgebäude in Berlin mit sowjetischen Vertretern trafen und so unterstrichen, daß es oberhalb der Bündnis- noch eine Königsebene der Siegerstaaten gab, auf der über Deutschland bestimmt wurde, zu der es selber aber keinen Zutritt hatte.[15]

Es ist zu prüfen, ob und in welchem Ausmaß dieser Zustand mit der Wiedervereinigung 1990 tatsächlich aufgehoben wurde, oder ob sie ihn nicht lediglich modifizierte. Für die zweite Variante spricht Kanzler Schröders Rede vom Juni 2004 ebenso wie die Errichtung des Holocaust-Mahnmals, die das Dogma von einer zu Recht widerlegten deutschen Nation besiegelten.[16] Die Wiedervereinigung wurde nie als emphatisches Kern-Ereignis antizipiert und angestrebt und will sich auch rückblickend nicht als solches einprägen. Das sowjetische Imperium implodierte aus innerer Schwäche und gab so seinen deutschen Satelliten, die DDR, frei, der dem US-geprägten westlichen Teilstaat zu dessen Bedingungen in einem bürokratischen Geschäftsgang beitrat. Die Kritik, daß am

---

15 *Deutsche Einheit. Sonderedition aus den Akten des Bundeskanzleramtes 1989/90.* Bearbeitet von Hanns Jürgen Küsters und Daniel Hofmann. München 1998, S. 73 und 641 f.

16 Vgl. Hans-Joachim Arndt: »Volk ohne Zukunft?« Zur Sperrwirkung des Dogmas von der widerlegten Nation. In: *Wirklichkeit als Tabu.* Hg. von Armin Mohler. München 1986. S. 247–273.

3. Oktober 1990 keine Wiedervereinigung, sondern ein Anschluß stattgefunden hatte, enthält viel mehr als die Polemik von Beleidigten. Die »westdeutsche Bundesrepublik«, wie sie in der DDR lange genannt worden war, hatte sich bis an die Oder ausgedehnt, zusammen mit ihrer Neigung, die deutsche Geschichte auf einen Scham-und-Schuld-Zusammenhang zu reduzieren. Diese Tendenz sollte sich in ungeahntem Ausmaß radikalisieren. Eine Nation aber, die ihre Vergangenheit verwirft und unter moralischen, ja kriminellen Generalverdacht stellt, konzediert ihre eigene Unmöglichkeit und gibt den moralischen Anspruch auf eine selbstbestimmte Zukunft preis. Wie konnte ein großes Kulturvolk in kaum fünfzig Jahren zu dieser Selbstnegation kommen?

5
Mentalität und Mittellage

Für die meisten Deutschen von 1871 bedeutete die Reichsgründung einen Höhepunkt der nationalen Geschichte. Jahrhundertelang hatte der alte Staufer-Kaiser im Berg ausgeharrt und den Traum vom deutschen Einheitsstaat gehütet, nun erfüllte Preußens Ministerpräsident Otto von Bismarck das kaiserliche Vermächtnis. Einer aber saß abseits im schweizerischen Basel und beobachtete die Dinge aus der Seitenloge. Der junge Friedrich Nietzsche, Professor für klassische Philologie, sah sorgenvoll, wie der militärische und politische Triumph zu Kraftmeierei und Selbstüberhebung führte. Er warnte vor dem Trugschluß, aus dem Sieg über Frankreich eine Überlegenheit der deutschen Kultur abzuleiten. Ein »Wahn« sei das, der »unseren Sieg in eine völlige Niederlage zu verwandeln« drohe. An ihrem Anfang stehe die »Exstirpation des deutschen Geistes zugunsten des ›deutschen Reiches‹«, und damit stelle sich die Frage, »ob dann noch etwas mit dem übrigbleibenden deutschen Körper anzufangen ist!«[1] Woher der Trieb zur Selbstzerstörung kam, den er im neuen Nationalstaat wahrnahm, erklärte er nicht. Gut 15 Jahre später, kurz vor seiner Umnachtung, kam er in der *Götzen-Dämmerung* nochmals auf den geistigen Niveauverlust und auf die Neigung der Deutschen zum Narkotikum zu sprechen: Die Alkohol-Exzesse der studentischen Jugend machten (zusammen natürlich mit dem Christentum und der Musik) »aller feinen und kühnen Beweglichkeit des Geistes den Garaus«.[2]

---

1 Friedrich Nietzsche: *Kritische Studienausgabe.* Hg. von Giorgio Colli und Mazzino Montinari. München 1988. Bd. 1, S. 159 f.
2 F. Nietzsche: *Kritische Studienausgabe,* Bd. 6, S. 104.

Eine Bemerkung, die mehr enthält als eine vergiftete Pointe. Die historischen Wurzeln der studentischen Bierkomments, auf die Nietzsche anspielt, reichen bis in das 16. und 17. Jahrhundert zurück, in ein Zeitalter unaufhörlicher Kriege. In dieser Zeit entwickelten sich die Rituale des Wett- und Kampftrinkens, »die dem Trinkgelage den Charakter eines Kampfspiels verliehen« und auch Eingang in die höfische Kultur fanden.[3] In solchen Ritualen ertränkten die Deutschen ihr Leiden an der Kriegsnot und der eigenen Machtlosigkeit, um sich zugleich ein Höchstmaß an Selbstbeherrschung abzuzwingen. So lernten sie, die harten Realitäten innerlich zu ertragen und im praktischen Handeln zu bewältigen. Was Nietzsche jetzt feinfühlig wahrnahm, war der Verzicht auf die äußere Selbstdisziplin, die man im neugegründeten Reich nicht mehr nötig zu haben glaubte, während die Wahrnehmungstrübung und Realitätsflucht sich fortsetzten. Denn erst im Rausch, so mochte es den in großen Zusammenhängen ungeübten Deutschen scheinen, ließen die Möglichkeiten, die dem Reich offenstanden, sich zur Gänze erfassen.

Deutschlands Schicksal war bestimmt von der europäischen Mittellage, die jahrhundertelang seine nationalstaatliche Konsolidierung verhindert hatte. Zu viele auswärtige Interessen waren hier involviert, überkreuzten sich und verstärkten die partikularen Tendenzen, die so von keiner Zentralgewalt zu bändigen waren. Tief hatte der Dreißigjährige Krieg von 1618 bis 1648 sich in das kollektive Gedächtnis eingebrannt, als das amorphe Reich den Nachbarn als Schlachtfeld, Durchmarschgebiet und Proviantkammer und seine Kleinstaaten als Verfügungsmasse auswärtigen Kalküls dienten. Als der Westfälische Frieden geschlossen wurde, war Deutschland verwüstet, seine Bevölkerung zu großen Teilen ausgerottet. Für Frankreich, England oder die Niederlande dagegen zählte das 17. Jahrhundert zu den glanzvollsten überhaupt. Ihre niederschmetternde Unterlegenheit immer wieder vor Augen geführt zu bekommen, führte bei den Deutschen zu Komplexen

3 Norbert Elias: *Studien über die Deutschen. Machtkämpfe und Habitusentwicklung im 19. und 20. Jahrhundert.* Frankfurt a. M. 1990 (1989), S. 131.

und Unglücksgefühlen, aus denen spezifische Denk- und Verhaltensweisen erwuchsen.

Helmut Plessner, der den Begriff der »verspäteten Nation« prägte, schrieb über Preußen, es habe sich nur nach Form und Funktion, nicht jedoch in seiner inneren Substanz zum Staat entwickelt, denn dazu habe es ihm an einer Staatsidee gemangelt.[4] Gegen die Allgemeingültigkeit seiner These ließe sich das Allgemeine Preußische Landrecht von 1794 und noch einiges mehr vorbringen, doch dazu ist hier nicht der Ort. Wo Plessner indes auf die obrigkeitsstaatliche Tradition und auf die Neigung zielte, den Staat als Selbstzweck zu betrachten, muß eben auf die geschichtlichen Erfahrungen und geopolitischen Gegebenheiten verwiesen werden. Der vielbespöttelte Grundsatz, daß Ruhe die erste Bürgerpflicht sei, fand sein Gegenstück im Auftrag an den Staat und den Monarchen, Kriegsnot, innere Unruhen und Chaos von den Untertanen fernzuhalten. Religiöse Toleranz war dafür die wichtigste Voraussetzung, die nur ein starker Staat erzwingen konnte. Der wehrhafte Feudalstaat sollte sich seiner Landeskinder sicher sein, wenn er nur den inneren und äußeren Frieden garantierte. Darum war innerhalb der durch Krieg und Kriegserinnerungen gepeinigten Gesellschaft das militärische Ethos und der Gehorsam vor den Autoritäten so oft stärker als das Bedürfnis nach bürgerlicher Emanzipation, demokratischer Teilhabe und Disput. Allerdings wurde im Verlauf der Napoleonischen Kriege schmerzhaft deutlich, daß auch die deutschen Führungsmächte Preußen und Österreich nicht stark genug waren, um Aggressionen abzuwehren. Um einen eigenständigen Part im europäischen Machkonzert zu spielen, brauchte es eine politisch-staatliche Einheit von ganz anderer Dimension.

Die Revolution von 1848 war der Versuch, Einheit und Freiheit zur Deckung zu bringen. Sie scheiterte an der eigenen Schwäche, aber erneut erwies sich auch die Mittellage als fatal, denn ein deutscher Nationalstaat, ob demokratisch oder obrigkeitsstaatlich verfaßt, hätte an das europäische Gleichgewicht gerührt. Die scharfe Ablehnung des Einheitsstrebens durch den russischen Zaren durfte

---

4 Vgl. Helmuth Plessner: *Gesammelte Schriften.* Bd. VI, Frankfurt a. M. 2003, S. 48–57.

man erwarten. Der Dualismus zwischen Preußen und Österreich war ein zu bequemer Hebel, mit dem sich Einfluß auf die deutsche und europäische Politik nehmen ließ, als daß er ihn aus der Hand geben mochte. Es entsprach zudem seinen tiefsten weltanschaulichen Grundsätzen, an der reaktionären Allianz mit den deutschen Monarchen festzuhalten. Und schließlich hätte ein demokratischer deutscher Einheitsstaat der polnischen Nationalbewegung neuen Auftrieb gegeben und damit den Territorialbestand des Russischen Reiches tangiert. Doch auch England und selbst Frankreich, seit 1789 das Land der permanenten Revolutionen, zeigten sich abgeneigt. Zur selben Zeit, als das vom Frankfurter Paulskirchen-Parlament eingesetzte Reichsministerium sich in Paris um seine völkerrechtliche Anerkennung bemühte, erklärte der französische Außenminister Jules Bastide dem preußischen Gesandten: »Wir werden den Triumph der demokratischen und unitarischen Tendenzen in Deutschland bekämpfen; wir werden durch unsere moralische Stütze die deutschen Fürsten halten, und deshalb werden wir auch keinen Gesandten der Zentralgewalt amtlich empfangen.« Ähnlich enttäuschend verliefen die Sondierungen in England, auf das die deutschen Liberalen besondere Hoffnungen gesetzt hatten. Gewiß war es seitens der britischen Regierung ein Akt außenpolitischer Vorsicht und Klugheit, sich nicht auf die Seite der Revolution zu schlagen und die deutschen Monarchen zu desavouieren, mit denen man morgen vielleicht schon wieder rechnen mußte.[5] Entscheidend für die Zurückhaltung aber waren strategische Überlegungen und die Sorge um den Bestand des europäischen Gleichgewichts. Das zeigte sich kurz darauf im Streit um die norddeutschen Herzogtümer Schleswig und Holstein, die sich mit Unterstützung des Paulskirchen-Parlaments aus dänischer Vorherrschaft zu befreien versuchten. 1850 wurde Preußen von den europäischen Großmächten gezwungen, namens des Deutschen Bundes die Hoheit des dänischen Königs über die beiden Provinzen anzuerkennen. England und Rußland waren an der Wieder-

---

5 Zit. nach: Heinrich Lutz: *Zwischen Habsburg und Preußen« Deutschland 1815–1866*. Berlin 1994, S. 244.

herstellung der dänischen Souveränität dringend interessiert, weil sie sich davon die Sicherheit ihrer Ostsee-Nordsee-Verbindung versprachen.[6] Im gleichen Jahr mußte Preußen unter russischem und österreichischem Druck seine Bemühungen aufgeben, eine Union der deutschen Bundesstaaten unter Ausschluß Wiens herzustellen. Erst Bismarck gelang durch das Zusammenspiel von diplomatischem Geschick und gepanzerter Faust die Rückkehr Schleswig-Holsteins zu Deutschland und die Herstellung der (klein-)deutschen Einheit. Die macht- und geopolitischen Konflikte, die die Reichsgründung provozieren sollte, aber hatten ihre Schatten vorausgeworfen.

Möglich geworden war sie im Gefolge des Krimkriegs, der 1856 mit der schweren Niederlage Rußlands gegen Großbritannien und Frankreich geendet hatte. Die westeuropäischen Großmächte waren der bedrängten Türkei zu Hilfe geeilt, als das Zarenreich versuchte, sich seinen alten Wunsch nach der Beherrschung des Bosporus zu erfüllen. Das hätte die russische Dominanz im östlichen Mittelmeer bedeutet. Großbritannien glaubte seine Verbindungswege nach Indien bedroht und fürchtete die weitere Machtausdehnung Rußlands in Asien. Das Kaiserreich Napoleons III. hatte selber Aspirationen in dieser Gegend und glaubte an seine Chance, Rußlands Hegemonie über Europa durch die eigene Vorherrschaft zu beenden. Parallel dazu meldete Österreich seine Interessen auf dem Balkan an und ließ Truppen in Siebenbürgen und Galizien aufmarschieren, was Rußland zwang, die als Faustpfand besetzten Donaufürstentümer Moldawien und Walachai zu räumen. Damit nahm der russisch-österreichische Dauerkonflikt um die Vorherrschaft auf dem Balkan seinen Anfang, der bis zum Ersten Weltkrieg schwelen und auch das Deutsche Reich permanent beschäftigen sollte.

Preußen hatte die von Österreich gewünschte Mobilmachung des Deutschen Bundes gegen Rußland verhindert, so daß im innerdeutschen Dualismus die Sympathien des Zaren fortan auf seiner Seite lagen. Frankreich ließ Preußen gewähren in der Berechnung,

---

6 H. Lutz: *Habsburg*, S. 387.

vom geschwächten Rußland die Schiedsrichterrolle über die deutschen Angelegenheiten zu übernehmen. Am wichtigsten aber war, daß die großen Flügelmächte England und Rußland auf lange Zeit verfeindet blieben und zu gemeinsamem Handeln außerstande waren. Auch war England zu beschäftigt mit der Expansion und Sicherung seines Weltreichs, um maßgeblichen Einfluß auf europäische Entwicklungen nehmen zu können. Drittens lag ein starkes Deutschland als Gegengewicht zu Frankreich im englischen Interesse, weil dessen imperiale Bestrebungen mit den britischen konkurrierten. Bismarck nutzte diese Gegensätze virtuos und zugleich mit Augenmaß, um seine Ziele zu verwirklichen. Nach dem Sieg über Österreich in der Schlacht bei Königgrätz 1866 hinderte er den preußischen König und das Militär an einem Einzug in Wien und damit an der offenen Demütigung der Donaumonarchie, die die anderen europäischen Mächte alarmiert und gegen die angestrebte deutsche Einheit eingenommen hätte.

Doch trotz aller Rücksichtnahme auf die Empfindlichkeiten der Nachbarn löste die Reichsgründung ein schweres Beben im europäischen Gefüge aus. Der britische Oppositionsführer und spätere Premierminister Benjamin Disraeli nannte im Februar 1871 im Unterhaus den Ausgang des deutsch-französischen Krieges eine »deutsche Revolution«, die »ein größeres politisches Ereignis (sei) als die Französische Revolution des vergangenen Jahrhunderts. Nicht ein einziger Grundsatz unserer Außenpolitik, der noch vor sechs Monaten von allen Staatsmännern als Leitfaden anerkannt wurde, ist weiterhin gültig. Es gibt keine einzige diplomatische Tradition, die nicht hinweggefegt worden ist. Wir haben eine neue Welt, neue Einflüsse am Werk, neue und unbekannte Größen und Gefahren (...). Das Gleichgewicht der Macht ist völlig zerstört worden und das Land, das am meisten darunter leidet und das die Auswirkungen dieses großen Wandels am meisten spürt, ist England.«[7]

Niemand wußte besser als Bismarck, mit wieviel Argwohn das Deutsche Reich seitens der Nachbarn zu rechnen hatte. Plötzlich

---

7 Zit. nach: Gerhard A. Ritter: *Das Deutsche Kaiserreich 1871–1914. Ein historisches Lesebuch.* Göttingen 1992 (1975), S. 181.

sahen diese sich gezwungen, die europäische Mitte als eigenständigen und starken Machtfaktor einzukalkulieren, statt weiter über sie verfügen zu können. Die Saturiertheit des Deutschen Reiches zu betonen, wurde daher zum Mantra von Bismarcks Politik. Sein strategisches Denken war defensiv und besaß unter der Hand einen »pessimistischen Grundzug«.[8] Die Stärke des neuen Reiches bedeutete, ob seine Führungsspitze das nun wollte oder nicht, eine Zurücksetzung und Kränkung der anderen Großmächte. Rußland hatte seine langjährige Präzeptorenrolle in den deutschen Angelegenheiten verloren und mußte in vielen Belangen die Überlegenheit des Reiches akzeptieren. Der deutsche Anteil an der Weltindustrieproduktion war 1870 mehr als dreimal so groß wie der russische und sollte sich weiter erhöhen. Auch Frankreich sah sich politisch, militärisch, ökonomisch und demographisch ins Hintertreffen gedrängt, und die Annexion Elsaß-Lothringens hatte das Verhältnis zum Nachbarn auch emotional unrettbar vergiftet. Zudem gewann das Reich auf die Deutschen außerhalb seiner Grenzen und damit die großdeutsche Idee an Anziehungskraft, obwohl Bismarck die großdeutsche Lösung unter Einschluß Österreichs, die zu einem hegemonialen Koloß in der Mitte Europas geführt hätte, abgelehnt und bekämpft hatte. Die jahrhundertealte Gleichgewichtspolitik Großbritanniens, die darin bestand, die europäischen Mächte stets so zu gruppieren, daß keine von ihnen auf dem Kontinent eine hegemoniale Position erlangte und für Großbritannien und sein Empire gefährlich wurde, geriet durch die halbhegemoniale Stellung, in der sich Deutschland aufgrund seiner Größe und fortwährenden Dynamik befand, in ungewohnte Schwierigkeiten. Disraelis Außenminister Salisbury, der später viele Jahre als Premierminister regieren sollte, sprach deshalb schon 1876 vom Krimkrieg als von einer »Torheit«. Angesichts der wachsenden Stärke Deutschlands und zunehmender deutsch-britischer Differenzen gewann in England die Auffassung an Boden, lieber hätte man die Türkei aufteilen und so den Konflikt mit Rußland vermeiden

---

8 Konrad Canis: *Bismarcks Außenpolitik 1870–1890. Aufstieg und Gefährdung*. Paderborn 2004. S. 62.

sollen. Eine Verständigung mit Rußland, um die Vor-Krim-Konstellation wiederzubeleben, gewann an Plausibilität. Lord Salisbury, nunmehr als Premierminister, erinnerte den deutschen Botschafter Hatzfeld im Juli 1895 ganz offen an die früheren russischen Teilungspläne für die Türkei und bekräftigte seinen Standpunkt, London habe mit ihrer Ablehnung einen Fehler begangen. Die Zeitung *Saturday Review* meinte im April 1895, ein russisch-britisches Bündnis vermöchte der ganzen Welt zu trotzen.[9]

Derartige Möglichkeiten und Spekulationen waren für Deutschland eine Quelle der Verunsicherung und, sollten die anderen Mächte zu ihrer Verwirklichung schreiten, lebensbedrohlich. Das war das Dilemma des Deutschen Reiches: Es war zu groß, um sich in das traditionelle europäische Gleichgewicht einzufügen, aber nicht mächtig genug, um Europa zu beherrschen. Es mußte ständig auf der Hut sein, um Konstellationen zu verhindern, die zu seiner Erpressung und Erdrosselung führen konnten. Im stillen Winkel eine saturierte, von Wirtschaft, Wissenschaft und Handel erfüllte Existenz zu genießen, gestattete seine angreifbare Mittellage ihm nicht, selbst wenn es das gewollt hätte. Das waren die real- und geopolitischen Hintergründe, vor denen sich tiefe, aus dem Dreißigjährigen Krieg herrührende Traumata erfahrener Machtlosigkeit und Gefährdungen fortschrieben.

Friedrich Engels hatte 1853 Rußlands Griff nach Konstantinopel als Zwischenstation »dieser bis ins Riesenhafte gewachsenen und ausgedehnten Großmacht« auf dem Weg zum »Weltreich« bezeichnet. Der Verlust der deutschen Ostgebiete und die Ausdehnung des russischen Imperiums bis nach Mitteleuropa taucht in seiner düsteren Prophezeiung ebenfalls auf: »Noch etwas wäre möglich, ja sogar wahrscheinlich. Die zerrissene und gewundene Westgrenze des Reichs, die nicht mit einer natürlichen Grenzlinie zusammenfällt, würde einer Berichtigung bedürfen, und es würde sich herausstellen, daß die natürliche Grenze Rußlands von Danzig

9 Konrad Canis: *Von Bismarck zur Weltpolitik. Deutsche Außenpolitik 1890–1902*. Berlin 1999, S. 166.

oder etwa Stettin bis Triest geht. Und so gewiß eine Eroberung der anderen folgt und eine Annexion die andere nach sich zieht, so gewiß würde die Eroberung der Türkei durch Rußland nur das Präludium zur Annexion Ungarns, Preußens, Galiziens sein und zur schließlichen Verwirklichung jenes slawischen Reiches führen, von dem manche fanatische panslawistische Philosophen träumten.«[10]

Ein paar Jahre später nahm der Dichter Felix Dahn das Gerücht eines gemeinsamen Angriffs Rußlands, Frankreichs und Italiens zum Anlaß für das Gedicht »Deutschland, 1859«. Die Aussichtslosigkeit, gegen die übermächtige Koalition zu bestehen, ließ Deutschland nur noch den Weg in einen trotzigen Fatalismus (»Wir beugen uns den Schicksalsmächten: sie strafen furchtbar und gerecht«) und den finalen Heldenkampf bis zum letzten Mann. Die Ausweitung der eigenen Niederlage zum europäischen Drama sollte dem Ringen eine überwältigende Größe verleihen und Deutschland das Überleben im Mythos und damit wenigstens den moralischen Sieg sichern. Dahn griff auf die Nibelungen-Mythologie zurück und nahm die apokalyptischen Ereignisse von 1945 gleichsam vorweg: »Brach Etzels Haus in Glut zusammen, als er die Nibelungen zwang, / So soll Europa stehn in Flammen bei der Germanen Untergang.«[11]

Karl Marx sah zur selben Zeit die Gefahr, daß Rußland und Frankreich mächtige Keile in die deutschen Flanken trieben und Nord- von Süddeutschland trennten. Noch 1893 schrieb Theodor Fontane in einem Brief, niemand sei »im geringsten von der Sicherung unserer Zustände überzeugt«. Bayern könnte sich abspalten, die Rheinprovinzen, Ost- und Westpreußen könnten verlorengehen und Polen wiederentstehen. Das seien »Dinge, die auch fast in jedes Deutschen Vorstellung als eine Möglichkeit leben«.[12] Wil-

10 Friedrich Engels: »Worum es in der Türkei wirklich geht«. *New York Daily Tribune*, 12. April 1853. Zit. Nach: *Marx-Engels-Werke*, Berlin (Ost) 1960, Bd. 9, S. 16.
11 Zit. nach: Dorothea Weidlinger: *Nation – Nationalismus – Nationale Identität*. Bonn 2002, S. 56 f. Es ist typisch für die aktuelle Geschichtsbetrachtung in Deutschland, daß dies ausschließlich als Ausweis des »entstehenden destruktiven deutschen Nationalismus« und nicht als Ausdruck vor äußeren Bedrohungen interpretiert wird.
12 Theodor Fontane am 5. August 1893. In: *Briefe in zwei Bänden*, Berlin/Weimar 1980, Bd. II, S. 297.

helm Raabe ließ im Roman *Hastenbeck*, der zur Zeit des Siebenjährigen Krieges spielt, seinen Erzähler einen Bogen zur Gegenwart schlagen im Namen derer, »die wir so viele Kriege erlebt haben und die wir innerlich so große Angst haben vor dem kommenden, dem wieder nach unserer Meinung schrecklichsten«.[13]

Weder machte die Reichsgründung das alte, aus der Zeit des Partikularismus und der Machtlosigkeit herrührende Bedrohungsgefühl vergessen, noch war das internationale Umfeld sicherer geworden. Von Bismarck selbst sind düstere Äußerungen übermittelt. Im Krisenjahr 1885 kam er auf die Zeit Friedrichs des Großen zurück, als »wenig Leute daran dachten, daß das tausendjährige Deutsche Reich seinem Ende so nahe wäre, wie es sich nachher bestätigte«.[14] Rußland war nach seiner Überzeugung aufgrund der riesigen Landmasse, des unwirtlichen Klimas und der Bedürfnislosigkeit seiner Bewohner auch durch einen erfolgreichen Feldzug nicht zu besiegen. Seine bedrohlichen Kräfte forderte man besser nicht heraus. Großbritannien war die unangefochtene Insel- und Seemacht mit weltweiten Verbindungen und Einflußzonen, und Frankreich blieb der unversöhnliche Unruheherd.

Am 6. Februar 1888 trat der Kanzler als Staatsmann der Sorge vor den Reichstag, um das Panorama zu beschreiben, vor dem er seine Außenpolitik betrieb, deren Kompliziertheit seine Zeitgenossen verwirrte. Wegen seiner geographischen Lage müsse Deutschland »noch größere Anstrengungen machen als andere Mächte zu gleichen Zwecken«. Er fuhr fort: »Wir haben mindestens drei Angriffsfronten. Frankreich hat nur seine östliche Grenze, Rußland nur seine westliche Grenze, auf der es angegriffen werden kann. Wir sind außerdem der Gefahr der Koalition nach der ganzen Entwicklung der Weltgeschichte, nach dem vielleicht minderen Zusammenhang, den die deutsche Nation bisher in sich gehabt hat im Vergleich mit andern, mehr ausgesetzt als irgendein anderes Volk.«[15]

Um seinen »Alptraum der Koalitionen« (»Cauchemar de coali-

13 Wilhelm Raabe: *Werke in Einzelausgaben*, Bd. 9. Frankfurt a. M. 1985, S. 32.
14 Zit. nach: Michael Stürmer: *Das ruhelose Reich*, Berlin 1994, S. 234.
15 Zit. nach: Otto von Bismarck: *Gedanken und Erinnerungen. Reden und Briefe.* Essen o. J., S. 417.

tions«) zu bändigen, verwandte Bismarck seine ganze Kraft darauf, die europäischen Mächte so miteinander in Beziehung zu setzen, daß eine antideutsche Koalition, wie Frankreich sie erstrebte, unmöglich war. Er vermied die koloniale Konkurrenz zu England, versuchte die Beziehungen zu Rußland zu pflegen und die Spannungen zwischen Petersburg und dem Zweibund-Partner Österreich-Ungarn zu mildern. Frankreich ermunterte er zu kolonialen Erwerbungen, um seine Revanche-Energien zu kanalisieren. Die Zurückhaltung beim Kolonialerwerb, so klug sie im europäischen Kontext zunächst war, hatte die fatale Nebenwirkung, daß die übrigen Großmächte die deutsche Reserve bei der Aufteilung der Welt als selbstverständlich voraussetzten und später, als das Reich ebenfalls weltpolitische Ansprüche anmeldete, diese als frivol und aggressiv brandmarkten.

Weitere Unwägbarkeiten kamen hinzu. In Frankreich bestimmten der Nationalismus und in Rußland der Panslawismus die Stimmung in der Gesellschaft. Petersburg zeigte sich verärgert darüber, daß Bismarck in der Balkan-Frage Österreich-Ungarn zuneigte (um die weitere Schwächung seines einzigen sicheren Bündnispartners bzw. dessen Abdriften in das gegnerische Lager zu verhindern), und näherte sich deswegen Frankreich an. Ab 1884 kam es zu russisch-französischen Generalstabsgesprächen. Unter dem Eindruck eines neuen Konflikts zwischen Petersburg und Wien um Bulgarien entschlummerte 1885 das Dreikaiser-Abkommen und lief 1887 endgültig aus. Bismarck setzte auf die militärische Stärke Deutschlands und praktizierte ein System diplomatischer Aushilfen und Improvisationen. 1887 schloß er mit Rußland den Rückversicherungsvertrag, in dem die Partner sich für den Fall eines unprovozierten Angriffs durch Dritte gegenseitige Neutralität zusicherten. Gleichzeitig begann er in England mit diplomatischen Fühlungnahmen über Bündnismöglichkeiten, die aber ergebnislos blieben. Was Bismarck neben den wachsenden außenpolitischen Problemen bedrückte, war die Tatsache, daß die politischen Eliten in Deutschland einschließlich der Abgeordneten des Reichstags die Komplexität der Lage nicht begriffen. Die Parteien kämpften um ihre jeweiligen Partikularinteressen und richteten ihre außenpolitischen Sympathien entlang der innenpolitischen Vorlieben aus. Es war Bismarck nicht gelungen, die zentrifugalen inneren Kräfte außenpolitisch in einen funktionalen Zusammenhang und eine einheitliche Willensrichtung zu zwingen. Die Parteien taten, als seien der Bestand und die Sicherheit des Reiches eine selbstverständliche Gegebenheit.

Eine gründliche Untersuchung wäre die Frage wert, ob die Staatsstreichpläne, die Bismarck am Ende seiner Kanzlerschaft hegte und die die Niederlegung der Kaiserkrone durch den preußischen König und die Auflösung des Reiches durch die Bundesfürsten vorsahen, tatsächlich nur innenpolitischen Motiven und der Furcht vor dem persönlichen Machtverlust entsprangen oder nicht der insgeheimen, verzweifelten Einsicht in die außenpolitische Unmöglichkeit seiner eigenen Schöpfung. Ein Staatsstreich, der sich im Innern zugleich gegen linke revolutionäre Strömungen gerichtet hätte, wäre in Petersburg jedenfalls beifällig aufgenommen worden und hätte die Annäherung Rußlands an Frankreich hinfällig gemacht.[16]

Bismarcks Sorgen wurden 1890 bestätigt, als seine Nachfolger das Rückversicherungsabkommen, an dem Rußland weiterhin gelegen war, nicht verlängerten. Sie ließen sich von der Berechnung leiten, dadurch freie Hand in den Beziehungen zu Großbritannien und schließlich das ersehnte deutsch-britische Bündnis zu gewinnen. Sie erreichten freilich nur, daß das verärgerte Rußland sich um so rascher Frankreich annäherte. Sie hatten nicht begriffen, daß gute Beziehungen zu Rußland nötig waren, um Deutschland für Großbritannien als Partner überhaupt erst interessant zu machen, wie umgekehrt die britische Karte dazu diente, den russischen Druck auf Deutschland zu neutralisieren und die französischen Revanchegelüste zu dämpfen. Indem Deutschland sein Verhältnis zu Rußland kompromittierte, schwächte es seine Position gegenüber Großbritannien, das nun keine deutsch-russische Verständigung mehr befürchten und sich zu keinen Konzessionen gegenüber Berlin bereitfinden mußte, um die eigene Machtposition zu sichern.

---

16 Vgl. Egmont Zechlin: *Staatsstreichpläne Bismarcks und Wilhelms II. 1890–1894*. Stuttgart und Berlin 1929, S. 64 f.

Weitsichtigere Politiker erkannten das Dilemma. Der deutsche Botschafter in London, Graf Hatzfeld, sinnierte 1891 in einem Privatbrief über die Möglichkeit eines europäischen Krieges, in dem Deutschland allein mit Österreich dastünde und schließlich auf das Rezept Bismarcks zurückgreifen müsse, um jeden Preis – einschließlich der Aufopferung Österreichs – Frieden mit Rußland zu schließen. »Damit wären alle Früchte bisheriger Politik verloren, und wir müßten außerdem demütig anerkennen, daß seine Durchlaucht doch der große Lehrmeister war, der allein zur Leitung unserer Geschicke befähigt ist.«[17] Dahinter aber erhob sich die Frage, wie zuverlässig die Stellung Deutschlands im europäischen Mächtesystem überhaupt war, wenn sie allein von den genialen Künsten eines Ausnahmepolitikers abhing. Wie sollte ein Nationalstaat, dessen existentielles Problem nur von seinem Gründer erfaßt und gemeistert wurde, auf Dauer bestehen können? »Bismarcks Tragödie war es«, so Henry Kissinger, »daß seine Fähigkeiten die Kraft seines Landes überstiegen, sich diese zu eigen zu machen.«[18]

Die politische Unreife der Gesellschaft, die das Bürgertum genauso betraf wie die Arbeiterklasse, wurde auch von anderen Persönlichkeiten zeitnah erkannt und benannt. Max Weber machte dafür die fehlende Beteiligung der Gesellschaft an der Reichseinigung und an der Politik überhaupt verantwortlich. In seiner akademischen Antrittsrede 1895 fand er es bedrohlich, »daß die bürgerlichen Klassen als Träger der Machtinteressen der Nation zu verwelken scheinen und noch keine Anzeichen dafür vorhanden sind, daß die Arbeiterschaft reif zu werden beginnt, an ihre Stelle zu treten«. Rückblickend gab er Bismarck eine schwere Mitschuld daran. Sein dynastisches Verständnis und sein autoritärer Regierungsstil hätten befähigte bürgerliche Kräfte von den Staatsgeschäften ausgeschlossen, was zum Mangel an Verantwortungsgefühl und zum »tief herabgedrückten geistigen Niveau« des Parlaments geführt habe.[19]

---

17 K. Canis: *Weltpolitik*, S. 82.

18 Henry A. Kissinger: *Die Vernunft der Nationen. Über das Wesen der Außenpolitik*. Tb, Berlin 1996 (1994), S. 141.

19 Max Weber: *Politik und Gesellschaft*, Frankfurt a. M. 2006, S. 61 und S. 360.

Kurt Riezler, ein junger Mitarbeiter im Auswärtigen Amt und enger Vertrauter des Reichskanzlers Bethmann Hollweg, blickte vor Ausbruch des Ersten Weltkriegs mit Bewunderung und Neid auf England mit seinem »politischen Geist, der die Gesamtheit beherrscht, (seiner) breiten politischen Oberschicht, deren eingeborene Tradition und geschlossene Denkart einen trefflichen Durchschnitt garantiert, in Ermangelung des Genius dem Talent die Führung sichert, den Pfuscher nicht duldet und immer eine große Anzahl sicher und tüchtig arbeitender ausführender Organe stellt«. Jeder Engländer trage sein Land und »die inselhafte Geschlossenheit des britischen Typus« mit sich und sei daher im Ausland bewußt oder unbewußt ein Agent der britischen Weltherrschaft.[20]

Diesen Typus gab es in Deutschland nicht. Nicht nur, daß Bismarcks Nachfolger zu schwach waren, um politisch stilbildend zu wirken. Die geo- und außenpolitische Situation des Deutschen Reiches in einer globalisierten Welt hatte bereits die Möglichkeiten des »Eisernen Kanzlers« überstiegen, denn auch der konnte den objektiven Umstand nicht außer Kraft setzen, daß das Deutsche Reich im Vergleich zu Rußland und England keine gleichrangige Macht darstellte. Ende des 19. Jahrhunderts wuchs zwar in London die Überzeugung, daß die lange gepflegte »splendid isolation« die eigenen Kräfte überdehnte und sich nicht länger aufrechterhalten ließ. Die Schwierigkeiten mit Rußland und Japan in Ost- und Mittelasien nahmen zu, in Afrika kollidierten die britischen Interessen mit denen Frankreichs, was die Einigungschancen in den deutsch-englischen Verhandlungen, die bei verschiedenen Gelegenheiten geführt wurden, zu erhöhen schien. Doch wollten die Briten, anders als Deutschland, kein dauerhaftes strategisches Bündnis, sondern sie suchten lediglich einen Bündnispartner von Fall zu Fall. Auf keinen Fall wollten sie Deutschland, dessen Potential rasant anstieg und das ihr wichtigster Handelskonkurrent war, die Gleichberechtigung zugestehen. Während Großbritannien, um seinen Kolonialinteressen ungestört nachgehen zu können, den

20 J. J. Ruedorffer (Pseudonym für Kurt Riezler): *Grundzüge der Weltpolitik in der Gegenwart.* Stuttgart und Berlin 1914, S. 89.

russischen Druck von Asien nach Europa – und das hieß vor allem: auf Deutschland – lenken wollte, hatte das Deutsche Reich ein vitales Interesse daran, das russische Expansionsstreben nach Asien zu dirigieren, um die Pressionen Petersburgs und der russisch-französischen Schraubzwinge abzumildern. Für London wäre ein Zweifrontenkrieg, der die russischen Truppen in Europa gebunden hätte, dagegen eine günstige Gelegenheit gewesen, seine Machtposition in Ostasien auszubauen. Deutschland mußte also befürchten, von Großbritannien als Lockvogel oder Rammbock in Stellung gebracht zu werden. Sein Mißtrauen gegenüber der britischen Verhandlungstaktik war berechtigt. Abgesehen davon war seine Position ungleich schwieriger als die der Briten. Diese waren nur an der Peripherie des Empire bedroht, Deutschland aber in seinem Herzland. Das angestrebte deutsch-britische Bündnis, »wie es deutschen Interessen entsprach und wie es seine Staatsmänner wünschten«, scheiterte 1902 endgültig, weil London *»dies Bündnis nicht nötig hatte«*. (Herv. im Orig.)[21] Die Fehleinschätzungen und Fehlleistungen deutscher Politiker und Diplomaten waren hier, nachdem der Kardinalfehler: die Kündigung des Rückversicherungsvertrags mit Rußland, nun einmal gemacht war, sekundär.

Durch ihr handwerkliches Ungeschick verspielte die deutsche Diplomatie allerdings die Möglichkeit, die gefrorenen Konstellationen wenigstens aufzulockern. Weil Deutschland auf England setzte, lehnte es 1902 den Vorschlag Rußlands schroff ab, als Reaktion auf ein britisch-japanisches Abkommen gemeinsam mit Frankreich eine Deklaration über den Status quo in China zu verkünden und sich den Konflikt zwischen seinen Konkurrenten zunutze zu machen. Die deutschen Diplomaten gingen von der falschen Annahme aus, die privilegierte Position des Schiedsrichters sei ihnen sicher.

Die naßforsche Art und Weise, in der Deutschland die Mitsprache in weltpolitischen Fragen beanspruchte, war einerseits ein

21 Wilhelm Schüssler: *Deutschland zwischen Rußland und England, Studien zur Außenpolitik des Bismarckschen Reiches 1879–1914*. Leipzig 1940, S. 162. Konrad Canis stimmt dieser Schlußfolgerung ausdrücklich zu: »In London gab es nie eine Bereitschaft zur Allianz.«, in: *Weltpolitik*, S. 400. Vgl. auch S. 281–286.

Ausdruck von Selbstüberhebung, andererseits die Kehrseite seiner Unsicherheit und mangelnden Erfahrung. Jedenfalls war klar, daß der Verzicht auf weltpolitisches Engagement, den Bismarck mit Rücksicht auf die deutschen Belange in Europa geleistet hatte, in Widerspruch zu Deutschlands wirtschaftlicher Expansion geriet und nicht länger fortgesetzt werden konnte. Max Weber meinte gar, daß die Reichseinigung nichts weiter als »ein Jugendstreich war, den die Nation auf ihre alten Tage beging und seiner Kostspieligkeit halber besser unterlassen hätte, wenn sie der Abschluß und nicht der Ausgangspunkt einer deutschen Weltmachtpolitik sein sollte«.[22] Für Admiral Tirpitz, dessen Flottenpolitik mehr als alles andere den neuen weltpolitischen Anspruch demonstrierte, war klar, daß Deutschlands wachsende Stärke sich hauptsächlich dem Wachstum seiner Industrie verdankte. Da das Reich über keine nennenswerten Kolonien verfügte, die den wachsenden Bevölkerungsüberschuß aufnehmen konnten, mußten zu seiner Ernährung und Versorgung mit Arbeitsplätzen der deutsche Export ausgeweitet, neue Absatzmärkte erschlossen sowie politisch und militärisch gesichert werden. Aus dieser Notwendigkeit ergaben sich die deutschen Vorstöße nach China und Kleinasien, die, etwa beim Bau der Bagdadbahn, das Reich in Konflikte mit Rußland und Großbritannien brachten. Tirpitz konstatierte, daß die deutsche Ausfuhr und damit die Wirtschaft insgesamt mangels Seemacht vom Belieben der härtesten Konkurrenten abhing. Die britische Handelspolitik beruhte zwar auf dem Prinzip der »Offenen Tür«, doch konnte diese bei Bedarf leicht zugeschlagen werden. »Entweder Waren ausführen oder Menschen«, zitierte er Bismarck und folgerte, »es handelte sich bei dem Entschluß, Seemacht zu bilden, letzten Endes um nichts anderes als um den Versuch, eine sich nicht in eigenen Siedlungskolonien, sondern in heimischen Werkstätten vermehrende Bevölkerung deutsch zu erhalten«.[23]

Aus heutiger Sicht läßt sich leicht feststellen, daß die Dinge sich für Deutschland und Europa günstiger entwickelt hätten, wenn das

22 M. Weber: *Politik,* S. 61.
23 Alfred von Tirpitz: *Erinnerungen.* Leipzig 1919, S. 51.

Reich sich auf den Ausbau seiner Wirtschaftsmacht beschränkt, auf die Weltpolitik verzichtet und sich Großbritannien politisch, militärisch und strategisch untergeordnet hätte. Denn weil das deutsche Potential so groß war, mußte der Anspruch Deutschlands, gleichberechtigt neben die anderen Weltmächte zu treten, als ein Streben nach Dominanz erscheinen und die anderen Länder gegen sich aufbringen. Doch eine derartige Zurückhaltung hätte eine Einsicht und eine Verzichtshaltung erfordert, die in ihrer Zeit absurd und als Ausweis von Schwäche gewirkt hätten. Sie lag daher außerhalb des Denkbaren. Der Drang zur Weltpolitik entsprang nicht nur wirtschaftlichen Erwägungen, sondern einem allgemeinen Zeitgeist, der von den ungeheuren Lebensenergien gespeist war, die der Wandel zur Industriegesellschaft freigesetzt hatte. Die modernen Verkehrs- und Kommunikationsmittel ließen die Welt zusammenrücken und forderten heraus zum Aufbruch, gerade auch in Deutschland, das sich in der Vergangenheit die Welt nur in der Theorie erschlossen hatte.[24] Die Erhöhung des nationalen Ansehens steigerte auch das Selbstgefühl des Individuums, das mit seiner Arbeitskraft zum Aufblühen des Landes beitrug. Das deutsche Kaiserreich war in Wissenschaft, Industrie, Technik führend. Wie groß sein Prestige auch auf kulturellem Gebiet war, läßt sich daran ablesen, daß von 1901 bis 1914 immerhin vier Literaturnobelpreisträger aus Deutschland kamen. Nationalistisches Gedankengut schweißte die Nation zusammen und schien gesellschaftliche Konflikte zu beheben. So ist verständlich, daß die Eliten des Reiches, die über die soziale Dynamik und die daraus folgenden Konflikte im Innern beunruhigt waren, die Außenpolitik für innenpolitische Zwecke instrumentalisierten.

Doch vor allem ergab der Zwang zur Weltpolitik sich aus den außenpolitischen Konstellationen: Seine Stellung in Europa konnte das Deutsche Reich nur behaupten, wenn es sich auch auf der Weltbühne präsentierte. Das Scheitern seiner kolonialen Ambitio-

24 Beispielhaft für die kompensatorische Funktion des deutschen Geistes und der deutschen Kultur ist das 1797 verfaßte Gedichtfragment »Deutsche Größe« von Friedrich Schiller, in: Ders.: *Sämtliche Werke*, Bd. 1, München (Darmstadt) 1987, S. 473–478.

nen aufgrund der Eindämmungspolitik Großbritanniens und Rußlands, die von Frankreich unterstützt wurde, schwächte die deutsche Stellung auf dem Kontinent. Die subalterne globale Position sollte sich im Ersten Weltkrieg als Achillesferse erweisen, als die britische Seeblockade Deutschland von der Lebensmittel- und Rohstoffzufuhr und von den überseeischen Kommunikationssträngen einfach abschnitt. Kurz vor dem Krieg formulierte der hellsichtige Kurt Riezler die Dialektik des deutschen Dilemmas in den bündigen Sätzen: Im »Zusammenhang zwischen Weltpolitik und Kontinentalpolitik liegt (...) der Circulus vitiosus der auswärtigen Politik des Deutschen Reiches. Weltpolitische Unternehmungen haben Rückwirkungen auf die Kontinentalpolitik, unter deren Einfluß das Deutsche Reich sich weltpolitisch beschränken muß. Weltpolitik indes muß getrieben werden. (...) Die deutsche Politik muß dem Circulus vitiosus entrinnen.«[25]

Aber wie? Wilhelm II., der den Schritt auf die Bühne der Weltpolitik mit Aplomb wagte, resümierte nach seinem Sturz, »daß unser Auswärtiges Amt« der Politik Großbritanniens, Frankreichs und Rußlands »keine ebenbürtige diplomatische Kunst entgegenzustellen verstanden hat«, wofür er neben Bismarcks einschüchternder Wirkung den allgemeinen Mangel der Deutschen an diplomatischer Begabung verantwortlich machte.[26] Doch wie hätte es auch anders sein sollen bei einem Volk, das durch die Jahrhunderte mehr Objekt denn Subjekt der internationalen Politik gewesen war, das eines politischen Sinns entbehrte und Außenpolitik vor allem gefühlsmäßig begriff. »Aber gerade dieses Überwiegen des gefühlsmäßigen Charakters in dem deutschen Nationalismus zeigt, wieviel dieser unpolitischen Nation noch zu jenen Eigenschaften fehlt, welche die großen weltpolitischen Völker aller Zeiten besessen haben und besitzen mußten.«[27]

Die am lautesten die Zerschlagung des Circulus vitiosus und die Einlösung der weltpolitischen Mission forderten, wiesen oft

---

25 J. J. Ruedorffer: *Grundzüge*, S. 106.
26 Wilhelm II.: *Ereignisse und Gestalten. 1878–1918*. Leipzig und Berlin 1922, S. 65 f.
27 Ruedorffer: *Grundzüge*, S. 111.

die größten Defizite auf. Der Chef der Alldeutschen, Heinrich Claaß, ließ auf das Deckblatt seiner programmatischen Schrift *Wenn ich der Kaiser wär'* das Motto »Viel Feind' – viel Ehr'« setzen. In einer Mischung aus Dummheit, Ahnungslosigkeit und Übermut behauptete er in dem 1913 erschienenen Buch, ein Zweifrontenkrieg gegen Frankreich und Rußland besitze ebenso wie ein deutsch-britischer Krieg »keinen Schrecken für uns«. Ein Waffengang gegen die Briten bedeute »im Sinne heroischer Weltanschauung« sogar einen »Segen«, weil »uns Deutschen (...) Kampf und Prüfung« not tue.[28] Die USA, deren Eintritt in den Ersten Weltkrieg vier Jahre später die Entscheidung bringen sollte, spielten in seinen Überlegungen überhaupt keine Rolle. Die Realitätsverkennung des Heinrich Claaß war in eine besonders aggressive Form gegossen, doch die Neigung, sich an Wünschen und Projektionen statt an Tatsachen zu orientieren, war auch in den anderen politischen Lagern verbreitet.[29] Die deutsche Eigenart, die Situation statt in ihren politischen, historischen und rechtlichen Zusammenhängen als Gegenstand gefühlsmäßigen Interesses zu betrachten, faßte Carl Schmitt später unter dem Begriff »Politische Romantik« zusammen.[30]

Die Diplomaten in der Berliner Wilhelmstraße unterschätzten die Gefahr einer völligen Isolation Deutschlands, vor allem, weil eine Verständigung zwischen England und Rußland – Walfisch und Bär – außerhalb ihres Vorstellungsvermögens lag. Der britisch-russische Ausgleich von 1907, drei Jahre nach der britisch-französischen Entente, war eine diplomatische Meisterleistung. Von jetzt an konnte Deutschland weder britisch-französische noch britisch-russische Differenzen mehr für sich ausnutzen, und seine Politik der »freien Hand« erwies sich als Illusion.

---

28 Heinrich Claaß (Pseudonym »Daniel Frymann«): *»Wenn ich der Kaiser wär'« – Politische Wahrheiten und Notwendigkeiten.* 4. Aufl. Leipzig 1913, S. 170 und S. 147.

29 Vgl. u. a. K. Canis: *Weltpolitik,* S. 233. Ende des 19. Jahrhunderts dominierten in der deutschen Parteipresse innenpolitische Themen. In der linken und liberalen Presse wurde die Weltpolitik kaum besprochen und befürwortet. Im übrigen neigte man hier Großbritannien zu, weil man sein parlamentarisches System schätzte; die führenden Kreise dagegen waren eher für Rußland. Vergl. auch M. Weber in: *Politik,* S. 211.

30 Carl Schmitt: *Politische Romantik.* 6. Aufl., Berlin 1998. Vergl. S. 93.

Mochten die Briten darauf verweisen, daß die Vereinbarungen lediglich die überseeischen Interessen absteckten und im übrigen das Machtgleichgewicht auf dem Kontinent wiederherstellten – objektiv schloß sich damit ein Ring um Deutschland, der nach Bedarf immer enger geschraubt werden konnte. Die deutsche Politik fand nicht nur kein Mittel dagegen, sondern führte mit ihren planlosen Aktionen die Gegner noch enger zusammen. Von den beiden Marokko-Krisen blieb, weil Berlin seine Interessen nicht klar formulieren konnte, der Eindruck gegen Frankreich gerichteter Erpressungsversuche. Die Übereinkunft von Björkö 1905, zu der Kaiser Wilhelm den schwachen russischen Zaren überredet hatte, blieb eine unverbindliche Episode, deren Bedeutung darin lag, daß sie den Briten das Gespenst eines Kontinentalblocks vor Augen führte und damit den britischen Ausgleich mit Rußland beschleunigte. Der Baubeginn der Bagdadbahn parallel zur Flottenrüstung und Kolonialpolitik war ein deutscher Affront gegen gleich zwei Weltgegner.

Die außenpolitische Situation war heillos verfahren. Es war nicht zu übersehen, daß das Deutsche Reich sich einem überlegenen Bündnis gegenübersah und als einzigen Verbündeten Österreich-Ungarn auf seiner Seite hatte, dessen Stärke und innerer Zusammenhalt stetig abnahm. Im Februar 1912 schien sich noch einmal eine Möglichkeit zu eröffnen, als der deutschfreundliche britische Kriegsminister Richard Haldane vier Tage lang zu Sondierungen in Berlin weilte. Er verlangte eine Reduzierung der von England als Bedrohung empfundenen deutschen Flottenrüstung als Voraussetzung für bessere Beziehungen, wofür der Kaiser und Admiral Tirpitz eine britische Neutralitätserklärung für den Fall eines Kontinentalkrieges forderten. Die wiederum konnten die Briten nicht geben, weil sie fürchten mußten, damit Frankreich und Rußland an die Seite Deutschlands zu treiben und selber in die Isolation zu geraten. Die Situation blieb, wie sie war, und damit für das Deutsche Reich ungünstig. Trotz auftrumpfender Reden und zur Schau gestellter Siegeszuversicht, die den Ausbruch des Ersten Weltkriegs begleiteten, ist das Wort des Admiral Tirpitz glaubwürdig, »daß unsere Reichsleitung den Krieg nicht gewollt hat. Sie war nämlich von Anfang an überzeugt, daß wir nicht siegen würden«.[31] Wenige Tage vor Kriegsausbruch 1914 gab Wilhelm II. in einer verzweiflungsvollen Notiz den Krieg und das Deutsche Reich verloren und zollte seinem 1910 verstorbenen Onkel, dem britischen König Edward VII., verbittert Respekt: »Also die berühmte Einkreisung Deutschlands ist nun doch endlich zur vollsten Tatsache geworden, trotz aller Versuche unserer Politiker und Diplomaten, sie zu hindern. Das Netz ist uns plötzlich über den Kopf gezogen, und hohnlächelnd hat England den glänzendsten Erfolg seiner beharrlich durchgeführten puren antideutschen Weltpolitik, gegen die wir uns machtlos erwiesen haben, indem es uns isoliert im Netz zappelnd aus unserer Bündnistreue zu Österreich den Strick zu unserer politischen und ökonomischen Vernichtung dreht. Eine großartige Leistung, die Bewunderung erweckt, selbst bei dem, der durch sie zugrunde geht. Edward VII. ist nach seinem Tod noch stärker als ich, der ich lebe.« Als Gegenmittel fiel ihm nur ein, die islamische Welt zum Aufstand gegen die Briten zu entflammen, »denn wenn wir uns verbluten sollen, dann soll England wenigstens Indien verlieren«.[32] Das deutsche Staatsoberhaupt antizipierte gedanklich die totale Niederlage und das Ende der deutschen Politik. Weil die eigene Vernichtung unabwendbar erscheint, sollte wenigstens in einer letzten, stolzen Geste dem Feind die Perle seines Empire entrissen werden. Das war noch weniger, als 55 Jahre zuvor Felix Dahn für möglich gehalten hatte.

Die Entwicklung gehorchte einem Gesetz, das der Historiker Ludwig Dehio in seinem Buch *Gleichgewicht oder Hegemonie* erläutert. Danach waren die europäischen Völker sich stets nur darin einig, daß sie sich nicht einig waren und keinen Hegemon über sich dulden wollten. Drohte eine kontinentale Vorherrschaft wie durch Napoleon, dann bildeten sich stets Gegenkoalitionen, die von den Inhabern der westlichen Seemacht angeführt wurden.

31 A. v. Tirpitz: *Erinnerungen*, S. 236.
32 Zit. nach Harry Poss (Hg.): *Die Zerstörung der deutschen Politik. Dokumente 1871–1933.* Frankfurt a. M. 1959, S. 199.

Das war seit dem Ende des 16. Jahrhunderts England gewesen. In den Napoleonischen Kriegen trat Rußland als östliche Land- und Flügelmacht hinzu. Beide Mächte hatten erfaßt, daß Deutschland, selbst wenn es eine Hegemonie über Europa subjektiv gar nicht anstrebte, aufgrund seines natürlichen Potentials und seiner Dynamik einer hegemonialen Stellung wenigstens nahekommen würde. Indem es die europäischen Länder um sich zentrierte, würde es Großbritannien von seinem Wohlwollen abhängig machen und zugleich ein Bollwerk gegen die russischen Ansprüche in Europa bilden. Am Vorabend des Zweiten Weltkriegs warf der Historiker Wilhelm Schüssler die Frage auf, worauf die britischen Befürchtungen – außer auf Pressestimmen und unklugen Reden von Militärs und Politikern einschließlich des Kaisers – sich eigentlich gründeten, und kam zu dem fatalistischen Schluß: »Es war kurz gesagt, die riesige, noch immer wachsende deutsche Volkskraft, die Zahl der Bevölkerung, der Rüstung, des Handels.«[33] Also keine spezifische deutsche Aggressivität und kein Traum von deutscher Weltherrschaft vergifteten in der Hauptsache die Beziehungen, sondern die im deutschen Nationalstaat schlummernde politische, wirtschaftliche, intellektuelle, demographische Potenz. Es war die schiere Existenz der Deutschen als staatlich geeintes Volk, die seine Nachbarn gegen das Reich aufbrachte und jene Koalition heraufbeschwor, der Deutschland schließlich unterlag. Nur politische Entschlüsse von Bismarckscher Kühnheit hätten dieses Fatum vielleicht abwehren können. Das Angebot an Rußland, die marode Habsburg-Monarchie untereinander aufzuteilen und ihm den Balkan zu konzedieren, hätte den Ring der Entente wohl gesprengt, England und Japan in Furcht vor einer Übermacht des Zarenreiches versetzt und an die Seite Deutschlands geführt. Doch diese Operation barg gleichfalls viele Risiken in sich, so daß sie gar nicht erst versucht wurde.

In dieser Situation hätte der Gedanke bestechend erscheinen können, die kleinen europäischen Völker für sich zu gewinnen, indem man sich als Anwalt ihrer Freiheit gegenüber der angelsäch-

---

33 W. Schüssler: *Deutschland*, S. 202.

sischen und der russischen Übermacht empfahl. Das hätte, so legte Tirpitz sich das zurecht, die Möglichkeit geboten, den Ersten Weltkrieg als »Freiheitskampf Europas gegen den angelsächsischen Weltkapitalismus« zu führen.[34] Doch erforderte das ein Fingerspitzengefühl und eine politische Erfahrung, über die in Deutschland niemand verfügte. Zudem war die britische Politik, die dem Entstehen einer dominanten Vormacht in Europa entgegenwirkte, für die kleinen Völker eine sicherere Garantie ihrer Freiheit als ein noch so gutwilliger europäischer Hegemon. Auch hätte Deutschland, um diese Politik glaubhaft zu betreiben, wieder seinen einzigen Verbündeten, den Vielvölkerstaat Österreich-Ungarn, preisgeben müssen. Eine gesamteuropäische Perspektive, die den drohenden Machtverlust des Alten Kontinents im Weltmaßstab in den Blick nahm, lag indessen außerhalb jeder Vorstellung.

Der Erste Weltkrieg war wie keiner zuvor auch ein Propagandakrieg und wurde von Deutschland verloren, lange bevor seine Niederlage auf dem Schlachtfeld feststand. Der psychologischen Kriegführung der Gegenseite hatte es bereits logistisch nichts entgegenzusetzen, denn die internationalen Kommunikationsmittel lagen in der Hand der Entente. Die rhetorischen Entgleisungen, die Wilhelm II. sich in der Vergangenheit geleistet hatte, und das taktische und rhetorische Ungeschick, das den Kriegsausbruch und besonders den Angriff auf Belgien begleitete, boten Vorwände genug, um die Deutschen als »Hunnen« auf die internationale Anklagebank zu setzen. Vor allem aber konnte Deutschland den militärischen Feldzug mit keiner universalistischen Idee unterlegen, die das Ausland zur Identifizierung einlud. Der Eindruck der eigenen Isolation, die sich daraus ergab, hatte psychologische Rückwirkungen auf Deutschland selbst. Die Franzosen beriefen sich auf die Revolution von 1789 und die Verkündung der Menschenrechte, die Briten auf die Handelsfreiheit und den Liberalismus, die USA auf

---

34 A. v. Tirpitz: *Erinnerungen*, S. 157. Ludwig Dehio: »Gedanken über die deutsche Sendung« in: Ders.: *Deutschland und die Weltpolitik im 20. Jahrhundert*. Frankfurt a. M. 1961 Tb, S. 63–96. Vgl. auch S. 111.

die Völkerbund-Idee. Die russischen Bolschewiki gewannen nach der Oktoberrevolution weltweit Anhänger mit dem Versprechen, die Menschheitsutopie einer sozial gerechten Welt zu verwirklichen. Die geistige Mobilmachung Deutschlands beschränkte sich in ihrer Wirkung auf das eigene Land. Die deutsche Kultur wurde als eine sittliche beschrieben, das deutsche Volk als ein überlegenes. Es verkörpere die Tragik der Geschichte und zugleich das Letzte und Höchste der europäischen Kultur gegenüber der Barbarei des Ostens und der zivilisatorischen Überspanntheit des Westens. Man hob seine starke Monarchie, die preußische Staats- und Manneszucht, die Volkstümlichkeit seiner Staats- und Rechtsordnung hervor. Gepriesen wurden die straffe Organisation und das hohe Niveau der Schulbildung, das innige Naturgefühl und die Fähigkeit der Deutschen, von Äußerlichkeiten zu abstrahieren und sich in geistige Gegenstände und Phänomene tiefer als andere zu versenken. Zugleich wurden sie als ein Volk in Waffen, den Griechen vergleichbar, gerühmt, und aus der Summe dieser Vorzüge leitete man den Anspruch auf Weltpolitik ab.[35]

Thomas Mann faßte in mehreren Essays die Argumente und Überlegungen auf höchstem sprachlichen Niveau zusammen. »Es ist wahr«, schrieb er, »der deutschen Seele eignet etwas Tiefstes und Irrationales, was sie dem Gefühl anderer, flacherer Völker störend, beunruhigend, fremd, ja widerwärtig und wild erscheinen läßt. Es ist ihr ›Militarismus‹, ihr sittlicher Konservatismus, ihre soldatische Moralität – ein Element des Dämonischen und Heroischen, das sich sträubt, den zivilen Geist als letztes und menschenwürdigstes Ideal anzuerkennen.« Die von Deutschland verteidigte Kultur sei »unpolitischen Wesens, ihr Wachstum unabhängig von Staats- und Gesellschaftsformen« – und damit, insinuierte er, von unverstellter Tiefe. Ihren besonderen Genius personifizierte er mit Goethe, der in seinem Weimarer Schlafzimmer »auf irgendeine natürlich-mystische Art das Erdbeben von Messina« erspürt habe. Goethes Intuition, eine Mischung aus Dämonie und höchster Kul-

---

35 Vgl. Kurt Flasch: *Die geistige Mobilmachung. Die deutschen Intellektuellen und der Erste Weltkrieg. Ein Versuch*. Berlin 2000, S. 90–92.

tivierung, sei dem »zivilisierenden Geist« der Französischen Revolution allemal überlegen gewesen. Ein Sieg Deutschlands, räumte er ein, würde »ein Paradox«, nämlich einen »Sieg der Seele über die Mehrzahl« darstellen, welche im westlichen »Advokaten-Parlamentarismus« ihren politischen Ausdruck gefunden habe. In dieser Entgegensetzung von Kultur und Zivilisation war der Abscheu des konservativen Kultur- und Bildungsbürgers vor einer nivellierten und durchrationalisierten Massengesellschaft formuliert, deren geistig-kulturelles Niveau von der industriellen Produktion und den inferioren Masseninstinkten bestimmt wäre. Die Nähe zur Kulturkritik, wie sie gut ein Jahrzehnt später von Ortega y Gasset im *Aufstand der Massen* oder von Georg Lukács in *Klassenbewußtsein und Proletariat* formuliert wurde, liegt auf der Hand. Manns Kritik war defensiv und im Bewußtsein ihrer Vergeblichkeit verfaßt worden. Es ging ihm nur noch um die Verzögerung und Mäßigung einer irreversiblen Entwicklung. »Die Auflösung unseres Volksbegriffs durch den Geist des Auslands, durch den Marxismus, diese Verschmelzung von französischem Revolutionarismus und englischer Nationalökonomie, ist weit genug fortgeschritten. Dennoch ist das Volk Deutschlands am meisten Volk geblieben, am wenigstens zur Klasse und Masse entartet (...).« Die Ankündigung der Kriegsgegner, eine Umerziehung, Demokratisierung und Entmilitarisierung Deutschlands herbeizuführen (»man will uns, da wir widerstreben, gewaltsam zu Menschen machen«[36]), mußte ihm als angedrohte Vermassung und kultureller Niveauverlust erscheinen.

Doch solche klaren Unterscheidungen der Nationalcharaktere waren nur um den Preis von Vergröberungen, Mystifikationen und Gewaltsamkeiten zu haben. Prominente Diskutanten wie der Historiker Friedrich Meinecke, der Nationalökonom Max Sering oder der Theologe Ernst Troeltsch ließen gar keinen Zweifel aufkommen, daß Deutschland genauso wie England und Frankreich »aus der Einheitskultur des Mittelalters« hervorgegangen war und

---

36 Thomas Mann: *Aufsätze Reden Essays*. Bd. 2. Berlin und Weimar 1983, S. 29, S. 13, S. 19, S. 21, S. 530, S. 27.

»der Unterschied zwischen der westlichen Freiheit und der unsrigen, falls er überhaupt besteht«, keinen mystischen Quellen, sondern konkreten geschichtlichen Erfahrungen, vor allem den Religionswirren und dem Dreißigjährigen Krieg, entsprang. Meinecke schrieb, »daß die westlichen Ideen insgesamt von vornherein auf uns mächtig gewirkt und die Bildung unserer eigenen Freiheitsideale mit befruchtet haben. Kant sowohl wie der Freiherr vom Stein haben aus der Französischen Revolution gelernt. Französisches und englisches Gedankengut steckt auch in unseren Verfassungen.«[37] Er gestand weiterhin zu, daß der Einfluß der preußischen Junker, die eine Hauptzielscheibe der gegnerischen Kriegspropaganda bildeten, geschichtlich, gesellschaftlich und politisch überholt war und im nationalen Selbstinteresse zurückgedrängt werden mußte. Klarheit bestand weiterhin darüber, daß die Formlosigkeit des politischen Lebens und die Forschheit und der Schneid, die die politischen Eliten in Deutschland hervorkehrten, Symptome der Unsicherheit und des Mangels an staatlicher Tradition waren. Künftig mußten die unteren Schichten stärker an der Machtausübung beteiligt werden. Das bedeutete die Integration der SPD in das Regierungssystem analog zur Labour-Partei in Großbritannien. Andererseits war das deutsche Sozialsystem weltweit das modernste. Die Autonomie der Universitäten, starke Gewerkschaften und die bundesstaatliche Gliederung des Reiches sicherten zusätzlich die individuellen Freiheiten vor staatlichen und kollektiven Eingriffen ab. Hinter der Zurückweisung der alliierten Demokratie-Propaganda stand die Sorge vor gesellschaftlicher Uniformität, vor der erdrükkenden Macht der öffentlichen Meinung und jener »Tyrannis der Mehrheit«, die bereits bei Tocqueville als eine Schreckensvision für Europa auftaucht.[38]

Diese Differenzen waren weder grundsätzlich noch unversöhnlich. Im Grunde ging es bei Meinecke, Troeltsch und anderen

---

37 Zit. nach: *Die deutsche Freiheit*. Hg. vom Bund deutscher Gelehrter und Künstler. Gotha 1917, S. 88 und S. 31.

38 Alexis Clerel de Tocqueville: *Die Demokratie in Amerika. Eine Auswahl übersetzt, eingeleitet und erläutert von Friedrich August Freiherr von der Heydte*. Regensburg 1955, S. 160. Vgl.: *Deutsche Freiheit*, S. 105.

um die Frage, wie man am besten die Herausforderungen einer modernen Industrie- und Massengesellschaft bewältigte, wie sie sich in Europa und Nordamerika längst herausgebildet hatte. Und da konnte sich nach Meinung der deutschen Disputanten erweisen, daß einige seiner historisch bedingten Nachteile und Schwächen Deutschland für die Zukunft einen Vorteil boten. Die Reserviertheit der Bürger gegenüber politischen Angelegenheiten hatte eben auch die innere Autonomie des Individuums gegenüber der Politik zur Folge. Die französische Idee der Menschenrechte und das englische Ideal der Unabhängigkeit war laut Troeltsch um »eine Sphäre der Selbständigkeit des Individuums rein für sich selber« ergänzt worden, die sich gegen die Vereinnahmung durch äußere Gewalten sperrte und somit ein Korrektiv gegen die Mehrheitstyrannis bildete. »Neben der langsamen Erziehung zu einer freien autonomen Staatsgesinnung ging zunächst viel stärker und wirksamer die Erziehung zur Bildung und Freiheit des Geistes einher«, faßte er die Dialektik der deutschen Entwicklung zusammen.[39] Das schwache, beinahe ausgelöschte Preußen war nach dem Sieg über Napoleon von den größeren Mächten an der notwendigen Liberalisierung im Innern gehindert worden. Es ergab sich das Paradoxon, daß die wünschenswerte Synthese der beiden Freiheiten, der politisch-öffentlichen und der geistig-moralischen, erst unter dem Schirm des deutschen Machtstaates – und das hieß auch: des deutschen Militärs – eine Chance erhielt, sich allmählich zu verwirklichen. Um diesen Weg fortsetzen zu können, war Deutschland wegen seiner geopolitischen Lage weiterhin auf eine starke Armee und einen effizienten Staat angewiesen. Die Agitation der Feindmächte gegen den deutschen Militarismus und die vermeintlich antidemokratischen Verhältnisse war, so Friedrich Meinecke, von machtpolitischem Eigennutz diktiert: »Die heutige demokratische Welt fordert von uns, daß wir demokratisch werden, damit wir – harmlos und ungefährlich werden für sie.« Daher fühlten auch deutsche Liberale sich »umbrandet von der Feindschaft der ganzen Welt« und gleichzeitig aufgeru-

39 Ernst Troeltsch: *Deutsche Zukunft*. Berlin 1916, S. 45.

fen, »die deutsche Freiheit bis zum letzten Hauche der Kraft zu verteidigen«.[40]

Von diesem Gedanken war auch das spektakuläre »Manifest der 93« bestimmt, das am 4. Oktober 1914 in der deutschen Presse erschien und in dessen Unterzeichnerliste weltberühmte Prominenz aus Kultur und Wissenschaft vertreten war, darunter Ernst Haeckel, Gerhart Hauptmann, Max Liebermann, Max Planck und Wilhelm Röntgen. In beschwörenden Worten wurde die Erfahrungssumme aus den Jahrhunderten deutscher Zerrissenheit und nationalpolitischer Schwäche gezogen: »Es ist nicht wahr, daß der Kampf gegen unseren sogenannten Militarismus kein Kampf gegen unsere Kultur ist, wie unsere Feinde heuchlerisch vorgeben. Ohne den deutschen Militarismus wäre die deutsche Kultur längst vom Erdboden getilgt. Zu ihrem Schutz ist er aus ihr hervorgegangen in einem Lande, das jahrhundertelang von Raubzügen heimgesucht wurde wie kein zweites.« Die Identifizierung der deutschen Kultur mit dem Militarismus war so unsinnig, wie das in allen Kriegsmanifesten der Fall ist, doch sie war auch plausibel, denn über die Folgen militärischer Wehrlosigkeit waren die Deutschen hinreichend belehrt. In dieser Situation bekannte der Aufruf sich zur machtgeschützten Innerlichkeit, unter deren Schirm Wissenschaft, Kultur und Kunst – einschließlich jener, die dem wilhelminischen Kunstgeschmack widersprach – einen unvergleichlichen Aufstieg erlebten.

Auch diese Erklärung war im Gefühl der Gefährdung, Schwäche und fehlenden propagandistischen Durchschlagskraft verfaßt: »Wir können die vergifteten Waffen der Lüge unseren Feinden nicht entwinden. Wir können nur in alle Welt hinausrufen, daß sie falsches Zeugnis ablegen wider uns.« Was blieb, war der hilflose Versuch der Überredung: »Glaubt uns! Glaubt, daß wir diesen Kampf zu Ende kämpfen werden als ein Kulturvolk, dem das Vermächtnis eines Goethe, eines Beethoven, eines Kant ebenso heilig ist wie sein Herd und seine Scholle.« Das klang altbacken und provinziell und konnte mitreißende Losungen wie »Demokratie« und »Zivilisation« unmöglich neutralisieren. So offenbart auch das »Manifest

---

40 Zit. nach: *Deutsche Freiheit*, S. 30 und S. 14.

der 93«, wie wenig Deutschland auf einen modernen Krieg geistig vorbereitet war. Entgegen allen Reden von »Weltpolitik« zeigten die deutschen Politiker und Militärs genauso wie die Intellektuellen sich vom globalen Maßstab der Kriegführung überrascht. Sie dachten noch immer in den Kategorien eines innereuropäischen Staaten- und kontinentalen Landkriegs. Der berühmte Schlieffenplan sollte die schlagkräftigste Landarmee in die Lage versetzen, den sich abzeichnenden Zweifrontenkrieg – unter hohem Risiko zwar – siegreich zu bestehen, doch eine vorausschauende Strategie gegen die weiträumige britische Seeblockade, die Deutschland von Rohstofflieferungen abschnitt und die Bevölkerung durch Hunger zermürbte, fehlte. Franz von Papen, damals Botschafter in den USA, schrieb in seinen Memoiren, daß die deutschen Diplomaten völlig überrascht wurden von der Heftigkeit der sofort einsetzenden alliierten Propaganda, die die USA zum Kriegseintritt auf seiten der Westmächte bewegen sollte. Nicht einmal die Unterbrechung der Überseekabel, die Deutschland kommunikationstechnisch isolierte und die Botschaft in Washington monatelang vom Auswärtigen Amt in Berlin abschnitt, war von der Reichsregierung vorab bedacht worden.[41]

Am 9. November 1916 griff Max Weber in einem Aufsatz für die Zeitschrift *Die Hilfe* seine außenpolitischen Überlegungen aus der akademischen Antrittsrede von 1895 auf. Er konstatierte den Zusammenhang des aktuellen Krieges mit der Existenz des deutschen Nationalstaates und führte aus, daß die Deutschen, falls sie diesen Krieg nicht hätten riskieren wollen, auch die Reichsgründung unterlassen und weiterhin ihre politische Existenz in einer Anzahl von Kleinstaaten hätten fristen müssen. Doch hätte der Verzicht auf nationale Selbstbestimmung, welche die anderen großen Völker ganz selbstverständlich für sich beanspruchten, Deutschland keineswegs eine friedliche Zukunft garantiert. Vielmehr wären die separierten Deutschen erneut als Satrapen ihrer französischen bzw. russischen Vormacht gegeneinander angetreten. Damit war gesagt, daß eine halbwegs normale, befriedete politische Existenz für die

41 Franz von Papen: *Der Freiheit eine Gasse*, München 1952 (1950), S. 53 ff.

Deutschen objektiv schwierig, wenn nicht unmöglich zu erreichen war. Sie hatten die Wahl, ihre Teilung und Ohnmacht zu akzeptieren oder aber durch die Verwirklichung der Nationalstaatsidee die Nachbarn gegen sich aufzubringen. Eine Kriegsniederlage würde, da die Welt in den letzten Jahren »voller« geworden sei, die Existenz Deutschlands noch mehr beengen, seine Wirtschaft ruinieren und den Deutschen »die Pariastellung bringen«. Der Kriegsausgang sei entscheidend für die deutsche Zukunft. »In der letzten Stube des letzten Arbeiters würde man noch bei unseren Enkeln es gefühlt haben, wenn wir unterlegen wären.«[42] Es ging um nicht weniger als um die nationale Substanz. Doch war sie überhaupt zu retten?

Deutschland war in den Augen seiner Gegner – darüber ließ deren Kriegspropaganda keinen Zweifel – vom machtpolitischen Konkurrenten zu einem säkularen Bösen und zum Objekt eines universalistischen Missionierungsdrangs geworden. Der Erste Weltkrieg bildete die Vorstufe zum Weltanschauungskampf, der sich im Zweiten Weltkrieg totalisierte und seine volle Zerstörungskraft entfaltete. Sicher unterlag auch die alliierte Propaganda einer massenpsychologischen Dynamik und war daher nicht beim Wort zu nehmen, doch knüpfte sie an ältere ideologische Muster an und wurde systematisch betrieben. Ein einflußreicher Missionar war der amerikanische Philosoph John Dewey, der sich 1915 in dem Buch *Deutsche Philosophie und deutsche Politik* fassungslos über die deutsche Kritik am angelsächsischen Gesellschafts- und Wirtschaftsmodell äußerte: »Die Moral des Handelns, des Tauschens, der gegenseitigen Befriedigung der Bedürfnisse«, verteidigte er den westlichen Entwurf, »spielt eine bedeutende Rolle im Leben. Für mich liegt etwas Unheimliches in der Verachtung, die die Ethik zugunsten eines unbefleckten Idealismus über eine Theorie ausschüttet, die praktische Motive im Auge behält.« Eine Auffassung wie die, daß die Menschenrechte »eher eine Tyrannei als die Freiheit herbeiführten« und ein subjektives Mehrheitsglück nicht automatisch einen ethischen Zustand bedeutete, wertete er als Ausdruck eines »psychischen Komplexes«, der seinen Träger nötigte, andere »unglück-

---

42 M. Weber: *Politik*, S. 227.

lich« zu machen. Nach Dewey war das die Konsequenz aus Kants Kategorischem Imperativ, der die Mentalität eines »Kasernenhof-Korporals« ausdrückte.[43] Seine Kritik am deutschen Idealismus war mehr moralisch und politisch als philosophisch bestimmt. Der Pragmatiker Dewey war nicht der einzige, welcher der deutschen Philosophie, die sich statt irdischen Zielen dem Unendlichen verpflichtet fühlte, einen diabolischen, immanenten Willen zur Weltherrschaft unterstellte. Es handelte sich um eine Variante des Barbaren-Diskurses, eines alten Topos in der Geschichte der Imperien, »die sich die Zivilisierung der von ihr beherrschten Räume zur Aufgabe gemacht haben«.[44] Noch war Großbritannien die weltumspannende imperiale Macht, doch es zeichnete sich ab, daß die USA seine Nachfolge antreten, in Deutschland ihren Hauptfeind erblicken und nötigenfalls zum Weltanschauungskampf bereit sein würden.

Das Mißverständnis über Deutschland hatte einen rationalen Kern, denn seit der Reichsgründung fand der deutsche Idealismus seine materielle Entsprechung in einem kompakten Machtstaat, in dem straffe Arbeitsethik, militärische Perfektion und wissenschaftlich-technische Höchstleistungen zusammenwirkten. Max Scheler legte in der 1917 veröffentlichten Studie *Die Ursachen des Deutschenhasses* dar, wie die deutsche Tüchtigkeit in den Augen des Auslands dem Strebertum des Emporkömmlings entsprach. Das atemberaubende Arbeitstempo wurde durch keine verfeinerten Lebens- und Genußformen gemildert, der Mischung aus Preußen- und Unternehmertum fehlte der Ausgleich durch Muße, Freude, Eleganz. Auch sei es dem Kaiserreich nicht gelungen, die weltweit geschätzte deutsche Kultur mit der modernen Entwicklung zu verknüpfen und als lebendigen Ausdruck seiner selbst zu vermitteln. Die Übertragung der kantischen Pflichtidee auf die Arbeit nannte er eine »groteske Erscheinung«.

---

43 John Dewey: *Deutsche Philosophie und deutsche Politik*. Meisenheim/Glan 1954, S. 59 f.
44 Herfried Münkler: *Imperien. Die Logik der Weltherrschaft vom Alten Rom bis zu den Vereinigten Staaten*. Berlin 2005, S. 150.

Einen tiefen historischen Grund aber hatte auch sie: Denn um nicht im Elend zu verkommen, waren die Deutschen gezwungen gewesen, die Ungunst der geopolitischen Verhältnisse durch vermehrte Arbeit immer wieder auszugleichen. Um sich die Belastung erträglich zu machen, wurde sie zur Pflichtethik überhöht und zur Quelle der Freude verklärt. Preußen war das staatgewordene Modell dieses den anderen so befremdlichen Lebenszusammenhangs. Das bereitete dem Militarismus den Boden, der die Gefolgschaftstreue über die Treue des Staatsbürgers stellte. Die Kehrseite der demonstrativen Biederkeit war die Abwesenheit von Raffinesse und Stil, die als Verstellung und Ablenkung vom Wesentlichen abgelehnt wurden. Das wirkte auf die öffentlichen Umgangs- und Kommunikationsformen zurück, mit katastrophalen Folgen in der Außenwirkung: Der militärisch unvermeidliche, aber völkerrechtswidrige Einmarsch in Belgien wurde von Reichskanzler Bethmann Hollweg am 4. August 1914 vor dem Reichstag ausdrücklich als Vertragsbruch konzediert und mit der Floskel »Not kennt kein Gebot« begründet. Am Abend desselben Tages erklärte der Kanzler gegenüber dem britischen Botschafter die internationalen Verträge, die Belgiens Neutralität garantierten, zum »Fetzen Papier« und versäumte, als sein unter vier Augen erfolgter Fauxpas öffentlich wurde, ein Dementi. Der ausdrückliche Verzicht auf ein formelles Bestreiten des Vertragsbruchs – das eine notwendige Konzession an die Majestät des Rechts gewesen wäre – wurde in Deutschland als Ausdruck »edler, freier Offenheit« und als Gegenteil westlicher Heuchelei gefeiert. Im Ausland aber wurde er als Bekenntnis zum Gesetz des Stärkeren und als »unverschämter Zynismus« aufgenommen und verwertet.[45] Fürst Bülow, der Vorgänger Bethmann Hollwegs im Kanzleramt, schätzte nüchtern ein: »Wir hatten diplomatisch, politisch den Krieg verloren, bevor der erste Schuß gefallen war.«[46]

Scheler deutete den Weltkrieg als die »kumulative Enderschei-

45 Max Scheler: *Die Ursache des Deutschenhasses*. Zweite durchgesehene und vermehrte Auflage. Leipzig 1917 (1918), S. 88 und S. 106.
46 Fürst von Bülow: *Denkwürdigkeiten*. Bd. 3. Berlin 1930, S. 177.

nung« einer Revolution, die von der Peripherie Europas gegen die Mitte des Kontinents und damit gegen »seinen eigenen, geographischen und moralischen Kern«[47], sein räumliches und ideelles Herz geführt wurde. Auch mehr als hundert Jahre nach der Niederlegung der Kaiserkrone des übernationalen Heiligen Römischen Reiches Deutscher Nation repräsentierte Deutschland das konservative, vorrevolutionäre Erbe Europas. Indem es sich notgedrungen und gegen seine tiefste Intention als Nationalstaat konstituierte, zog es den rebellischen, revolutionären Geist der anderen Staaten auf sich.

Die geschichtsphilosophische Spekulation Schelers wurde einige Jahre später von Carl Schmitt aufgenommen und in klare Begriffe gefaßt. Die westliche Philosophie gehe »vom Fortschritt der Menschheit als einer Entwicklung (aus), die vom Feudalismus weg zu Handel und Wirtschaft, vom Politischen zum Ökonomischen, vom Soldaten zum Industriellen, vom Krieg zum Frieden geht. Dadurch wird der Soldat im preußisch-deutschen Sinne zu etwas eo ipso ›Feudal-Reaktionärem‹, zu einer mittelalterlichen Figur, die dem Fortschritt und dem Frieden im Wege steht.«[48] Das westlich-angelsächsische Gesellschaftsmodell, das den Bürger über den Soldaten stellte, war vom preußisch-deutschen Staat aus geopolitischen Notwendigkeiten bekämpft worden. Die Folgerichtigkeit seiner Niederlage aber hatte der Linkshegelianer Bruno Bauer schon 1848 vorausgesehen und mit der heraufziehenden Massengesellschaft begründet: »Die Eroberung der aufgelösten Masse, ihre gewaltsame Unterwerfung und Umbildung durch das Heer ist unmöglich – das Heer in seiner alten Organisation ist nicht mehr erobernd, die Aristokratie seiner Führer keine vorschreitende geschichtliche Macht mehr, denn erobern kann nur derjenige, der seine Beute besser kennt als sie sich selbst und sie durch diese Überlegenheit der Bildung und der Kenntnis sich unterwirft.«[49] Der Ausgang des Ersten Weltkrieg bestätigte Bauers Prognose. Damit

47 M. Scheler: *Deutschenhaß*, S. 32.
48 Carl Schmitt: *Positionen und Begriffe*, S. 272.
49 Zit. nach C. Schmitt: *Positionen*, S. 333.

schälte sich die furchtbare Aporie der nationalen Existenz Deutschlands noch klarer heraus: Wenn die nationale Einheit und Souveränität wegen der geographischen Lage eine militärisch bestimmte Gesellschaftsform bedingte, diese aber der unbezwingbaren Logik der geschichtlichen Entwicklung entgegenstand und deshalb das Mißtrauen und den Haß einer übermächtigen Weltkoalition auf den Plan rufen mußte, dann war die politische Einheit und Souveränität Deutschlands eben unmöglich und seine politische Existenz und Identität fundamental in Frage gestellt.

Die Ahnung dieser Sachlage dürfte zum moralischen Zusammenbruch der deutschen Gesellschaft und zum plötzlichen, ruhmlosen Kollaps der Armee im Herbst 1918 beigetragen haben. Es war ein beispielloser Zusammenbruch, der zum Trauma der Weimarer Republik werden sollte. Das Deutsche Reich befand sich im Sommer und Herbst 1918 zwar in der Defensive, doch standen seine Truppen weit auf feindlichem Territorium. Die deutsche Gesellschaft besaß jedoch nicht die innere Festigkeit, um mit der Verteidigungsposition umzugehen, nachdem sie die Periode seit 1871 als eine ununterbrochene Erfolgsgeschichte erlebt hatte. Weltpolitisch war das Deutsche Reich eben doch nur ein Aufsteiger, der nicht über die Kontinuität, Gelassenheit und das Selbstbewußtsein der erfahrenen Kolonialmächte verfügte, die auch herbe militärische Rückschläge ertrugen. In Deutschland führten sie sofort zu tiefen Selbstzweifeln.

Noch allerdings war es nicht soweit, daraus die nationale Selbstnegation abzuleiten. Die Dolchstoßlegende, wonach innere Feinde die Widerstandskraft untergraben und die unbesiegte, tapfere Armee von hinten erdolcht hätten, projizierte das Gefühl objektiver Überforderung auf einen konkreten inneren Feind, den man ergreifen, bekämpfen und besiegen konnte. Die Niederlage von 1918 war keine totale. Immerhin hatte Deutschland sich stärker erwiesen als jeder seiner europäischen Kriegsgegner. Es hatte der Dreierkoalition aus Großbritannien, Rußland und Frankreich lange erfolgreich getrotzt. Erst das Hinzutreten der USA hatte den Krieg zugunsten der Entente entschieden. Die USA waren die einzige ebenbürtige oder überlegene Macht und lösten Großbritannien als die entscheidende Flügelmacht im Westen ab. Rußland steckte im Chaos von Revolution und Bürgerkrieg und in internationaler Isolation. Frankreich war durch den Krieg ebenfalls geschwächt und – wie England – zum Schuldner der USA geworden.

Die innere Kritik am politischen System Deutschlands hatte sich um so mehr verschärft, je ungünstiger sich die militärische Lage gestaltete. Die Forderung nach durchgreifenden Verfassungsreformen in Preußen und im Reich wurde zunehmend mit der Hoffnung und der Notwendigkeit begründet, dadurch die äußere Zwangslage aufzusprengen. Die Tendenz in der Kriegspublizistik des Nationalliberalen Friedrich Meinecke ist für diese Entwicklung beispielhaft. Von Anfang an hatte Meinecke keinen Zweifel daran, daß es in dem Krieg um alles: um den Fortbestand des Reiches ging. Die allgemeine Euphorie teilte er nicht, aber falls es gelingen sollte, Luther, Goethe und Bismarck gleichsam zu synthetisieren und die nationale Idee über den Nationalismus obsiegen zu lassen, würde die fehlende Staatsidee endlich nachgeholt und der Kampf Deutschlands eine »universale Bedeutung« erhalten.[50] Dieser idealistischen Deutung zu Kriegsbeginn folgte vier Wochen später die nüchterne Analyse der Situation und der kriegführenden Mächte. Der Ton war sorgenvoll, doch gefaßt, die proklamierten Kriegsziele waren ausschließlich auf Bewahrung des Besitzstandes gerichtet: Frankreichs Revanchepolitik mußte gebändigt und Rußlands panslawistische Politik gestoppt werden. Das Hauptproblem waren jedoch die Spannungen mit Großbritannien, dessen »ganz kalte, rechnerische und leidenschaftslose« Kriegspolitik auf Deutschlands Schwächung abzielte. Das Wichtigste und zugleich das Äußerste, was man im Verhältnis zu London erreichen konnte, war eine »schiedlich-friedliche Verständigung«, vor allem ein Kompromiß über die überseeischen Interessensphären. Meinecke mahnte eine Realpolitik im Sinne Bismarcks und Clausewitz' an und warnte davor, den

---

50 Friedrich Meinecke: *Werke.* Bd. 2. *Politische Reden und Schriften.* Hg. und eingeleitet von Georg Kotowski. Darmstadt 1958, S. 95.

Fehler Napoleons zu wiederholen und die Politik zur Funktion des Krieges verkommen zu lassen.

Im Sommer 1915 war die deutsche Offensive im Stellungskrieg erstarrt. Zugleich war die Seeherrschaft der Alliierten eindeutig, die den deutschen Rohstoff- und Lebensmittelimport blockierte. Die kontinentale Zwangslage Napoleons hatte auch Deutschland mit voller Wucht ereilt. Meinecke sah keinen anderen Ausweg, als sich in Europa für die Verluste zu entschädigen, doch durften sich damit keine Eroberungs- und Herrschaftsabsichten verbinden. Indirekt konzedierte er die Überlegenheit der Gegenseite und die eigenen Schwächepunkte. Das letzte Wort, mahnte er erneut, dürfe nicht die Wirtschaft und auch nicht der Soldat sprechen, sondern die Politik. Im März 1916 erinnerte er an die allgemeine Begeisterung beim Kriegsausbruch 1914 und die große moralische Kraft, die diesem Augenblick innegewohnt hatte. Neben Entschlossenheit und Wagemut umfaßte sie auch die Fähigkeit zur kühlen politischen Berechnung. Das zielte auf die in der Schwebe befindliche Ausweitung des U-Boot-Kriegs, die Meinecke ablehnte. Es war schon ein Zeichen von Verzweiflung, daß er ausgerechnet dem schwachen Reichskanzler Bethmann Hollweg die politische Stärke zuschrieb, eine Eskalation zu verhindern. Zum Jahreswechsel 1916/17 nannte er Deutschland den »um seine Existenz ringenden Verteidiger«, dessen Losung der Zukunft »nicht Niederwerfung, sondern *Gleichgewicht* (Herv. im Orig.)«[51] lauten müsse. Als die USA dem Deutschen Reich den Krieg erklärt hatten, verstärkte sich die Dringlichkeit demokratischer Reformen, um im Innern das Primat der Politik über das Militär zu sichern sowie ihre Legitimationsbasis zu verbreitern und die Reichsführung als internationalen Verhandlungspartner akzeptabel zu machen.[52]

---

51 F. Meinecke: *Werke*, Bd. 2, S. 100, S. 99, S. 141, S. 142.

52 Der Gedanke wird exemplarisch im Artikel »Kriegsziele hüben und drüben« formuliert, der am 22. Juni 1917 in der Wochenschrift *Deutsche Politik* erschien. »Rußland geniert sich, als jüngste Demokratie der Welt, mit uns wieder anzuknüpfen und fürchtet davon für seine junge Freiheit. Tun wir das, was wir schon aus zwingenden innerpolitischen Gründen tun müßten, aus Gründen unserer künftigen Weltpolitik und zeigen wir durch unwiderrufliche Schritte und Taten (...), daß die Tage des konservativen Herrschaftssystems bei uns zu Ende sind.« zit. nach F. Meinecke: *Werke*, Bd. 2, S. 192

Nachdem die Niederlage feststand, ging Meinecke scharf mit dem gestürzten monarchistischen Regime und seinen Eliten ins Gericht: Es habe ihnen »an der Einsicht in die wahre Lage (gefehlt) und an dem Wunsch und Willen, auf dem abschüssigen Weg zu bremsen«. Der vollzogene »*ungeheure Verfassungswandel*« sei herbeigeführt worden »*durch den Durchbruch der Wahrheit über unsere Lage*« (Herv. im Orig.).[53] Das war nicht falsch. Natürlich hatten die Ungeschicklichkeiten und Fehleinschätzungen der deutschen Politik und Diplomatie, die Duldung öffentlicher Expansionsphantasien und alldeutscher Propaganda, die vom gegnerischen Lager begierig aufgegriffen wurden als Beweis für deutsche Weltherrschaftsgelüste, Schaden angerichtet. Auch hatte Meinecke erfaßt, daß die parlamentarischen Demokratien im Krieg nach innen autoritärer regiert wurden – und regiert werden konnten – als der preußisch-deutsche Obrigkeitsstaat. Doch konnte die »Wahrheit über unsere Lage« sich darin erschöpfen? War das Elend der deutschen Politik vor und während des Krieges nicht Ausdruck, Fortsetzung und Steigerung des geopolitischen Dilemmas, dem bereits Bismarck kaum noch Herr geworden war? Wurde nicht, indem der preußische Militarismus und sein Staat und Gesellschaft durchdringender Geist für die Katastrophe ausschließlich verantwortlich gemacht wurde, von Linken und Liberalen eine spiegelbildliche Dolchstoßlegende konstruiert?

Wenn die außenpolitischen Schwierigkeiten des Deutschen Reiches sich tatsächlich auf eine bestimmte Gesellschaftsschicht zurückführen ließen, dann waren sie durch den Austausch der Eliten doch wohl zu beherrschen! In der Einleitung zur Buchausgabe der zwischen 1918 und 1922 verfaßten Artikel von Ernst Troeltsch schrieb Meinecke: »Wir wurden Demokraten, weil die uns klarmachten, daß auf keinem andern Wege die nationale Volksgemeinschaft und zugleich die lebensfähigen aristokratischen Werte unserer Geschichte würden erhalten bleiben können.«[54]

Der Versailler Vertrag aber stellte klar, daß Deutschland nicht

53 F. Meinecke: *Werke*, Bd. 2, S. 258.
54 Zit. nach: K. Flasch: *Mobilmachung*, S. 170.

nur als Obrigkeitsstaat seinen Gegnern ein Dorn im Auge war, sondern als geschlossener Nationalstaat. An diesem Punkt scheitert der Bismarckianer Meinecke. Zwar klagte er über den »Wahnsinn der Ententeforderungen« und »die Hammerschläge des Friedensvertrages«,[55] doch noch im Rückblick 1945 ging er auf die für ihn enttäuschende Erfahrung nicht näher ein. Er erwähnte in der *Deutschen Katastrophe* lediglich »die furchtbar schwer auf uns lastende Hand« der Siegermächte und fügte hinzu: »Es genügt, das eine Wort ›Versailler Friede‹ auszusprechen.«[56] Das deutsche Dilemma ganz zu durchdenken, davor schreckte er zurück. Seine heftige Kritik am »Wollen und Können unserer leitenden und die deutsche Weltpolitik beeinflussenden Schichten«, an »ihrer geistigen Struktur und Mentalität«, blieb novellistisch. Sie berücksichtigte nicht, daß diese Mentalität aufgrund der geopolitischen Überforderung Deutschlands entstanden war.

---

55 Meinecke: *Werke*, Bd. 2, S. 314 und S. 320.

56 Friedrich Meinecke: *Die deutsche Katastrophe*, Wiesbaden 1946, S. 53.

6

Deutsche Endspiele

Die Neigung, den Zusammenbruch von 1945 als Konsequenz eines inneren, sich durch die deutsche Geschichte ziehenden Übels zu transzendieren, hat einen langen Vorlauf. Das passende Vokabular und die Argumentationsmuster waren schon im Ersten Weltkrieg verfertigt worden, als exorbitante Kriegsgreuel der deutschen Armee lediglich auf Erfindungen der gegnerischen Propaganda beruhten. Ausgangspunkt war ein kleiner, aber keineswegs einflußloser Kreis deutscher Emigranten in der Schweiz, der sich um die in Bern erscheinende *Freie Zeitung* scharte. Die Zeitung erschien erstmals am 14. April 1917, fünf Tage nach der Kriegserklärung der USA an Deutschland, und letztmals am 27. März 1920. Ihre Finanzierung ist ungeklärt, da die entsprechenden Akten vernichtet wurden. Geldflüsse aus Frankreich und den USA gelten aber als wahrscheinlich, zumal deren offizielle Positionen weitgehend übernommen und propagiert wurden. Als vorbildlich galten den Schreibern die französische Staatsform und das in der Losung »Liberté, Egalité, Fraternité« zuammengefaßte Gesellschaftsideal. In Deutschland war die Zeitung verboten, sie wurde aber eingeschmuggelt und hatte Einfluß auf die USPD und später die KPD. Zu den Mitarbeitern gehörten der spätere bayerische Ministerpräsident Kurt Eisner, der Publizist Maximilian Harden und der künftige *Weltbühnen*-Herausgeber Carl von Ossietzky. Prominentester Autor war der 32jährige Philosoph Ernst Bloch, der vom Wehrdienst zurückgestellt und 1916 zu Studienzwecken in die Schweiz gereist war.

Für Bloch waren das deutsche Kaiserreich und insbesondere Preußen nicht nur kritikwürdige Systeme, sie verkörperten das Böse schlechthin. Es herrschten dort Niedertracht, Unmoral, skrupelloser Machiavellismus, maßlose Verlogenheit und Opportunismus. Die Schuld Deutschlands am Kriegsausbruch und die Realität deutscher Kriegsverbrechen waren für ihn unumstößlich. »Die Deutschen haben ungeheuren Mord begonnen. Die anderen setzten sich zur Wehr, zur Notwehr.« Der alliierte Krieg richte sich »gegen die Substanz der deutschen Verbrecherjahre und Preußen als ihren Ursprung«, mithin gegen ein »radikalst Böses«.

Im Gegensatz zu Pazifisten wie Helmut von Quidde, die einen ehrenhaften Verständigungsfrieden verlangten, beharrte er auf der Forderung des französischen Ministerpräsidenten Georges Clemenceau nach Fortsetzung des Krieges bis zur Niederlage Deutschlands: Denn dies sei das Land, wo der Krieg »zum staatsnotwendigen und staatsfördernden Prinzip erhoben wurde und es auch weiterhin bleiben soll«. Wenn die Deutschen ihrer Pflicht, dem kaiserlichen Regime selber ein Ende zu bereiten, nicht nachkämen, müsse der Gegner diese Aufgabe übernehmen. Im Januar 1918 kritisierte er US-Präsident Wilson, als dieser in der Frage möglicher Friedensverhandlungen zwischen den politischen Lagern in Deutschland differenzierte. Deutschland, so Bloch, sei »ein einziges Heerlager, (...) eine Nation voll Selbstsucht und nacktester, kreatürlichster Machtgier«, und die Nuancen zwischen Hindenburg und dem Sozialdemokraten Scheidemann seien höchstens »taktischer« Natur.[1] Die Alternative zur Niederlage Deutschlands wäre »die Niederlage der Menschheit« und »die Gesamtdepression des Menschlichen«. Am »Radikalbösen des zentralmächtlichen, rein kreatürlichen, widerchristlichen Macht-Materialismus« würde das gesamte Volk Anteil nehmen, denn es »schwieg, ja es bejubelte vier Jahre lang die schändlichsten, teuflischsten Taten seiner Regierung«. Das derart zum Menschheitsfeind stilisierte Deutschland müsse vor »ein vollzählig ermöglichtes moralisches Weltparlament«[2] gestellt werden, vor dem »das hauptsächlichste, entscheidendste Recht« eines Deutschen darin bestünde, »seine Reue, sein Schuldbewußtsein zu

1 Ernst Bloch: *»Kampf, nicht Krieg«. Politische Schriften 1917–1919*. Tb, Frankfurt a. M. 1986, S. 427, S. 479, S. 89, S. 153.
2 Ebenda, S. 481, S. 483, S. 486, S. 429, S. 521.

fühlen«. Die Schuld am Krieg konnte nicht einfach anhand nachweisbarer Tatsachen, sondern mußte auch moralisch interpretiert werden. Für Bloch war in den Deutschen ein tief eingewurzelter Zerstörungstrieb wirksam. Er konzedierte vielschichtige – ökonomische, diplomatische, politische und »allgemein menschliche, in der Gottferne dieser ganzen Epoche begründete« – Kriegsursachen, die aber nicht die »sehr spezielle, sehr *aufs einzelne der deutschen Menschen und des gesamten deutschen Volkes* gehende Untersuchung der Kriegsschuld dispensieren« könnten. (Herv. im Orig.) Damit war die deutsche Alleinschuld am Kriegsausbruch erwiesen.

Zukunftserwartungen setzte er auf Amerika unter dem Präsidenten Woodrow Wilson, der als Verfechter der liberalen Demokratie auch für ökonomisch-soziale Fragen offen war und den Gedanken der Menschenrechte in die Welt – sogar in die britische Kolonialpolitik – trug. Die andere sittlich bestimmende Macht war Rußland. Beide zusammen bildeten »das neue geistige Massiv der Zukunft« und der »neuen geistlichen Universalität menschlicher Gemeinschaft«. Eine »neue Mystik der Brüderlichkeit und Gemeinde zieht aus Amerikas kräftig offener Jugend so gut wie aus Rußlands Wärme, Tiefe und Christushoffnung heraus; aus der Morgenfrische dieser beiden Reiche leuchtet endlich Radikal-Gutes in die Welt«.

Vor soviel moralischer Übermacht blieb den Deutschen nur die Unterwerfung. Bloch lobte Bayerns neuen Ministerpräsidenten Kurt Eisner, der, um die deutsche Hauptverantwortung am Kriegsausbruch zu dokumentieren, am 25. November 1918 einseitig Dokumente des Bayerischen Außenministeriums publizieren ließ, für seine »moralische Tat«, die »endlich sittliche Glut und Volkserneuerung in dieses verrottete Deutschland« bringe. Doch mit demonstrativen politischen Akten konnte es nicht genug sein. »Durch Reue also, durch innerstes Erleben der deutschen Kriegsschuld, durch demütige, sich selbst im Unrecht fühlende Mitverantwortlichkeit, durch Umkehr von den Wegen und inneren Prämissen, die schließlich zur deutschen Kriegsinitiative führten, muß jeder einzelne in Preußen-Deutschland (...) hindurchgehen.« Die Schuld sei eine »psychisch-ethische Qualität«, der die Reue ein Ende setzte, indem »Motiv und Tat, die Tat mit ihrer Wurzel aus dem Lebenszentrum der Person, der Gemeingesinnung« herausgestoßen wurde. Für seinen moraltheologischen Überschwang beanspruchte Bloch politische Geltung. In einem Schreiben an den Volksbeauftragten Hugo Haase vom 21. November 1918, in dem die Abberufung der kaiserlichen deutschen Diplomaten gefordert wurde, berief Bloch sich darauf, während des Krieges »die Fahne des Rechts und der Menschlichkeit verteidigt« und »dadurch das Vertrauen der freien Völker gewonnen und den Glauben an eine deutsche Wiedergeburt aufrechterhalten (zu) haben«.[3]

Falls Bloch tatsächlich geglaubt hatte, mit seiner Propaganda die internationale Position eines demokratischen Deutschland zu verbessern, dann hätte ihn spätestens der Versailler Vertrag vom Gegenteil überzeugen müssen. In Deutschland mußten seine Aufsätze die von ihm selber monierte politische Unmündigkeit verstärken, denn statt den Sinn der Leser für Realitäten und Zusammenhänge zu schärfen, definierte er das Politische als eine Angelegenheit der Innerlichkeit.

Er hatte keinen Zweifel daran gehabt, daß Deutschland die gegnerische Koalition nicht besiegen konnte und das erreichbare Maximum in einem Frieden mit erträglichen territorialen und wirtschaftlichen Einbußen bestand. Doch rationale politische Überlegungen zählten für ihn nicht, nur idealistische Überspanntheiten, die in antideutschen Haß und Fanatismus umschlugen. Auf einer tiefer liegenden Ebene indes war Deutschland für Bloch ein spirituelles Wunsch- und Avantgarde-Land und das projizierte Schlachtfeld eines innerjüdischen Konflikts. Das *»alte, verschüttete, das uns aufgegebene Deutschland«* (Herv. im Orig.) war gegenwärtig vom »schändlichen Baal und Machtgott« beherrscht, seine Niederlage und Reue Teil eines apokalyptischen Heilsplanes, es mußte sich selber »vernichten und zertrümmern«, um wieder zum Licht und zum »Gott der Liebe und des Wunders« zu gelangen. Weil der deutsche Mensch am tiefsten gefallen sei, habe der Sturm hier »am allerstärksten, allerfruchtbarsten loszubrechen«. Über allem leuch-

---

3 Ebenda, S. 523, S. 506, S. 415, S. 524, S. 532. Zu den insgesamt vier Unterzeichnern des Schreibens gehört auch der Schriftsteller Hugo Ball.

tete der jüdische »Messianismus wie ein Stern«.[4] Im vorgeblichen Abfall Deutschlands von den Gesetzen abendländischer Kultur spiegelte sich die Sorge des säkularen Juden über seinen eigenen Abfall vom Gesetz der Väter.

Bloch hatte Extrempositionen formuliert, die tendenziell aber einer Stimmung bei zahlreichen Intellektuellen entsprachen – ein Grund für Max Weber, seinen Hohn über »allerhand Literaten« auszuschütten, die ihre »ekstatische Seele im Durchwühlen des Gefühls einer ›Kriegsschuld‹ befriedigten« und damit »das Ohr der Welt gewannen«.[5] Wieder bestätigte sich das fehlende Talent der Deutschen für die Politik. Während des Krieges hatten Politiker ohne Rücksicht auf die internationale Wirkung öffentlich über exzessive Kriegsziele schwadroniert und damit Argumente für die gegnerische Propaganda geliefert. Nun waren es unabhängige Sozialdemokraten wie Kurt Eisler und Karl Kautsky, die auf der Internationalen Arbeiter- und Sozialistenkonferenz im Februar 1919 in Bern die deutsche Kriegsschuld mit Inbrunst bekundeten. Die Selbstbezichtigung wiederholte sich einen Monat später am selben Ort auf der Internationalen Völkerbundkonferenz.

Mit dem Kriegsende und der Novemberrevolution war Deutschland zunächst in eine »Traumlandperiode«[6] eingetreten, in eine Phase des Hochgefühls, die dem ersten Schock über die Niederlage folgte. Es drückte sich in der Tanzwut zum Jahreswechsel 1918/19 aus, aber auch in den revolutionären Umstürzen und bürgerkriegsähnlichen Kämpfen war die Erwartung eines Neubeginns lebendig. Der Sturz der Monarchie wurde zwar als bedauerlicher Traditions- und Loyalitätsbruch empfunden, doch die ruhmlose Flucht Wilhelms II. nach Holland machte es leicht, ihn als Sündenbock zu benutzen, auf dem man die erlittene Schmach ablud. Die diplomatischen Noten des US-Präsidenten Wilson hatte man in Deutschland so verstehen wollen, daß die Abdankung des Kaisers den

4 Ebenda: *Kampf*, S. 526, S. 529, S. 530.
5 M. Weber: *Politik*, S. 524.
6 W. Schivelbusch: *Kultur der Niederlage*, S. 24. Der Begriff stammt von Ernst Troeltsch.

Deutschen erlauben würde, ihren Gegnern zwar als Unterlegene, aber als gleichberechtigte Verhandlungspartner gegenüberzutreten. Noch in der Antwortnote, mit der die Reichsregierung 1919 die Versailler Friedensbedingungen abzumildern hoffte, wurde auf Wilsons Ausführungen hingewiesen und an die »große Wandlung« in Deutschland erinnert, von der die Welt sich bisher nur unvollkommen Rechenschaft gebe: »Durch den Willen seines Volkes ist Deutschland zur Demokratie geworden.«[7]

Keine drei Wochen später folgte die ernüchternde Antwort des französischen Ministerpräsidenten Clemenceau: Die Alliierten begrüßten zwar die politischen Veränderungen in Deutschland, doch auf die Friedensregelungen könnten sie keinerlei Einfluß haben. Die deutsche Revolution habe erst stattgefunden, nachdem alle Siegeshoffnungen sich verflüchtigt hätten. Wenn die deutsche Führung mit ihrer Kriegspolitik erfolgreich gewesen wäre, »so hätte das deutsche Volk ihr mit ebensoviel Begeisterung zugejauchzt, wie es den Kriegsausbruch begrüßt hat. Das deutsche Volk kann also nicht behaupten, daß, weil es, nachdem der Krieg einmal verloren, seine Regierenden gewechselt hat, die Gerechtigkeit wolle, daß es den Folgen seiner Kriegshandlungen entzogen werde.« Deutschland habe »durch den Krieg seine Leidenschaft für die Tyrannei (...) befriedigen wollen«, sein Verhalten sei »das größte Verbrechen gegen die Menschheit und gegen die Freiheit der Völker gewesen« und »in der Geschichte fast beispiellos«.[8] Allein die ressentimentgeladenen Superlative hätten genügt, um die letzten Illusionen zu beseitigen: In Versailles würde keine Neuauflage des Wiener Kongresses von 1815 stattfinden, der Frankreich, nachdem Napoleon abgedankt hatte, seine Gleichberechtigung und den Großmachtstatus wieder zugestand; es würde auf einen exemplarischen Rachefrieden hinauslaufen.

Besonders erbitterte, daß die Siegermächte die Demütigung und Ausplünderung Deutschlands mit ihrer vorgeblich überlegenen

---

7 *Das Versailler Diktat. Vorgeschichte – Vollständiger Vertragstext. Gegenvorschläge der deutschen Regierung.* Mit einem Nachwort von Generalleutnant a.D. Dr. Franz Uhle-Wettler. Kiel 1999, S. 385 und S. 388.

8 Ebenda, S. 400, S. 397, S. 396.

Moral bzw. mit der moralischen Minderwertigkeit des Besiegten begründeten. Dies um so mehr, als nach dem Waffenstillstand die im Krieg begonnene Hungerblockade aufrechterhalten wurde, was bis zu eine Million Deutsche und Österreicher das Leben kostete und durch Unterernährung und Krankheiten verheerende Langzeitschäden verursachte. Damit war auch die innere Legitimität der Weimarer Republik ins Mark getroffen, war sie doch im Zeichen ebenjener demokratischen Werte angetreten, die von den Siegermächten offiziell hochgehalten wurden.

Über die Notwendigkeit politischer Reformen bestanden keine vernünftigen Zweifel. Das ergab sich bereits aus der Entwicklung Deutschlands seit 1871 zu einer modernen Industrie- und Massengesellschaft. Die Niederlage hatte verdeutlicht, daß Deutschland zu schwach war, um sich als ein auf sich allein gestellter weltpolitischer Akteur zu behaupten und seine wirtschaftlichen Interessen zu sichern. Diese Sachlage machte die Funktion des Militarismus hinfällig und eine Angleichung des politischen Systems an die anderen westlichen Länder nötig. Als weitere Notwendigkeit folgte daraus die Einordnung Deutschlands in ein Völkerbundsystem. Eine derartige Neuorientierung in der Innen-, Außen-, Militär- und Gesellschaftspolitik mußte keinen Kontinuitätsbruch bedeuten, sondern konnte an die Traditionen der Revolution von 1848 anknüpfen.

Doch diese Möglichkeiten waren durch die außenpolitische Lage bis auf weiteres blockiert. Der Schock über das Versailler Diktat war auch deswegen so groß, weil man bis hoch in die Führungseliten keine realistische Vorstellung über das Schreckbild besaß, das Deutschland in den Augen des Auslands abgab. Seine Kriegsschuld und angeblichen Kriegsgreuel waren zu einem Dogma geworden, das in den Feindländern den Krieg und die Kriegführung begründete. Die geostrategische Überlegenheit der Alliierten hatte sich auch propagandistisch ausgewirkt. Die alliierte Hungerblockade gegen Deutschland war zwar in grausamer Weise effektiv, doch sie wirkte langfristig und äußerlich undramatisch, weshalb sie international keine Empörung auslöste. Der U-Boot-Krieg, mit dem Deutschland antwortete, verlief dagegen höchst auffällig, und jede spektakuläre Versenkung ließ sich als anschauliches Beispiel deutscher Barbarei verwenden, gegen die auch nach dem Sturz der Monarchie allerlei »Sicherungen«, »Garantien« und »Wiedergutmachungsforderungen« nötig waren.

Weiterhin hatte Deutschland kein Rezept gegen die angelsächsische Gewohnheit gefunden, eigene Interessen mit dem Anspruch des moralischen Rechts zu verbinden. Diese Gewohnheit, die dem Profit- und Machtstreben ein gutes Gewissen verschaffte, wurzelte in der puritanischen Gesinnung und wurde subjektiv ehrlich empfunden. Da sie weltweit mit überlegener Macht verbunden war, hatte sie sich international zu einem allgemein akzeptierten Faktum entwickelt. Wenn deutsche Politiker und Publizisten dagegen auf moralische Begründungen verzichteten, wurde ihnen das nicht als Aufrichtigkeit gutgeschrieben, sondern bestätigte bloß das moralische Recht der Angelsachsen und das Unrecht Deutschlands.

Der nüchterne Ernst Troeltsch sah mit dem Kriegsende eine weltpolitische Entscheidung zugunsten der beiden angelsächsischen Länder gefallen. Der Völkerbund sei das Instrument ihrer Weltherrschaft und Frankreich ihr Festlandsdegen in Europa. Die Welt, so schrieb er in einem Anfall von Fatalismus, werde demnächst englisch sprechen, die anderen Nationalsprachen würden in den Rang von Dialekten sinken.[9] Welche Folgerungen daraus zu ziehen waren? Zunächst war nicht mehr möglich als äußerste Nüchternheit, die sich von Realitätsverleugnung und Selbstbezichtigungen gleich weit entfernt hielt.

Die meisten Politiker und Intellektuellen der jungen Weimarer Republik waren damit überfordert. Gerade die Wohlmeinenden unter ihnen verfielen in das Extrem der Übermoralisierung, die sich politisch ebenso schädlich auswirkte wie der demonstrative Verzicht auf das moralische Argument. Der Glaube, durch die Annahme alliierter Schuldvorwürfe die Gegner von der eigenen Läuterung zu überzeugen, von ihnen moralisch entlastet und

---

9 Ernst Troeltsch: *Spectator-Briefe. Aufsätze über die deutsche Revolution und die Weltpolitik 1918/22.* Tübingen 1924, S. 68.

politisch aufgewertet zu werden, war kindisch. Der Standpunkt und die Ansprüche der Alliierten konnten gar nicht überzeugender bestätigt werden als durch die deutschen Selbstanklagen. Bei dieser geistigen und moralischen Erfüllungspolitik spielten neben der Naivität auch Verzweiflung und das Bedürfnis eine Rolle, dem deutschen Dilemma durch Unterwerfung zu entkommen. »Eine solche Niederlage mußte ja die Folge einer ›Schuld‹ sein, – dann nur entsprang sie jener ›Weltordnung‹, welche alle solchen schwachen, dem Antlitz der Wirklichkeit nicht gewachsenen Naturen allein ertragen«, kommentierte Max Weber bissig.[10]

Der Versailler Vertrag bedeutete für Deutschland neben den territorialen, wirtschaftlichen, militärischen Verlusten einen tiefen Eingriff in seine Souveränität. Wohl blieb die Einheit des Reiches gewahrt, doch Festlegungen wie die Internationalisierung der großen Flüsse als Schiffahrtswege und die Einsetzung von Kontrollkommissionen, die über wirtschaftliche und militärische Angelegenheiten wachten, bedeuteten, daß der deutsche Staat über sein Territorium keine volle Verfügungsgewalt mehr besaß. Ein besonderer Fall war das Saargebiet, das bis 1934 vom Völkerbund verwaltet wurde. Die enge Begrenzung des Heeres und der Marine, das Verbot der Allgemeinen Wehrpflicht, von schweren und modernen Waffen sowie neuer Grenzbefestigungen, die entmilitarisierte Zone links des Rheins usw. hatten zur Folge, daß Deutschland militärischen Pressionen seiner Nachbarn schutzlos ausgeliefert war. Die Beschlagnahmungen von Industriegütern setzten den Krieg de facto durch nichtmilitärische Mittel fort. Das Reich verfügte über keine materielle Gewalt, die es den – im Vertrag verbrieften – Interventionen der Sieger entgegensetzen konnte. Das lud zur willkürlichen und weitgefaßten Auslegung des Interventionsrechts ein.

Laut Artikel 213 durften die Alliierten auf deutschem Territorium jederzeit Untersuchungen anstellen, wenn sie der Völkerbundrat mit Mehrheit beschloß. Nach Artikel 428 war die Besetzung der linksrheinischen Gebiete durch alliierte und assoziierte

10 M. Weber: *Politik*, S. 524.

Mächte ausdrücklich als Pfand für die Vertragserfüllung vorgesehen. Erfolgte diese »getreulich«, sollte der etappenweise Abzug im Verlauf von 15 Jahren erfolgen. Die Einschätzung, ob diese Voraussetzung vorlag, trafen einseitig die Siegerstaaten. Hatten sie Zweifel an der Zuverlässigkeit Deutschlands, konnten sie den Abzug ihrer Truppen wieder rückgängig machen. Dies würde ihnen keine Probleme bereiten, weil die Entmilitarisierung des linken Rheinufers und weiterer Gebiete unbefristet gelten sollte. Falls in der Entmilitarisierten Zone »Vorkehrungen für eine Mobilmachung« festgestellt wurden – worunter bei bösem Willen auch der Ausbau von Straßen, Schienen und selbst der Turnbewegung gefaßt werden konnte – waren Sanktionen und Interventionen die Folge. Eine »völkerrechtliche Scheinjurisprudenz« stellte sicher, daß der Entmilitarisierte auf jeden Fall problemlos als Angreifer fingiert werden konnte, während die Inhaber der militärischen Übermacht, wenn sie zur politischen, wirtschaftlichen oder militärischen Aggression schritten, trotzdem als die Verteidiger der Friedensordnung galten. Die Besetzungen Frankfurts im Mai 1920, von Städten im Rheinland 1921 und des Ruhrgebiets 1923 führten das dem ohnmächtigen Reich vor Augen. Wenn das Interventionsrecht nicht noch häufiger angewandt wurde, so lag das nicht am Vertragstext, sondern an der Vielzahl der Vertragspartner, die sich über die Behandlung Deutschlands nicht einig waren, sowie an der sich verändernden internationalen Lage. Großbritannien und den USA wurde die französische Intransigenz auf die Dauer lästig, zumal sie die deutsche Zahlungsfähigkeit untergrub.

Das änderte nichts daran, daß der wirtschaftlich vielleicht wichtigste Teil Deutschlands mit rund 14 Millionen Einwohnern der deutschen Souveränität de facto entzogen war und eine Geisel darstellte, mit der das Reich erpreßt und den Interessen und Normen des Auslands unterworfen werden konnte. Der Subjektcharakter Deutschlands, seine politische Existenz waren dadurch in ihrem Kern berührt. Selbst der 1922 abgeschlossene Rapallo-Vertrag mit der Sowjetunion, der in der internationalen Politik wie ein Paukenschlag wirkte, war ein Dokument der Schwäche. Das östliche Riesenreich hatte die besseren Karten, denn es lag ihm zur gleichen Zeit ein Angebot der Alliierten vor, dem Versailler Vertrag beizutreten und ebenfalls Reparationsforderungen an Deutschland zu stellen. Wenn Moskau sich statt dessen zur Verständigung mit Deutschland entschloß, dann in der Hoffnung, es langfristig für seine weltrevolutionären Ambitionen einzuspannen. Noch war Rußland auf dem internationalen Parkett ebenso isoliert wie sein Vertragspartner, doch zeichnete sich ab, daß der Europäische Bürgerkrieg zwischen der bürgerlichen und der kommunistischen Welt kein Grund sein mußte, die west-östliche Schraubzwinge um Deutschland nicht wieder enger zu drehen.

Außenminister Gustav Stresemann traute sich zu, sich auf die außenpolitischen Verhältnisse einzulassen, um sie zu verändern. Er war ganz klar ein Revisionist, dessen Ziel darin bestand, das Versailler System aufzusprengen und zu einem europäischen Gleichgewichtssystem zurückzukehren, in dem Deutschland aufgrund seiner demographischen und wirtschaftlichen Potenz die führende Rolle einnehmen würde. Er strebte keine völlige Rückkehr zu den Vorkriegsverhältnissen an. Mit dem Verlust von Elsaß-Lothringen fand er sich ab, doch an anderen Stellen sollten Grenzrevisionen möglich sein. Den Sieg des liberalen Kapitalismus über den Militarismus hielt er gleichfalls für unumkehrbar. Stresemanns Weg war die Verständigungspolitik, die Aufnahme Deutschlands in den Völkerbund und Verhandlungen mit den Siegermächten, um eine sukzessive Lockerung des Versailler Vertrags zu erreichen. Doch auch ihm, der den vorzeitigen Abzug französischer Truppen aus dem Rheinland im Jahr 1930 erreichte, gelang es nicht, den Sonderstatus des westlichen Reichsgebietes, die »justizförmigen Verschleierungen politisch arbeitender Spezialkommissionen«[11] und damit die rechtliche, politische und militärische Ungleichheit Deutschlands gegenüber den Siegerstaaten aufzuheben. Der Diplomat Ernst von Weizsäcker, der an den Verhandlungen beim Völkerbund in Genf beteiligt war, beschrieb das Dilemma so: »Wir haben

---

11 Carl Schmitt: *Positionen und Begriffe. Im Kampf mit Weimar – Genf – Versailles 1923–1939.* Berlin 1988 (1940), S. 115, S. 29–37, S. 119.

gewisse gute Positionen freiwillig geräumt. In der Politik kann man doch nicht Freibier ausschenken; wir selbst erst recht nicht. Auch hat sich die Anwesenheit von einer Zahl von Parlamentariern bitter gerächt ...«[12] Was Weizsäcker mit dem letzten Satz meinte: Die Abgeordneten waren repräsentative Vertreter des »deutschen Volkes mit seiner Vertrauensseligkeit und seinem ›rührenden Sicherheitsbedürfnis‹«, sie teilten die allgemeine Neigung, sich über die Fortdauer der prekären Situation hinwegzutäuschen; die außenpolitische Urteilskraft der Parlamentarier war seinerzeit nicht größer als im Kaiserreich.

Deutschland stand in der Gefahr, den Unterschied zwischen seiner außenpolitischen Gleichberechtigung und der bloßen Verrechtlichung seiner Diskriminierung zu verkennen. Stresemanns Außenpolitik machte die internationale Stellung des Reiches berechenbarer und verschaffte ihm neuen Handlungsspielraum, doch konnte sie bloß Mittel zum Zweck, nicht bereits das Ziel sein. Andernfalls würde Deutschland unter dem Deckmantel einer Völkerrechtsgemeinschaft und Friedensordnung endgültig in die Position eines von außen kontrollierten Staates geraten, der sein Handeln und schließlich seine Existenz von der Zustimmung und der Anerkennung auswärtiger Mächte abhängig machte. Denn die Verrechtlichung der internationalen Beziehungen hob die Politik ja nicht auf, sie war vielmehr ein besonders effizientes Instrument der hegemonialen Machtausübung.

Auch der 1928 abgeschlossene Briand-Kellogg-Pakt, der die Namen des französischen und des amerikanischen Außenministers trug, war eine als gemeinsame Willenserklärung getarnte politische Waffe. Der kurze Vertragstext ächtete den Krieg, sofern dieser »als Werkzeug nationaler Politik« diente. Der Verstoß bzw. Nichtverstoß dagegen war eine Definitionsfrage. Staaten, die über genügend Macht verfügten, konnten für ihre Kriegshandlungen das Recht auf Selbstverteidigung geltend machen oder auf übernationale, auf Menschheitsinteressen oder Völkerbundbeschlüsse zurückgreifen. Deutschland dagegen, das weder über militärische

12 Leonidas E. Hill (Hg.): *Die Weizsäcker-Papiere 1900–1932*. Berlin u. a. 1982, S. 386.

noch politische Macht verfügte, konnte dadurch unter zusätzliche Kuratel geraten. Denn die Frage, was Auf- oder Abrüstung, was Störung oder Bewahrung der internationalen Friedensordnung, ja was Frieden oder Krieg war, wurde beantwortet durch die Inhaber echter Macht.

Der Rumpfstaat Österreich bot das abschreckende Beispiel eines fremdbestimmten völkerrechtlichen Kompromisses. Laut Versailler Vertrag war es dem von schweren Krisen erschütterten Land nicht einmal gestattet, sich gemäß dem Mehrheitswillen seiner Bürger selber abzuschaffen und den Anschluß an Deutschland zu vollziehen. Ein vergleichbares Schicksal konnte Deutschland ebenfalls blühen. Die größte Gefahr lag dabei auf der Ebene der politischen Psychologie: Falls die Zermürbungspolitik zu einer geistigen und moralischen Paralyse der Deutschen führte, wenn sie ihre außenpolitische Diskriminierung innerlich annahmen oder unter juristischen Konstruktionen theoretisch zum Verschwinden brachten, dann wäre auch Deutschlands politische Paralyse besiegelt. Nicht weniger als die »politische Existenz des deutschen Volkes« stand auf dem Spiel.[13] Die alte Frage nach der Lebensmöglichkeit eines deutschen Nationalstaats in der Mitte Europas, an der schon Bismarck verzweifelte und an der seine Nachfolger scheiterten: sie stellte sich der Weimarer Republik mit potenzierter Dramatik. Noch immer war Deutschland das größte Land Europas und sein physisches und geistig-kulturelles Potential viel zu groß, um keine Gegnerschaften und Begehrlichkeiten auf den Plan zu rufen. Seine Ausdehnung und sein Potential reichten jedoch nicht aus, um unangefochten in sich selber ruhen zu können.

So verfügte das Reich zum Beispiel über geringe Möglichkeiten, jene Deutschen zu schützen, die in den aus der Konkursmasse der Habsburger Monarchie hervorgegangenen Nationalstaaten und im Baltikum lebten. Da sie in der Regel wohlhabender waren und gesellschaftlich bis 1918 höher standen als der Bevölkerungsdurchschnitt, stellten sie ein lohnendes Zielobjekt für Diskrimi-

---

13 C. Schmitt: *Positionen*, S. 119, S. 201–203, S. 121.

nierungen aller Art dar. Der Wunsch der Deutsch-Böhmen, das mehrheitlich von ihnen bewohnte Gebiet mit Deutschland zu verbinden, wurde von den Siegermächten brüsk zurückgewiesen und von den neuen Machthabern in Prag niederkartätscht. Mit der neuen Grenzziehung im Osten waren über zwei Millionen Deutsche zu Bürgern des neuen polnischen Staates geworden. Am 20. November 1920 übergab der deutsche Botschafter in Warschau der polnischen Regierung eine ausführliche Protestnote, in der es unter anderem heißt: »In einer ganzen Reihe von Fällen sind Deutsche von Polen ermordet worden.« Von »systematischer Deutschenhetze« ist die Rede und davon, »daß der Deutsche in Polen z. Zt. keineswegs die feierlich zugesagte Gleichberechtigung genießt, daß er vielmehr fast überall geradezu vogelfrei gilt«. Konsequenzen hatten die Proteste nicht. Am 25. September 1931 berichtete der deutsche Generalkonsul in Posen an das Auswärtige Amt, die »Fortschritte der Entdeutschungsmaßnahmen in den letzten Jahren« würden »von polnischer Seite mit geradezu zynischer Offenheit zugegeben«. So seien die Ergebnisse einer Untersuchung veröffentlicht worden, wonach bis 1931 »rund 1000000 Deutsche aus Polen abgewandert sind. Wenngleich diese Zahl hinter unseren Schätzungen zurückbleibt, so ist es doch bemerkenswert, daß auch von polnischer Seite eine so hohe Abwanderungsziffer als Erfolg der Entdeutschungspolitik zugegeben wird.«[14] Polen handelte aus einer Position der Stärke heraus, die der Schwäche der deutschen Position entsprach. Reichskanzler Heinrich Brüning vermochte im April 1932 den amerikanischen Außenminister Henry Stimson mit der Mitteilung zu beeindrucken, daß die polnische Armee binnen 24 Stunden Berlin besetzen und Schlesien vom übrigen Reich abtrennen könne, weil die Reichswehr zur Verteidigung außerstande sei.[15] Jeder Versuch Deutschlands, Schutz in einem demonstrativen politischen Desinteresse und in öffentlich kultivierter Wehrlosigkeit zu finden, wäre lediglich ein Angebot an das Ausland gewe-

14 Auswärtiges Amt: *Zur Vorgeschichte des Krieges*. Berlin 1939, S. 7 und S. 13.
15 Heinrich Brüning: *Memoiren 1918–1934*. Tb, Bd. 2. München 1972 (1970), S. 591.

sen, »aus seinem eigenen Fleisch und Blut die fremden Leviathane zu sättigen«.[16]

Die außenpolitische Not verschlimmerte die inneren Gegensätze, was wiederum die Möglichkeiten beschränkte, sich den äußeren Pressionen gewachsen zu zeigen. Deutschland kam nach der Niederlage von 1918 nicht zur Ruhe. Der Novemberrevolution und ihrer Niederschlagung waren Putschversuche, Aufstände, begrenzte bürgerkriegsähnliche Kämpfe zwischen Links und Rechts gefolgt. Die katastrophale Versorgungslage, verschärft durch die anhaltende Hungerblockade, führte zu Tod und Krankheit und griff in die biologische Substanz des Volkes ein. Gleichzeitig mußten Vieh und Getreide an die Siegerstaaten abgeliefert werden. Das Ineinander von körperlicher Not, dem Erleben von Siegerwillkür und eigener Hilflosigkeit führte zu starken Aggressionen, die sich nach innen – autoaggressiv – und auf jeden Fall sinnlos entluden. Die Ruhrbesetzung 1923 durch französische und belgische Truppen wegen angeblich verzögerter Reparationen zog eine Hyperinflation und den Vermögensverlust des Bürgertums nach sich, das ökonomisch proletarisiert wurde. Infolge der Beschränkung von Reichswehr und Marine waren viele Berufssoldaten brotlos geworden und in ihrem Stolz tief getroffen.

Die Schwäche des Reiches führte zur Lockerung der Loyalitäten, die regional ohnehin unterschiedlich entwickelt waren. Im Rheinland entfalteten sich – von Frankreich gefördert – separatistische Bestrebungen und mündeten in offener Kollaboration und Sezessionsprojekten. Während die nationalistische Rechte so wütend wie ratlos reagierte und die Möglichkeiten Deutschlands überschätzte, erblickten die deutschen Kommunisten, aber auch linksliberale Kräfte ihren Bezugspunkt in der Sowjetunion. Die greise KPD-Politikerin Clara Zetkin beschloß 1932 ihre Eröffnungsrede als Alterspräsidentin des Reichstags mit dem Wunsch, »trotz meiner jetzigen Invalidität das Glück zu erleben, als Alterspräsidentin den ersten

---

16 C. Schmitt: *Positionen*, S. 122.

Rätekongreß Sowjetdeutschlands zu eröffnen«.[17] Linke Publizisten wie Carl von Ossietzky und Kurt Tucholsky streuten Salz in die Wunden, stießen die Versailles-Gegner immer wieder auf die Tatsache der Niederlage und beantworteten ihre Empörung mit Hohn und Spott. In der von Ossietzky herausgegebenen Zeitschrift *Die Weltbühne* erschienen mehrere Berichte über die geheime Aufrüstung, mit der die Reichswehr unter Duldung der Regierung gegen den Versailler Vertrag verstieß. Die Motive dafür mögen redlich gewesen sein[18], doch es blieb dabei, daß Journalisten sich in verräterischer Weise mit dem Ausland gegen ihr Heimatland verbündeten, das sich lediglich gegen seine Diskriminierung wehrte.

Ohnehin beendete die Weltwirtschaftkrise 1929 die Phase relativer Stabilität seit 1924, die alten Konflikte brachen erneut auf und führten zum begrenzten Bürgerkrieg zwischen Kommunisten und Nationalsozialisten. Massenarbeitslosigkeit, Firmenzusammenbrüche, wirtschaftliche und soziale Verwerfungen schwerster Art gab es auch in anderen Ländern, doch in Deutschland verdichteten sie sich zu einer umfassenden gesellschaftlichen, politischen, kulturellen Krise, ja zu einer Lebensangst, die sich auf alle Bereiche erstreckte und panikartige Reaktionen hervorrief. Die Ursprünge dieses Krisengefühls lagen in ferneren Bereichen, im Zerfall der Autoritäten und vertrauten Sicherheiten, der seit der Industrialisierung im 19. Jahrhundert in vollem Gange war. Der Platz, an den Staat, Kultur, Religion oder Herkunft den einzelnen Menschen stellten, hatte an Bedeutung verloren im Vergleich zu der Position, die er in der sozialen Maschinerie der Industriegesellschaft einnahm, welche nun aber ihrerseits aus den Fugen geriet. Da die traditionellen Werte in Deutschland nicht einfach nur an Bindekraft verloren hatten, sondern durch die Niederlage, Krise und Inflation buchstäblich entwertet worden waren, ließen sich aus ihnen auch

---

17 Zit. nach: www.marxists.org/deutsch/archiv/zetkin/1932/08/alterspraes.html.

18 Vgl. Stéphane Roussel: *Die Hügel von Berlin. Erinnerungen an Deutschland.* Reinbek bei Hamburg 1989 (1986, 1985), S. 44 f. Nach Auffassung der Autorin veröffentlichte der *Weltbühnen*-Autor Berthold Jacob die Verstöße »nur ungern«. Er sei aber der Meinung gewesen, Deutschland würde den Platz unter den europäischen Völkern wiederfinden, wenn es die vertraglichen Verpflichtungen einhielt.

keine politischen und mentalen Reserven mehr schöpfen, die über die Notzeit hinweghalfen.

Die Reden des neuen Reichskanzlers Adolf Hitler klangen hinsichtlich der Außenpolitik erstaunlich maßvoll, sie schienen bestechende Logik, Realismus und Selbstbewußtsein zu beweisen. Die Ansprache, die er am 21. März 1933 in der Potsdamer Garnisonkirche vor dem Reichspräsidenten und dem neugewählten Reichstag hielt, atmete passagenweise Schillerschen Geist: »Der Deutsche, in sich selbst zerfallen, uneinig im Geist, zersplittert in seinem Wollen und damit ohnmächtig in der Tat, wird kraftlos in der Behauptung des eigenen Lebens. Er träumt vom Recht in den Sternen und verliert den Boden unter den Füßen.« Er versprach, »das Primat der Politik (wiederherzustellen), die berufen ist, den Lebenskampf der Nation zu organisieren und zu leiten«. Zwei Tage später in der Kroll-Oper räumte er die begrenzten Möglichkeiten Deutschlands mit der Feststellung ein, »daß die geographische Lage des rohstoffarmen Deutschland eine Autarkie für unser Reich nicht vollkommen zuläßt«. Er erinnerte daran, daß die in Versailles festgelegte Abrüstung einseitig geblieben sei und die anderen Staaten ihr Abrüstungsversprechen nicht eingehalten hätten. Berechtigt war seine Forderung, die »Trennung der Völker der Erde in zwei Kategorien« aufzuheben.[19] Es kennzeichnet die anhaltend schwache Stellung Deutschlands, daß in Polen zu dieser Zeit Gedankenspiele über eine militärische Intervention angestellt wurden.

Unstrittig konnte die nationalsozialistische Regierung außenpolitische Erfolge verbuchen: Mit dem Abschluß eines Nichtangriffsvertrags im Januar 1934 sorgte sie für eine Entspannung in den deutsch-polnischen Beziehungen. Die Einwohner des Saarlands ignorierten die antifaschistische Propaganda und votierten 1934 für ihre Zugehörigkeit zum Reich. Im März 1935 wurde die Wehrpflicht wiedereingeführt und die Existenz einer deutschen Luftwaffe bekanntgegeben, was beides gegen den Versailler Vertrag ver-

19 Max Domarus: *Hitler. Reden 1932 bis 1945*. Bd. I, Wiesbaden 1973, S. 226, S. 227, S, 234, S. 235.

stieß, jedoch zu keinen Konsequenzen führte. Der Versuch Großbritanniens, Frankreichs und Italiens, gegenüber künftigen Vertragsbrüchen Geschlossenheit zu demonstrieren, wurde durch das deutsch-britische Flottenabkommen unterlaufen, das Deutschland eine Flottenstärke von 35 Prozent der britischen zugestand. 1936 rückte die Wehrmacht ins entmilitarisierte Rheinland ein. Der Anschluß Österreichs, des Sudeten- und des Memellandes 1938/39 war durch das Selbstbestimmungsrecht der Völker gedeckt und korrigierte lediglich unmögliche Festlegungen des Versailler Vertrags. Ähnliches galt für die Forderung nach Rückkehr der Freien Stadt Danzig ins Reich und nach einer exterritorialen Straßen- und Schienenverbindung nach Ostpreußen, um endlich die polnischen Schikanen beim Transit zu beenden. Die Aufrüstung holte nur den militärischen und technischen Rückstand auf, in den Deutschland aufgrund seiner Rüstungsbeschränkung geraten war. Nach Kriegsausbruch zeigte sich, daß sie keineswegs den notwendigen Stand hatte. Der sowjetischen Rüstung war sie ohnehin unterlegen.

Die nationalsozialistische Regierung konnte an die schrittweisen Erfolge der Weimarer Politiker anknüpfen. Die Siegermächte waren es inzwischen müde geworden, auf der vollen Einhaltung eines Vertrags zu bestehen, der Europa in Spannung hielt und dessen amoralischer Kern ihnen nur zu bewußt war. Auf die Dauer ließ sich nicht verleugnen, daß die von Deutschland geforderten Korrekturen berechtigt waren. Zudem waren die Westmächte zufrieden damit, daß Hitler die Gefahr eines kommunistischen Umsturzes und eines sowjetischen Vordringens gebannt hatte. In die Waagschale fiel auch, daß er dem Reich politische und organisatorische Geschlossenheit verlieh und die wirtschaftlichen Probleme unter ihm relativ schnell behoben wurden. So kam es, daß die Siegermächte Hitler konzedierten, was sie der Weimarer Republik – die im Abwehrkampf gegen die Nationalsozialisten außenpolitische Erfolge so überaus nötig gehabt hätte – verweigert bzw. nur bruchstückhaft gestattet hatten.

Für Carl Schmitt war mit Hitler die Fähigkeit in die deutsche Politik zurückgekehrt, die außenpolitische Grundtatsache – die existentielle Notlage des Reiches, das als politisches Subjekt ausgelöscht zu werden drohte – zu erfassen und daraus die nötigen Konsequenzen zu ziehen. Der »Belagerungszustand«, in dem sich Deutschland befand, konnte nun mal von keiner »politisch instinktlosen Zivilbürokratie« gemeistert werden. Sein Aufsatz »Der Führer schützt das Recht« wird üblicherweise als scheinjuristische Apologie der Mordorgie in der sogenannten Röhm-Affäre vom 30. Juni 1934 gelesen. Man kann ihn aber auch als scharfsinnige Analyse der historischen und außenpolitischen Situation ernst nehmen. Schmitt knüpfte an die Behauptung hochverräterischer Verbindungen der Getöteten ins Ausland an. Er hob das Versagen des Kaiserreichs im Ersten Weltkrieg hervor, das außerstande gewesen war, Meuterern und Antikriegs-Propagandisten mit derselben Härte zu begegnen, wie die Alliierten sie zu Hause praktizierten, und das deshalb mitverantwortlich war für den Zusammenbruch der Front. So schwebte der November 1918 als stete Warnung über der Gegenwart. Von dort aus bestimmte sich die aktuelle Lage: »Der Führer aber macht ernst mit den Warnungen aus der deutschen Geschichte. Das gibt ihm das Recht und die Kraft, einen neuen Staat und eine neue Ordnung zu begründen.« Dieser neue Staat habe »die Kraft und den Willen, Freund und Feind zu unterscheiden«.[20]

Doch es stellte sich die Frage nach dem Preis, der dafür zu zahlen war. Die Maßnahmen zur Wiederherstellung der deutschen Souveränität mochten noch so berechtigt sein, ihre Rückwirkungen waren bereits wegen der Art und Weise, in der sie vollzogen wurden, problematisch. Schon der erste Paukenschlag: der Austritt aus dem Völkerbund im Oktober 1933, war ein Akt politischer Exzentrik, den eine Mittelmacht nicht oft wiederholen konnte. Das Reich proklamierte damit eine Unabhängigkeit seiner Entscheidungen, die in Wahrheit nicht bzw. nur so lange gegeben war, wie die Verblüffung und Duldung durch die anderen anhielt. Frankreich wurde sich bewußt, daß es Deutschland nicht länger Fesseln anlegen konnte. Das führte zu Bemühungen, die Sowjetunion über ein System der kollektiven Sicherheit wieder in das europäische Spiel miteinzubeziehen, was für Deutschland darauf hinauslaufen

---

20 C. Schmitt: *Positionen*, S. 228 und S. 231.

konnte, daß die alte Einkreisung sich unter ungünstigeren Umständen wiederholte.

Vor allem aber vergifteten die innenpolitischen Umstände die außenpolitischen Früchte. Die Begleiterscheinungen der nationalsozialistischen Machtergreifung, der Terror gegen politische Gegner, die Morde, Mißhandlungen, die Verbote von Parteien und Zeitungen, die Bücherverbrennung, die Gleichschaltung des geistigen und kulturellen Lebens, die Neuordnung des Beamtenrechts nach rassischen Kriterien, die Errichtung von Konzentrationslagern – all das belebte, steigerte und rechtfertigte die alten Schreckensbilder und Projektionen des Deutschenhasses. Der staatliche Antisemitismus verletzte die elementaren Regeln von Anstand und Fairneß. Der Nationalsozialismus an der Macht war nicht nur eine Diktatur, wie es sie auch in anderen europäischen Ländern gab, sondern eine praktizierte Ideologie, mit der Deutschland sich wieder aus dem Kreis der liberal-kapitalistischen Staaten verabschiedete, in den Stresemann es geführt hatte.

Sicher gab es soziale Verbesserungen, die dem Regime eine Massenbasis schufen und auch im Ausland mit Interesse registriert wurden. Der gedankliche Ansatz dahinter bestand – wenn man der Interpretation des zeitgenössischen Publizisten Giselher Wirsing folgt – in der Überwindung des konsumfixierten, von einer Kultur- und Medienindustrie gesteuerten Einheitsmenschen einerseits und des kommunistischen Massenmenschen andererseits. Als Ziel wurde eine abgestufte, durch gemeinsame Arbeit verbundene Gemeinschaft fixiert, die die Gleichwertigkeit – nicht Gleichheit! – ihrer Mitglieder verwirklichte. Die kapitalistische Wirtschaft sollte in eine dienende Funktion zurückgeführt und die Menschen zu Subjekten des Schaffens und Wirtschaftens werden. Angesichts eines reichhaltigen Musik- und Theaterlebens und einer florierenden Filmindustrie konnte von einem Ende der Kultur in Deutschland keine Rede sein, doch das meiste, was an Großem entstand, mußte dem Regime abgerungen, an ihm vorbei oder unter Ausnutzung interner Rivalitäten produziert werden. Die Innerlichkeit von Geist und Kultur in Deutschland war jetzt nicht mehr machtgeschützt, sondern vom eigenen Staat bedroht. Die bürgerliche Freiheit war ausgelöscht, und die Rechtsstaatlichkeit ging mehr und mehr verloren. Das Novemberpogrom 1938, bei dem jüdische Gotteshäuser angezündet, Juden zahlreich getötet und zu Tausenden in Konzentrationslager gebracht wurden, mußte mit Entschiedenheit die Frage aufwerfen, von welcher Art die deutsche Substanz und das deutsche »Recht« denn waren, die politisch behauptet werden sollten. Es war eine furchtbare Dialektik, daß die Kraft, die Deutschland wieder außenpolitische Gleichberechtigung verschaffte, von innen her seine besten Traditionen zersetzte, bis hin zur Bereitschaft, das Land mit sich in den Abgrund zu reißen. So galt im doppelten und dreifachen Sinne, was Ludwig Dehio über die hemmungslose Entäußerung des braunen Machtstaates schrieb: »In Wahrheit rang im Dritten Reiche zum ersten Male eine der großen Nationen, und eine noch rüstige und lebensvolle, mit dem Tode.«[21]

Der deutsche Machtzuwachs rief bald starke Gegenkräfte auf den Plan. In der sogenannten Quarantäne-Rede am 5. Oktober 1937 in Chicago bezog Präsident Roosevelt demonstrativ Position. Frieden, Freiheit und Sicherheit von 90 Prozent der Weltbevölkerung würden von den restlichen zehn Prozent bedroht. »Wenn eine Epidemie um sich zu greifen beginnt, dann ordnet das Gemeinwesen eine Quarantäne für die Kranken an, um die Gesundheit des Gemeinwesens gegen die Ausbreitung der Krankheit zu schützen.« Welche Länder bildeten die Krankheitsherde und bedrohten die »friedliebenden Völker«? Sie wurden nicht beim Namen genannt, doch es war klar, daß die Rede sich vor allem gegen Japan richtete, das in China seine Einflußsphäre ausweitete, sowie gegen Italien und Deutschland. In seiner Botschaft an den Kongreß am 3. Januar 1938 präzisierte der US-Präsident, »der Friede ist am schwersten bei jenen Völkern gefährdet, welche (die) Demokratie aufgegeben oder sie niemals entwickelt haben«.[22] Im Januar 1939 drang aus dem Weißen Haus die Indiskretion, daß

21 Ludwig Dehio: *Gleichgewicht oder Hegemonie. Betrachtungen über ein Grundproblem der neueren Staatengeschichte.* Krefeld o. J., S. 225.

22 Präsident Roosevelt: *Amerika und Deutschland 1936–1945. Auszüge aus Reden und Dokumenten.* Hg. im Auftrage der Regierung der Vereinigten Staaten. o. J., S. 13 f., S. 15.

Roosevelt bei einem Treffen mit Senatoren den Rhein zur Grenze Amerikas erklärt hatte. Damit war deutlich gemacht, daß die USA die Stellung der Briten als westliche Flügelmacht in Europa für sich beanspruchten und ebenfalls darüber wachten, daß der Kontinent sich nicht einte und geeint gegen sie wandte.

Am 14. April 1939 folgte die berühmte Botschaft an Hitler und Mussolini, in der Roosevelt den Diktatoren das Versprechen abverlangte, 31 namentlich aufgeführte Staaten nicht anzugreifen. Der US-Präsident mutete zwei europäischen Mittelmächten zu, sich als potentielle Aggressoren zu bekennen, vor aller Welt ihr Haupt zu beugen und Besserung zu geloben. Seine Verachtung demonstrierte er auch dadurch, daß er Kolonien bzw. Protektorate Großbritanniens und Frankreichs zu den »unabhängigen Ländern« zählte. Der Brief war so konfus, daß Roosevelt eine zustimmende Antwort unmöglich erwarten konnte. Sie hätte einen Prestigeverlust ohnegleichen bedeutet: zum einen für die Diktatoren, die der außenpolitische Kotau innenpolitisch geschwächt hätte. Zweitens für die beiden Länder, die sich als erpreßbar erwiesen hätten. Zwei Wochen später feierte Hitler vor dem Reichstag einen seiner größten rhetorischen Triumphe, als er in einer zweieinhalbstündigen Rede den Brief zerpflückte und vor einem frenetischen Publikum der Lächerlichkeit preisgab. Die politische Wirkung seiner Rhetorik aber stieß jetzt an ihre Grenzen. Die Kündigung des Nichtangriffspakts mit Polen und des deutsch-britischen Flottenabkommens beeindruckte die Adressaten kaum, sondern verstärkte den Eindruck des gesetzlosen Parias, den Roosevelt mit seiner Botschaft beabsichtigt hatte. Indirekt räumte Hitler die Überlegenheit der USA ein, die er als »einen der größten Staaten der Welt«, ausgestattet mit den »unendlichsten Bodenreichtümern« bezeichnete. Bestimmt durch die Größe der Verhältnisse könne ihr Präsident »daher Zeit und Muße« finden, »sich mit universalen Problemen zu beschäftigen«. Seine – Hitlers – Welt, sei »räumlich viel enger«.[23]

Die Rolle, die die USA in der Welt und Europa einzunehmen gedachten, wurde von der nationalsozialistischen Führung den-

---

23 M. Domarus: *Hitler*, Bd. 3. S. 1178 f.

noch nicht ernsthaft in Rechnung gestellt. Vielleicht war es eine magische bzw. Vogel-Strauß-Politik: Indem sie das mächtige Land ignorierte, weil sie kein Mittel dagegen wußte, glaubte sie das Problem erledigt zu haben. So tief war die deutsche Außenpolitik seit Bismarck gesunken! Der Reiseschriftsteller Colin Ross, ein guter Kenner der USA, prophezeite Außenminister Ribbentrop, als der ihn 1940 dorthin entsenden wollte, um gegen die Wiederwahl Roosevelts zu arbeiten: »Wenn wir den Krieg verlieren – und wir werden ihn verlieren –, wird man uns wie wilde Tiere in Käfigen ausstellen.« Ribbentrop war daraufhin ohnmächtig aufs Parkett gestürzt.[24] Dem Diplomaten und Hitler-Gegner Adam von Trott, der 1939/40 in den USA um amerikanische Unterstützung für den deutschen Widerstand nachsuchte, wurde eine ähnliche Antwort zuteil. Karl Brandt, Professor an der Stanford-Universität und Schwager von Walter Hewel, dem Verbindungsmann Ribbentrops bei Hitler, sagte ihm, seit dem Einmarsch in Polen sei es dafür zu spät. »Ich weiß zuviel von dem, was hier vorgeht. Die USA sind bereits im Kriege und werden Deutschland vernichten.«[25]

Ein Land aber brauchte sich von den amerikanischen Anklagen gegen die Feinde der Demokratie, des Friedens und des Rechts nicht angesprochen zu fühlen: die Sowjetunion. Ihre Selbstsicherheit war so groß, daß sie Roosevelt sogar zustimmte. Außenminister Litwinow äußerte sich gegenüber US-Botschafter Joseph E. Davies »höchst begeistert« über die Quarantäne-Rede des Präsidenten. Leider seien die USA an den Konfliktherden noch nicht genügend präsent und gäben den Briten und Franzosen so die Gelegenheit, sich hinter der amerikanischen Passivität zu verstecken. Die Sowjetunion sei bereit, gemeinsam mit den USA, Großbritannien und Frankreich »eine starke Haltung« einzunehmen und schleunigst »kollektive Sicherheit und Frieden« herbeizuführen. Konkret bezog Litwinow sich auf den japanischen Krieg in China und die

---

24 Henriette von Schirach: *Der Preis der Herrlichkeit. Erfahrene Zeitgeschichte.* München 2003 (1975), S. 16.

25 Henric L. Wuermeling: *Doppelspiel. Adam von Trott zu Solz im Widerstand gegen Hitler.* München 2004, S. 104.

Politik Deutschlands. Bei anderer Gelegenheit sprach er von einem »faschistischen Frieden« in Europa, der von Deutschland dominiert werde. Zwar verlief die sowjetische Politik in den kommenden Jahren verschlungener als hier angekündigt, doch die Gefahr zeichnete sich ab, daß die Einkreisung Deutschlands vor dem Ersten Weltkrieg sich im globalisierten Maßstab wiederholen könnte. Ganz Europa stand vor dem Risiko, unter das Patronat der beiden Flügelmächte in West und Ost zu geraten.

Die entscheidende Wegmarke war das Jahr 1917 gewesen. Die USA traten in den europäischen Krieg ein, während in Rußland eine Revolution stattfand, in deren Folge die Sowjetunion sich gegenüber Europa als eigener Kontinent konstituierte. Konsolidiert, mit nie dagewesener Schlagkraft und zusammengeschweißt im Zeichen einer messianischen Ideologie, kehrte sie nun als eigenständiger Faktor in das europäische Mächtespiel zurück. Die Sonderbeziehung der beiden kompakten Weltmächte zeigte sich auch darin, daß der US-Botschafter in Moskau zuvorkommender behandelt wurde als die Diplomaten aller anderen Länder, wie Davies mit Genugtuung vermerkte.

Davies residierte vom Sommer 1936 bis Ende 1938 in Moskau. Er war Vertrauter und Ratgeber Roosevelts und Vollstrecker seiner Politik. Seine sowjetfreundliche Haltung war ein Hinweis darauf, daß es bei den amerikanischen Attacken auf Deutschland nicht primär um dessen diktatorische Verfassung oder etwa um die Verletzung von Menschenrechten ging. In der Sowjetunion hatte die Diktatur bis zu diesem Zeitpunkt unendlich viel grausamer gewütet als im nationalsozialistischen Deutschland. Die unter Hitler getöteten politischen Gegner zählten nach Hunderten, die Zahl der politischen Gefangenen betrug einige tausend. In der Sowjetunion handelte es sich jeweils um Millionen. Der Totalitarismus in Deutschland, wo sich noch immer gesellschaftliche und rechtsstaatliche Refugien behaupteten, war gegenüber der ursprünglichen sowjetischen Variante nur rudimentär. Das alles konnte der US-Botschafter wissen, der sein Amt im Sommer 1936 antrat, als der »Große Terror« in Moskau seinem Höhepunkt zustrebte. Er sah das Elend, wußte von den blutigen Exzessen und Massenverhaftungen, von den Plünderungen der Kirchen – und kaufte aus dem Raubgut Ikonen und Reliquien, für die ihm die sowjetische Regierung eine Ausfuhrgenehmigung erteilte. Ehemalige US-Bürger, die aus Sympathie für den Kommunismus die sowjetische Staatsbürgerschaft angenommen hatten, wandten sich nun hilfesuchend an ihn. Das hinderte ihn nicht, die Regierung in Washington auf die Vorteile hinzuweisen, die Stalins Politik bot: Trotzki habe die Weltrevolution vorantreiben wollen, Stalin dagegen beschränke sich auf den Aufbau des Sozialismus im eigenen Land. Seine innenpolitischen Bedrohungsszenarien seien ein wirksames Mittel, um die an der Macht befindliche Partei zu stärken. Jedenfalls war der stalinistische Terror kein Hindernis für künftige antifaschistische Bündnisse.

Zwei Gründe waren für seine positive Einschätzung ausschlaggebend: Erstens war die Sowjetunion eine ebenbürtige Macht. Die USA würden sie nicht dominieren können, daher empfahl es sich, mit ihr freundschaftlich zu koexistieren. Dagegen waren Deutschland, Japan und Italien nur Mittel- und keine Imperialmächte. Wenn sie als Störfaktoren auftraten, war es aussichtsreich, sie zu eliminieren und anschließend in die eigene Machtsphäre einzubauen. Zweitens war die kommunistische Weltanschauung wie auch der liberale Kapitalismus universalistisch und als Fortschrittsidee angelegt, während der Nationalsozialismus sich dem Universalismus entgegenstellte und auf ethnischer Exklusivität und räumlicher Abgeschlossenheit bestand. Die Gegnerschaft zwischen dem Nationalsozialismus und dem Liberalismus war unversöhnlich, während bei der kommunistischen Ideologie auf eine künftige Konvergenz spekuliert werden konnte.[26] Spiegelbildlich stellte sich die Lage für die Sowjetunion dar, nur hatte sie in ideologischer Hinsicht weniger Berührungsscheu und konnte mit den Nationalsozialisten gegebenenfalls sogar taktisch paktieren.

Als casus belli sollte sich der Streit mit Polen erweisen, der nach

---

26 Joseph E. Davies: *Als USA-Botschafter in Moskau. Authentische und vertrauliche Berichte über die Sowjet-Union bis Oktober 1941*. Zürich 1943, S 189, S. 224. Vgl. auch S. 376 f.

einer kurzen Entspannungsphase wieder aufflammte. Polens territoriale Wünsche waren noch lange nicht erfüllt, es träumte von einer Grenze an der Oder und Neiße, wenigstens aber von der Einverleibung der Freien Stadt Danzig. Bis es soweit war, hielt es sich an der verbliebenen deutschen Minderheit schadlos und reizte den Nachbarn durch Schikanen gegen Danzig. Die Reichsregierung fand dagegen kein Mittel. Die polnischen Provokationen nahmen noch deutlich zu, seit Polen sich von Großbritannien gedeckt fühlen durfte. Den Anlaß dazu hatte Hitler selbst geliefert, als er am 15. März 1939 in Prag einmarschierte und den Auflösungsprozeß des tschechoslowakischen Rumpfstaates dadurch beendete, daß er die »Resttschechei« in ein Protektorat des Großdeutschen Reiches umwandelte. (Eine Woche später zwang er Litauen, das Memelgebiet an Deutschland zurückzugeben.) Dem Prestigegewinn, den Hitler sich durch die Eingliederung der alten Kaiserstadt versprochen hatte, stand ein handfester außenpolitischer Schaden gegenüber. Kurz darauf gab der britische Premier Neville Chamberlain eine Garantieerklärung für Polen ab, der am 6. April 1939 eine vorläufige Vereinbarung über gegenseitigen Beistand folgte. Die laufenden Vertragsverhandlungen mit Deutschland brach Warschau ab. Es unternahm Provokationen, um Danzig wirtschaftlich zu schädigen und eine Oberhoheit über die fast ausschließlich von Deutschen bewohnte Stadt zu behaupten. Eine Provokation war auch die Ankündigung Warschaus im Herbst 1938 gewesen, den im Reich wohnhaften polnischen Juden ihre Staatsbürgerschaft zu entziehen und ihnen damit die Rückkehr- und Fluchtmöglichkeit zu verwehren.

Am 20. August 1938 richtete der Hohe Kommissar des Völkerbundes für Danzig, der Schweizer Carl J. Burckhardt, einen Brief an den Direktor der politischen Sektion des Völkerbundsekretariats in Genf, in dem er über ein Gespräch mit dem polnischen Außenminister Jozef Beck berichtete. Beck meinte, daß der scheinbar erfolgreiche deutsche Diktator sich und Deutschland längst das Grab schaufle. Hitlers zentraler Fehler sei es, aus den Erfolgen in der Weimarer »Kampfzeit« auf unbegrenzte Erfolgsmöglichkeiten in der Außenpolitik zu schließen. Das wollte Beck sich zunutze machen. Burckhardt: »Es ist ein Spiel, bei welchem man für Polen auf den höchsten Gewinn hofft, einen Gewinn, der sich ergeben soll aus einer schließlichen und unvermeidlichen Katastrophe. Aus diesem Grund treibt man die Deutschen in Fehlhandlungen hinein, und in Danzig läßt man mit Vergnügen die Extremisten triumphieren, während man gleichzeitig immer wieder das Festhalten an den äußeren Formen der Verträge betont. Eines Tages wird man dann die Rechnung präsentieren und Zinsen und Zinseszinsen einfordern. Schon jetzt, indem man in dieser Weise mit den Nationalsozialisten kollaboriert, ist es gelungen, im ganzen Westen, in Frankreich, England und Amerika, eine solidarische Abneigung gegen jede Revision der Verträge zu schaffen. Das war 1932 ganz anders. Damals hat mehrheitlich die westliche Meinung in den großen Demokratien sich für die deutschen Minoritäten eingesetzt. Man regte sich über schlecht gezogene Grenzen auf, über isolierte Provinzen. Dank der exzessiven Methoden des Nationalsozialismus ist das alles beendet, und jetzt hofft man im stillen in Warschau nicht nur auf die bedingungslose Integration Danzigs in den polnischen Staatsbereich, sondern auf viel mehr, auf ganz Ostpreußen, auf Schlesien, ja auf Pommern.« Dazu bemühe sich Beck, »die Deutschen ganz methodisch in ihren Fehlern zu bestärken«.[27]

Ernst von Weizsäcker, inzwischen zum Staatssekretär im Auswärtigen Amt aufgestiegen, sorgte sich nach dem deutschen Einmarsch in Prag, daß er den »Gegnermächten neue Impulse« geben könne, insbesondere Polen, »wo eine Anmaßung ohnegleichen herrscht«. Er konstatierte die faktische Manövrierunfähigkeit der deutschen Politik: »Die Danzig-Frage zu lösen, ist jetzt nicht mehr möglich, nachdem wir in Prag u. Memel unser politisches Kapital aufgebraucht haben und ein deutsch-polnischer Zusammenstoß die Lawine ins Rutschen bringen würde. Die Frechheiten der Polen u. ihr mangelhaftes Eingehen auf eine ihnen gemachte Offerte (...) können wir z. Zt. nur so behandeln, daß wir Polen mürber machen.«[28]

---

27 Carl J. Burckhardt: *Danziger Mission*, S. 147.

28 Leonidas E. Hill (Hg.): *Die Weizsäcker-Papiere*. Bd. 2. Berlin u. a. 1974, S. 152 und 153.

Doch mürbe wurde nur Hitler. Polen dachte gar nicht daran nachzugeben, denn neben Großbritannien fühlte es sich auch durch die USA in seiner Politik gegen Deutschland gedeckt, die in diesem Sinne sogar auf London Druck ausübten, wie man in Warschau durch die Botschafter in Washington, Graf Potocki, und in Paris, Jules Lukasiewicz, sehr wohl wußte. Sie teilten dem Außenministerium 1938/39 in mehreren Berichten mit, daß in der amerikanischen Öffentlichkeit Haßgefühle gegenüber Deutschland und namentlich Hitler herrschten, die von der politischen Führung einschließlich Präsident Roosevelt geschürt würden. Potocki sah dafür zwei Gründe: Der Präsident wolle von der desolaten Wirtschaftslage in den USA ablenken, zweitens solle im amerikanischen Volk eine Kriegsstimmung entstehen. Er hatte auch erfahren, daß die USA wirtschaftliche Zwangsmittel gegen Deutschland und Italien in Erwägung zögen. Gleiches galt allerdings auch für Großbritannien, falls es sich gegenüber den Achsenmächten allzu kompromißbereit zeigte.[29] Die USA fürchteten, daß die alten imperialen Mächte Großbritannien und Frankreich zugunsten Deutschlands und Italiens an Macht verlieren würden und die Machtverschiebung zu einer Abschottung Europas gegenüber den USA, die gerade mit großen ökonomischen und sozialen Problemen kämpften, führen könne. Den von den Briten 1937/38 unternommenen Sondierungen, ein Viererdirektorium aus Großbritannien, Frankreich, Deutschland und Italien zu installieren, arbeiteten sie entgegen, indem sie die Rolle Polens demonstrativ aufwerteten, das daraufhin mit seinem Austritt aus dem Völkerbund drohte, sollte ein derartiges Direktorium gegründet werden. Deswegen hatten die USA auch das Münchner Abkommen, mit dem die vier Mächte die Sudeten-Frage auf friedliche Weise beilegten, heftig kritisiert.

Gleichzeitig nahm das Völkerrecht eine gefährliche Entwicklung. 1936 annektierte das faschistische Italien das Kaiserreich Abessinien. Diese *debellatio*, das heißt die »vollständige und endgültige

---

29 Auswärtiges Amt (Hg.): *Polnische Dokumente zur Vorgeschichte des Krieges*. Erste Folge. Berlin 1940. S. 9–11, S. 20–25, S. 33–36.

Vernichtung der staatlichen Existenz des Gegners«, wurde von Italien selbstherrlich mit dessen ethisch-moralischen und organisatorischen Defiziten begründet. Der Völkerbund hob seine Sanktionen gegen Italien auf und erkannte damit an, daß eines seiner Mitglieder ein anderes annektierte und als Staat auslöschte. Die Annexion Abessiniens stellte eine potentielle Gefahr auch für andere Staaten dar in einer Zeit, in der sich die Totalisierung künftiger Kriege abzeichnete. Herbeigeführt worden war sie durch die Dominanz der weltumspannenden britischen Seekriegführung von 1914 bis 1918 und ihrer Fähigkeit zur totalen Feindschaft. Der Seekrieg akzeptierte den Unterschied nicht, den das europäische Landkriegrecht zwischen Kombattanten und Nichtkombattanten machte. Seeblockaden, Wirtschafts- und Propagandakrieg zielten ausdrücklich auch auf Nichtkombattanten und ihr physisches und moralisches Potential. Das hatte zur Radikalisierung des Landkriegs – etwa durch Giftgaseinsatz – geführt, was wiederum die Wut und Entschlossenheit der Gegenseite hochschaukelte. Am Ende war aus dem Gegner der totale Feind geworden und der Friedensvertrag in Wahrheit ein Verdammungsurteil der Sieger.

Die Feinderklärung, die im Ersten Weltkrieg am Ende stand, würde jetzt am Anfang möglicher Auseinandersetzungen stehen. Der Angreifer wurde als Gesetzesbrecher, Krimineller, zum Feind nicht nur des Friedens, sondern der Menschheit schlechthin konstruiert. Unberücksichtigt blieb, daß ein militärischer Angriff auch die Reaktion auf nichtmilitärische Maßnahmen sein konnte, der letzte Versuch gewissermaßen, sich aus einer Strangulation durch ein Embargo oder eine Blockade zu befreien und der kalten Kapitulation zu entgehen. Die Tatsache, daß Kriege sich auch unterhalb der militärischen Schwelle führen ließen, wurde bei der Fokussierung auf den militärischen Angreifer absichtsvoll ausgeblendet. Dieser diskriminierende Kriegsbegriff setzte die Seemächte klar in Vorteil, die ihre Gegner auf vermeintlich friedliche Weise treffen und zur Annahme ihrer Bedingungen zwingen konnte. Als nächster Schritt auf diesem Weg zeichnete sich ab, dieses zwischenstaatliche Recht über das innerstaatliche zu setzen, also den Staatsbürger des Gegners zu verpflichten, sich im Konfliktfall unter das Gesetz der universalistisch argumentierenden Mächte anstatt unter das seines Staates zu stellen, andernfalls er selber zum Rechtsverletzer, also kriminell, würde. Damit würde ein zwischenstaatlicher zu einem internationalen Bürgerkrieg, in dem jede Seite für sich beansprucht, selber das Recht zu verkörpern und den Krieg als Strafaktion gegen Rechtsbrecher zu führen. Die dadurch erzeugte Totalisierung und Erbitterung würde die des Ersten Weltkriegs übertreffen und konnte durchaus zur *debellatio* des unterlegenen Staates führen. In dieser Gefahr stand, falls es zum Krieg kam, auch das Deutsche Reich.

Es war wenig aussichtsreich, der Überlegenheit der Seemächte und der russischen Landmacht die geschlossene Ganzheit von Klein- und Mittelstaaten und die konkrete Ordnung unabhängiger, aber familiär miteinander verbundener europäischer Völker als Prinzip entgegenzustellen. Außenpolitik konnte nur noch in planetarischen Dimensionen gedacht werden. Daher skizzierte Carl Schmitt das Modell aus mehreren Großräumen, die sich – entsprechend der ursprünglich amerikanischen Monroe-Doktrin – »schiedlich-friedlich« voneinander abgrenzten und gegenseitig respektierten. Die festgelegte »Nichtintervention raumfremder Mächte« sollte ein »natürliches Wachstum lebendiger Völker« garantieren.[30] Schmitt untermauerte sein Konzept mit der Rede, die Hitler am 28. April 1939 an die Adresse von US-Präsident Roosevelt gerichtet hatte. In dieser Rede aber hatte Hitler indirekt die Unterlegenheit Deutschlands eingeräumt. Das Deutsche Reich verfügte nicht über genügend Macht, um dem angelsächsischen Universalismus-Anspruch glaubhaft ein eigenes Großraum-Konzept entgegenzustellen. Doch es war mächtig genug, um die planetarischen Planungen der wirklichen Weltmächte, der aktuellen und der potentiellen, zu behindern. Aus deren Perspektive war es nur logisch, den lästigen, aber besiegbaren Störfaktor auszuschalten und sein Potential zu vereinnahmen.

In Polen steigerte sich unterdessen der Terror gegen die deutsche Minderheit. Am 12. Mai 1939 übersandten ihre Vertreter eine Ein-

---

30 C. Schmitt: *Positionen*, S. 343.

gabe an den polnischen Staatspräsidenten, in der es hieß: »Die Lage der Deutschen Volksgruppe war immer schwer. Die aus dem weltpolitischen Geschehen entstandenen Spannungen entladen sich seit Wochen in unverhülltem leidenschaftlichem Haß und überaus zahlreichen Gewalttätigkeiten gegen die deutsche Volksgruppe und ihre einzelnen Angehörigen. Wir haben von der Regierung die mündliche Versicherung erhalten, daß sie deutschfeindliche Ausschreitungen mißbillige und Anweisungen erteilt habe, Aufreizungen und Ausschreitungen zu verhindern. Wirksamen Schutz hat die deutsche Volksgruppe nicht gefunden. Sie ist bis zur Vernichtung gefährdet. Die Zahl der arbeitslosen Deutschen ist erschrekkend hoch. Sie nimmt besonders in den Industriegebieten ständig zu. Die Organe des Arbeitsrechts versagen den Deutschen den Schutz. Deutschen ist die Einreihung in den Arbeitsprozeß verboten.« Drei Tage später berichtete der Deutsche Konsul in Posen an das Auswärtige Amt: »Sehr schwere Ausschreitungen, die man als Deutschenpogrom bezeichnen kann, ereigneten sich am Samstag, den 13., und Sonntag, dem 14. Mai, in der Stadt Tomaschow-Mazowiecki (etwa 42000 Einwohner, davon etwa 3000 Deutsche), bei denen zahlreiche deutsche Existenzen vernichtet wurden. Dem Deutschen Schmiegel wurde der Schädel gespalten, und eine Frau (...) wurde bei ihrer Flucht auf einem Felde totgeschlagen. Der Sohn des Schmiegel, der aus einem Fenster des 2. Stockwerks eines Hauses geworfen wurde, liegt schwerverletzt darnieder. (...) Da zunächst kein Grund zur Annahme besteht, daß die Terrorakte eingestellt werden, wird die Lage von den hiesigen Deutschen als sehr ernst angesehen.« Am 7. Juni meldete der Konsul in Lodz: »Die Bedrohungen der Volksdeutschen mit Totschlag, Folterung usw. sind in allen Teilen der Woiewodschaft zu täglichen Selbstverständlichkeiten geworden. Ebenso sind Beschädigung und Diebstahl deutschen Eigentums (Holzdiebstahl, Umlegen von Obstbäumen, Vergiftung von Hunden etc.) auf dem flachen Lande an der Tagesordnung, ohne daß die Polizei auf die Anzeige der Geschädigten hin ernstliche Bemühungen zur Bestrafung der Täter unternimmt.« Aus Wolhynien, Oberschlesien, Thorn, Posen lauteten die Meldungen ähnlich. Die polnische Führung stand selber unter dem Druck einer aufgeheizten Öffentlichkeit, die von ihr die Einlösung großpolnischer Visionen verlangte. Am 19. Juni berichtete der deutsche Botschafter in Warschau, Hans-Adolf von Moltke, über ein Gespräch mit dem Staatssekretär im polnischen Außenministerium, Graf Szembek, dieser habe auf seine Vorhaltungen »nur mit einem resignierten Achselzucken« reagiert. »Es ist ein bedauerliches Zeichen, wenn selbst Graf Szembek, bei dem wir immer auf verständnisvolle Bereitschaft zur Beseitigung der auftretenden Schwierigkeiten rechnen konnten, jetzt offenbar keine Möglichkeit mehr sieht, der gefährlichen Entwicklung entgegenzuwirken.«[31] Der Bromberger Blutsonntag, bei dem Tausende Deutsche massakriert wurden, kündigte sich an. Im Februar 1939 war es vor der deutschen Botschaft in Warschau zu Demonstrationen gekommen, aus denen heraus Sprechchöre erklangen wie: »Nieder mit Hitler!«, »Fort mit den deutschen Hunden!«, »Es lebe das polnische Danzig!« Fensterscheiben gingen zu Bruch. Polnische Grenzverletzungen und Schüsse auf deutsches Territorium brauchten weder erfunden noch inszeniert zu werden. Sogar die Maschine, mit der Außenminister Ribbentrop am 24. August 1939 von den Verhandlungen aus Moskau zurückkehrte, mußte aus Sicherheitsgründen einen weiten Umweg über die Ostsee fliegen.[32] Bis Kriegsausbruch am 1. September waren 70000 Volksdeutsche ins Reich geflüchtet und hier in Auffanglagern untergebracht.

Das alles wirkte als Herausforderung für den deutschen Staat und als Ausweis seiner Schwäche. Noch mehr betraf das den deutschen Diktator, der auch vor dem eigenen Volk als ohnmächtig dastehen würde, wenn es ihm nicht gelang, die deutsche Minderheit zu schützen. Polen lehnte alle Verhandlungsvorschläge über Danzig, den Korridor, eine exterritoriale Autobahn, über Minderheitenrechte, Bevölkerungsplebiszite und eine deutsche Grenzgarantie als Gegenleistung ab. Seine Führung hätte dann auf Großmachtambitionen verzichten müssen. Dazu sah sie angesichts der

---

31 Auswärtiges Amt: *Vorgeschichte*, S. 245 f., S. 247, S. 252, S. 254.

32 Joachim von Ribbentrop: *Zwischen London und Moskau. Erinnerungen und letzte Aufzeichnungen*. Leoni am Starnberger See 1954, S. 185.

außenpolitischen Isolation des Reiches keinen Anlaß. Außerdem schätzten viele die militärischen Kräfte Deutschlands völlig falsch ein und träumten von einem schnellen Marsch auf Berlin, der nach sechs Jahren der deutschen Aufrüstung aber unrealistisch war.

In Berlin befürchtete man eine Zernierung und Besetzung Danzigs, der man angesichts widriger Bodenverhältnisse ab dem Herbst nicht mehr mit Panzertruppen würde entgegentreten können. Auch kehrte Bismarcks Alptraum der Koalitionen zurück. Das Bündnis zwischen Polen, Großbritannien und Frankreich mit der Sowjetunion, das die Einkreisung Deutschlands perfekt gemacht hätte, wurde durch den Hitler-Stalin-Pakt am 23. August vorläufig verhindert. Moskau hatte bei Vertragsabschluß den Hintergedanken, daß eine lange, kräftezehrende Auseinandersetzung zwischen den Westmächten und Deutschland bevorstehe, deren Nutznießer man am Ende selber sein werde. Polen zeigte sich vom Bündnis der beiden großen Nachbarn, die sich in einem Geheimprotokoll über seine Aufteilung bereits geeinigt hatten, aber in selbstmörderischer Weise unbeeindruckt und schloß drei Tage später ein förmliches Beistandsabkommen mit Großbritannien, das sich klar gegen Deutschland richtete. Es kalkulierte dabei mit einem Faktum, das auch in Berlin nur zu gut bekannt war: Einem gemeinsamen Angriff der Westmächte und Polens war Deutschland nicht gewachsen. So bedeutete es ein unverantwortliches Vabanquespiel Hitlers, den Angriff auf Polen am 1. September 1939 trotzdem zu wagen, entgegen allen Warnungen und der im Volk verbreiteten Kriegsfurcht. Doch um seinen Nimbus und seine Macht zu behaupten, konnte der Diktator sich kein Zurückweichen mehr leisten. Mit der Kriegserklärung der Westmächte an Deutschland am 3. September war für das Reich der Weg in die totale Niederlage vorgezeichnet, auch wenn die Gegner im Westen keine Kampfhandlungen, sondern einen *»Drôle de guerre«* folgen und Polen verbluten ließen. Sie setzten auf die allmähliche Zermürbung des Gegners. Indem er den ersten offiziellen Schuß abgab, bot sich Hitler endgültig als Feind der Menschheit dar, mit dem man nicht verhandelte, sondern den man besiegte und bestrafte. Die deutschen Siege waren nur retardierende Momente auf dem Weg in den Abgrund.

Der deutsche Polen-Feldzug war ein Blitzkrieg. Doch endete er wirklich? Die wohlwollende Neutralität der Sowjetunion hatte ihren Preis. Gemäß dem geheimen Zusatzprotokoll verleibte sie sich Ostpolen ein und schob damit ihre Grenzen an Zentraleuropa heran. Damit war sie zum unmittelbaren und unheimlichen Nachbarn des Reiches geworden. Vor allem konnte Hitler den Krieg im Westen nicht beenden. Im Gegenteil, um nicht langsam erwürgt zu werden, war er gezwungen, weitere Kriegsschauplätze zu eröffnen, die eigene Macht zu überdehnen und sich als Eroberer Europas noch verhaßter zu machen. So plante Großbritannien die Invasion des neutralen Norwegen, was wichtige Handelsbeziehungen, vor allem die skandinavischen Erzlieferungen gefährdet hätte. Die deutsche Marine kam den Briten zuvor. Die Besetzung Dänemarks war eine strategische Konsequenz dieser Maßnahme. Ähnliches galt für die Benelux-Staaten. Es gab deutliche Hinweise, daß sie zum Aufmarschgebiet der Westmächte zu werden drohten. Klar war auch, daß der »Sitzkrieg« der Westmächte nicht endlos währen würde.

Der schnelle Sieg über Frankreich im Juni 1940 löste in Deutschland noch einmal höchste Genugtuung aus. Mit der Unterzeichnung des Waffenstillstands im Wald von Compiègne – am selben Ort und im selben Eisenbahnwaggon, wo im November 1918 die deutsche Delegation dazu erpreßt worden war, das Reich »den Siegern auf Gnade und Ungnade auszuliefern« (Marschall Foch) – war der Versailler Vertrag endgültig zerrissen. Das sorgte für eine euphorische Identifizierung des Volks mit dem Regime, aber eben nicht für das Kriegsende, weil Großbritannien alle Friedensangebote und -fühler zurückwies. Für eine Invasion der britischen Inseln waren die deutschen Luftstreitkräfte zu schwach, und die militärtechnischen Voraussetzungen für eine erfolgreiche Landung fehlten. Die Briten waren ihrerseits außerstande, Deutschland aus eigener Kraft zu besiegen, doch noch immer bot das Empire gewaltige Kraftquellen und Rückzugsgebiete. Es konnte sich auf die Unterstützung der USA verlassen, die eine britische Niederlage nicht dulden würden, und durfte sich begründete Hoffnungen darauf machen, daß Stalins Ambitionen sich bald direkt gegen Deutschland wenden würden. Das bedeutete allerdings, zwei außereuropäische Kolosse in europäischen Angelegenheiten zu engagieren.

Die Zeit arbeitete nun unerbittlich gegen Deutschland, denn der russische Vertragspartner wurde immer fordernder. Im Sommer 1940 erfolgte der Anschluß der drei baltischen Republiken. Nach dem Winterkrieg gegen Finnland 1939/40 annektierte Moskau ein umfangreiches Gebiet und sicherte sich strategisch wichtige Militärstützpunkte. Rumänien wurde zur Herausgabe der Bukowina und Bessarabiens gezwungen. Bei seinem Berlin-Besuch im Dezember 1940 verlangte Außenminister Molotow von Deutschland, eine Ausdehnung des sowjetischen Einflusses bis nach Mitteleuropa zu akzeptieren: Finnland, Rumänien, Ungarn, Bulgarien, Türkei, Iran, Griechenland, Jugoslawien sollten dazugehören, außerdem die Ostseeausgänge am Großen und Kleinen Belt und am Kattegat – womit ganz Skandinavien unter russische Vorherrschaft gekommen wäre – sowie die Kontrolle der Donau. Was Molotow von Hitler verlangte, »war nicht weniger als eine strategische Kapitulation«.[33] Mit der Annahme der Vorschläge wäre Deutschland unter das Protektorat der Sowjetunion geraten. Die Forderungen waren eine Provokation und ein deutliches Zeichen, daß die sowjetische Führung sich der deutschen Schwäche bewußt war, an der die militärischen Siege über Polen und Frankreich nichts geändert hatten. Der sowjetische Außenminister erinnerte mehrmals mit Süffisanz daran, daß ein Sieg über Großbritannien nicht in Aussicht stand.

Der Barbarossa-Plan, die Sowjetunion durch einen blitzartigen Überraschungsangriff zu besiegen, der mit dem Überfall am 22. Juni 1941 umgesetzt werden sollte, war ein Vabanquespiel im Quadrat und – jenseits aller Präventivkriegs-Diskussionen – der verzweifelte Versuch, der strategischen Falle zu entkommen. Diese drohte endgültig zuzuschnappen, weil die Haltung der USA immer feindseliger wurde und Präsident Roosevelt keinen Zweifel daran ließ, daß er sein Land in einen Krieg gegen Deutschland füh-

---

33 Stefan Scheil: *1940/41. Die Eskalation des Zweiten Weltkrieges*. München 2005, S. 292.

ren wollte. Embargo- und Boykottmaßnahmen und schließlich der Befehl an die amerikanische Flotte vom 13. September 1941, auf deutsche Schiffe in Gewässern der westlichen Hemisphäre zu schießen, andererseits die massive Unterstützung für Großbritannien und dann für die Sowjetunion waren ein Beleg, daß nur innenpolitische Rücksichtnahmen ihn an einem Kriegseintritt hinderten. Doch wie lange galt das noch?

Hitlers Kriegserklärung an die USA am 11. Dezember 1941, nach dem japanischen Angriff auf die US-Marinebasis in Pearl Harbor, täuschte noch einmal eine strategische Initiative vor, aber hinter der rhetorischen Nebelwand wurde sichtbar, daß ihm die politische und militärische Entwicklung über den Kopf gewachsen war und es ein Konzept, das glaubhaft und mit rationalen Argumenten einen Sieg verbürgte, nicht gab. Deutschland verfügte über keine genügend große Flotte, über keine Raketen oder Fernbomber, um den USA ernsthaft Schaden zuzufügen. Hitler hatte Roosevelt lediglich die Aufgabe abgenommen, sein kriegsunwilliges Volk gegen Deutschland zu mobilisieren. Ihm muß wohl eine friderizianische Strategie vorgeschwebt haben, die darauf abzielte, die heterogene Koalition der Feinde aufzusprengen, indem man die einzelnen Partner so schwer traf, daß sie sich einzeln mit ihm einigten.

Verkörperte der deutsche Widerstand eine politische Alternative? Die verzweifelten Sondierungen Adam von Trotts, des wohl klügsten außenpolitischen Denkers in Deutschland, über einen Separatfrieden mit den Westmächten waren ergebnislos geblieben. In seinen Verhören nach dem Attentat auf Hitler vom 20. Juli 1944 räumte Trott ein, sollte Stauffenberg nicht über andere Inspirationen der Gegenseite verfügt haben, dann habe er »mit seiner Tat ›außenpolitisch ins Nichts gehandelt‹«. In einer Analyse der Gestapo heißt es, die Erfahrungen der Jahre nach 1918 seien an den Verschwörern spurlos vorübergegangen. Es wird der Satz zitiert: Einer »schöpferischen, aber doch beständigen und bescheiden auftretenden deutschen Führung« eröffneten sich »ungeahnte Möglichkeiten des Einflusses auch in anderen Erdteilen«, was dem Verfasser seitens der Gestapo das Prädikat »Illusionist« eintrug.[34] Letztlich war es nur ein weiteres Dokument der Ausweglosigkeit, die Bundestagspräsident Eugen Gerstenmaier mehr als 30 Jahre später so zusammenfaßte: »Was wir im deutschen Widerstand während des Krieges nicht wirklich begreifen wollten, haben wir nachträglich vollends gelernt: Daß der Krieg schließlich nicht gegen Hitler, sondern gegen Deutschland geführt wurde.«[35]

Die Nationalsozialisten hatten stets erklärt, daß der November 1918 sich nicht wiederholen würde. Das galt in doppelter Hinsicht: Einen inneren Zusammenbruch würden sie mit allen Mitteln verhindern. Eine erneute Niederlage aber würde Deutschland unendlich viel härter treffen als die im Ersten Weltkrieg und vermutlich seine politische Substanz auslöschen. Das Schicksal Deutschlands und das der Nationalsozialisten verknoteten sich jetzt auf unheimliche, unauflösliche Weise. Aus den Erfahrungen des Weltkriegs hatte Hitler gelernt, daß alle Anzeichen innerer Schwäche, von Widerstand, Sabotage, Kriegsablehnung, im Keim erstickt werden mußten. Mit dem Beginn des Krieges wurde das System der Konzentrationslager ausgeweitet, um potentielle Unruheherde auszumerzen. Wer sich aus politischen oder religiösen Gründen oder aufgrund seiner Persönlichkeitsstruktur – zum Beispiel Homosexuelle und sogenannte Asoziale – tatsächlich oder angeblich, aktiv oder passiv, gegen die Kriegslogik sperrte, mußte mit brutalen Konsequenzen rechnen. Der Justizterror des Volksgerichtshofs erreichte ein Ausmaß, das in einem Land mit rechtsstaatlicher Tradition bis dahin undenkbar gewesen war. Andererseits mußte das Regime die sozialen Bedürfnisse und Ansprüche der Bevölkerung berücksichtigen. Das galt insbesondere in der Ernährungsfrage. Im kollektiven Gedächtnis wirkte der Kohlrübenwinter 1916/17 nach, der einen Stimmungseinbruch verursacht hatte. Das Regime konnte mittels einer durchgeplanten Kriegswirtschaft den Problemen weitgehend Herr werden, doch

---

34 Hans-Adolf Jacobson (Hg.): *Opposition*, S. 111 und S. 133.
35 *Frankfurter Allgemeine Zeitung*, 21. März 1975.

die Ressourcen waren begrenzt. Schon während der wochenlangen Kälteperiode im Winter 1939/40 blieben Wohnungen, Büros und Fabriken kalt, weil nicht genug Kohle zur Verfügung stand. Kinos, Theater, Bibliotheken wurden geschlossen, Züge blieben ungeheizt. Selbst der amerikanische Journalist William L. Shirer, der eine fast rassistische Abneigung gegen die Deutschen hegte, fand die Situation »mitleiderregend«. Als Kleiderkarten auch für Säuglinge eingeführt wurden, notierte er: »Es steht schlecht um ein Land, wenn es schon an Windeln sparen muß.«[36]

Die Schwierigkeiten führten zu drastischen Maßnahmen, die in der NS-Ideologie potentiell angelegt, bisher aber auf moralische und rechtliche Hindernisse gestoßen waren. Die Ermordung der Geisteskranken – der Erlaß dazu wurde ausdrücklich auf den 1. September 1939 rückdatiert – verringerte eben auch die Zahl der sogenannten unnützen Esser. Ähnlich wirkte die fortschreitende Deklassierung der Juden, die geringere Nahrungsrationen erhielten als Nichtjuden und viele Produkte gar nicht erst beziehen durften. Millionen Deportierte sollten als Zwangsarbeiter die Lücken schließen, die die Einberufungen in der deutschen Industrie und Landwirtschaft rissen, und so die numerische Überlegenheit der Kriegsgegner ausgleichen. In diesem Bereich verwirklichte das Regime jene Totalisierung des Krieges, von der es viel sprach, die es aber dem eigenen Volk lange nicht zuzumuten wagte. Dabei ließ es sich von der Verachtung für vermeintlich minderwertige Völker leiten – ein Beispiel für den Triumph des Ideologiewahns über die politische Berechnung. Ukrainer, Russen und andere, die sich dem Kampf gegen Stalin gern angeschlossen hätten, wurden, nachdem sie sich als »Untermenschen« behandelt sahen, zu erbitterten Gegnern. Ähnliches gilt für die Kolonialvölker des Empire, die Hitler ebenfalls aus rassischer Überheblichkeit nicht zu seinen Verbündeten machen konnte. Er verharrte in den eurozentristischen Kategorien des 19. Jahrhunderts und dachte an die natürliche Herrschaft des Alten Kontinents über die Welt. Darum aber ging es schon längst nicht mehr, wie auch Großbritanni-

36 W. L. Shirer: *Tagebuch*, Bd. 1, S. 262 und S. 273.

en nach 1945 schmerzhaft erfuhr. Die europäischen Nationalstaaten konnten sich nur noch gemeinsam gegen die beiden Kolossalmächte in Ost und West behaupten.

Großbritannien zum Beispiel konnte kein Interesse daran haben, Deutschland zu zerstören und damit den Russen den Weg nach Westeuropa freizugeben. Doch der Zweite Weltkrieg war kein Kabinettskrieg mehr wie zu Friedrichs Zeiten, den ein neuer Monarch beenden oder in eine andere Richtung lenken konnte, sondern er war ein Völker- und internationaler Bürgerkrieg: eine Strafexpedition gegen den *Menschheitsfeind*, dem nur eine Möglichkeit bleiben sollte – bedingungslos zu kapitulieren. Die NS-Führung und die Deutschen konnten die Pläne zur Zerstückelung und Bestrafung Deutschlands, die auf den Konferenzen der Alliierten verabschiedet wurden, nur mitverfolgen und versuchen, den Zeitpunkt zu verzögern, an dem sie umgesetzt würden.

Die Frage nach dem Zusammenhang zwischen organisiertem Judenmord und der Kriegslogik ist sehr klar von Max Domarus in seinem Standardwerk mit den kommentierten Reden und Proklamationen Adolf Hitlers gestellt und bejaht worden. Für Domarus besteht kein Zweifel daran, daß die Verfolgung und schließlich »auch die große Massenvernichtung der Jahre 1941–1945 (...) ihre Ursache in außenpolitischen Motiven (hatte), da Hitler durch dieses unmenschliche Vorgehen England und Amerika zur Friedensbereitschaft zwingen wollte«. Dem lag eine irreale, aber in sich schlüssige Logik zugrunde: »Er hatte die vorgefaßte Meinung, es bestehe eine geheime jüdische Weltregierung, die England und Amerika zur Friedensbereitschaft veranlassen würde, um die in deutscher Hand befindlichen Juden vor dem Schlimmsten zu bewahren.«[37] Je hoffnungsloser die Kriegslage wurde und je weniger diese Berechnung sich bewahrheitete, desto mehr rückte ein archaisches Rachebedürfnis in den Vordergrund. Diese Spur dieses Wahnsinns zieht sich bis zu seinem Politischen Testament, das er am 29. April 1945 im Führerbunker in Berlin verfaßte: »Das

37 M. Domarus: *Hitler*, Bd. 1, S. 28.

Judentum« als »der eigentlich Schuldige« am Krieg habe diesmal, »wenn auch durch humanere Mittel, seine Schuld zu büßen«.[38]

Der »widerchristliche Macht-Materialismus«, den Bloch 1917/18 im Zuge der psychologischen Kriegführung Deutschland erst angedichtet hatte – nun war er Wirklichkeit geworden. Für Schmitt waren diese Verbrechen Begleiterscheinungen eines weltumspannenden Krieges. In einer posthum veröffentlichten Notiz vom 4. Mai 1948 wirft er die Frage auf, was »von den Verbrechen gegen die Menschlichkeit« übrigbleibe, wenn man die altbekannten Tatbestände wie Raub, Mord usw. abziehe. »Kein Realus, nur ein Animus. Es sind Gesinnungs-Verbrechen von der negativen Seite. Sie mußten mit dialektischer Notwendigkeit kommen, nachdem aus Humanismus die Gesinnungs-Verbrechen aus guter Gesinnung entdeckt worden waren. Mit anderen Worten: es sind die aus menschenfeindlicher Gesinnung entstandenen Taten, also: das, was der zum Feind der Menschheit Erklärte tut. Politisch im extremsten und intensivsten Sinne des Wortes. ›Verbrechen gegen die Menschlichkeit‹ ist nur die generellste aller Generalklauseln zur Vernichtung des Feindes.«[39]

Die für die Zukunft der Deutschen entscheidende Frage lautete: War ein deutscher Nationalstaat, der durch seine bloße Existenz die Furien der Zerstörung wachrief, künftig noch der Mühe wert?

---

38 M. Domarus: *Hitler*, Bd. 4, S. 2237.
39 Carl Schmitt: *Glossarium. Aufzeichnungen der Jahre 1947–1951*. Berlin 1991, S. 146.

7

Die Niederlage wird besichtigt

Gleich nach Kriegsende erschien in Deutschland eine Fülle von Broschüren, Büchern, Essays, die sich mit der nationalen Katastrophe beschäftigten. Über alle politischen und weltanschaulichen Unterschiede hinweg waren die meisten Autoren sich in drei Punkten einig: Der Zusammenbruch 1945 war, erstens, die Konsequenz einer langfristigen Disposition, für die, zweitens, fast ausschließlich interne, innerdeutsche Gründe verantwortlich waren. Der internationale Kontext, der zu ihrer Entstehung beigetragen hatte, erschien den Autoren nebensächlich. Damit stand, drittens, ein deutscher Sonderweg in der Kritik, der jetzt gerechterweise und unwiderruflich an sein Ende gekommen war. Der nationalkonservative Historiker Gerhard Ritter, ein Freund des hingerichteten Widerständlers Carl Goerdeler, faßte dieses Gefühl in die Worte: »Irgend etwas muß doch wohl in unserem politischen Leben von jeher verfehlt oder doch wenigstens gefährlich gewesen sein, wenn wir so oft und jedesmal so gründlich in Abgründe und Katastrophen hineingeraten sind.« Er leitete daraus die Forderung nach einer »totalen Umstellung unseres deutschen Geschichtsdenkens« ab.[1]

Exemplarisch ist die Entwicklung des Historikers Otto Westphal, der die Widerlegungsthese nicht dem Wort, aber dem Sinn nach als erster formuliert und begründet hat. Kurz nach dem Ersten Weltkrieg, in seiner universalgeschichtlich angelegten *Philosophie der Politik*, hatte der Schüler Friedrich Meineckes noch daran festgehalten, daß die Mächte des materialistischen Imperialismus Deutsch-

---

1 Gerhard Ritter: *Geschichte als Bildungsmacht. Ein Beitrag zur politisch-historischen Neubesinnung.* Stuttgart 1946, S. 37.

land zwar besiegt hätten, doch »mit ihrem Willen, uns zu vernichten, erhoben sie uns«. So konnte er – im Unterschied zu seinem Lehrer – trotzig bekunden: »Wir halten fest an dem Sinn unseres Widerstandes.«[2] Später wurde er Anhänger des Nationalsozialismus und propagierte ihn als starke, defensive Macht, die angetreten war, ein deutsches Lebensgesetz aufrechtzuhalten und »physische Gegebenheiten nicht mehr spirituellen Dogmen« aufzuopfern, wie sie in den »Menschen- und Bürgerrechten der amerikanisch-französischen Revolutionen« verkörpert waren.[3] Nach 1945 unterzog er – als erklärter »Exfaschist« – die deutsche Geschichte einer radikalen Kritik, die bis zur deutschen Romantik und den antinapoleonischen Freiheitskriegen zurückging. Er kam zu dem Schluß, »daß der Geist von 1813 wie der – andersgeartete und doch historisch verbundene – von 1870 so beschaffen war, daß die Welt mit ihm nicht im Einvernehmen bleiben, und zugleich die Welt so, daß sie ihn einkreisen und vernichten mußte«.[4] Europa blieb, um nicht von Asien vereinnahmt zu werden, nur noch übrig, den materiellen Sieg der USA und die eigene Stellung als amerikanische Kolonie anzuerkennen. Falls die deutsche Einheit und die Rückkehr der deutschen Ostprovinzen sich ergaben, dann wäre das zwar schön – doch die deutsche Frage selber noch einmal aufzuwerfen, erschien ihm verfehlt und sinnlos.

Die Grundaussagen solcher Schriften kündigten sich bereits in ihren Titeln an. Der Nationalrevolutionär Ernst Niekisch, der während des Dritten Reiches acht Jahre im Zuchthaus gesessen hatte, sprach von der »Deutschen Daseinsverfehlung«, der nationalliberale Historiker Friedrich Meinecke von der »Deutschen Katastrophe«, der Kommunist Alexander Abusch, Emigrant und Jude, vom »Irrweg einer Nation«, und der Nationalökonom und Soziologe Alfred

2 Otto Westphal: *Philosophie der Politik. Einheiten und Mächte der Universalgeschichte.* München 1921, S. 10 f. Der Hinweis auf Otto Westphal verdankt sich dem Buch *Der nationale Imperativ* von Hans-Dietrich Sander.

3 Otto Westphal: *Das Reich. Aufgang und Vollendung.* Erster Band, 2. und 3. Auflage. Stuttgart und Berlin 1943, S. VII.

4 Otto Westphal: *Weltgeschichte der Neuzeit. 1750–1950.* Stuttgart 1953, S. 10.

Weber verlangte den »Abschied von der bisherigen Geschichte«. Deutschland, so Weber, dürfe künftig keine eigenen Machtansprüche mehr formulieren, seine Außenpolitik müsse eine »nicht nur deutsche, sondern europäische, ja weltallgemeine Politik sein«. Das sei kein Verzicht auf nationales Eigeninteresse, vielmehr seine bestmögliche Vertretung, wie auch »unsere innere Umformung und Umwandlung« keine Selbstaufgabe und Unterwerfung war, sondern »dort einsetze, wo unsere Selbstentfremdung vom früheren freien deutschen Menschen eintrat«.[5]

Der Soziologe und Kulturhistoriker Franz Borkenau, der der kommunistischen Bewegung und dem Frankfurter Institut für Sozialforschung nahegestanden hatte und 1933 emigriert war, sah die deutsche Misere im Luthertum wurzeln als »einen vom Osten her bedingten Protest gegen das Abendland (...), der im Negativen stekkenblieb«. Mit der Trennung der »Freiheit des Christenmenschen« von der sozialen und politischen Emanzipation, der geistigen und religiösen von der weltlichen Sphäre verfehlte Luther »den Kern des Politischen. Sie hat ihren Anteil daran, daß wir das Volk der politisch stets Versagenden wurden, das Volk, das zwischen den in der Praxis gleich falschen Extremen weltferner gutmütiger Verinnerlichung und brutalsten Machttaumels hin- und hergeworfen wird.« Im Grunde sei Deutschland niemals ein »echter deutscher Nationalstaat« gewesen, sondern nur ein »Großpreußen«. Als Folge des Zweiten Weltkriegs sei »unser Ansatz zum Nationalstaat endgültig zerschlagen«, verkündete er in seiner Marburger Antrittsvorlesung am 4. Mai 1946. Der Versuch einer Rekonstruktion würde zu einem neuen Karthago führen. Die Feststellung, nur »Westdeutschland (sei) ein echter und eindeutiger Bestandteil des Abendlandes«, und das »Ost-West-Problem (sei) das große Weltproblem, wird es (...) vielleicht auf Jahrhunderte bleiben«,[6] war de facto eine Rechtfertigung der deutschen Teilung.

Für Ernst Niekisch hatte sich das deutsche Karthago-Schicksal

---

5 Alfred Weber: *Freier Sozialismus*. Heidelberg 1946. Hier zit. nach: A. Weber: *Haben wir Deutschen nach 1945 versagt? Politische Schriften*. Tb, Frankfurt a. M. 1982 (1979), S. 181 f.

6 Franz Borkenau: *Drei Abhandlungen zur deutschen Geschichte*. Frankfurt a. M. 1947, S. 74, S. 107, S. 108, S. 109.

längst erfüllt: »Der Ertrag der ganzen deutschen Geschichte erweist sich als ein schreckliches Nichts; wo aber das Nichts das letzte Wort ist, da ist das ganze Dasein, das dahin führte, verfehlt.« Die Schuld gab er gleichfalls der Reformation sowie dem partikularistischen Obrigkeitsstaat. Luthers Abkehr vom kirchlichen Universalismus habe Deutschland provinzialisiert. Während der britische Bürger überall in der Welt »als Freiheitsbringer aufgenommen sein« wollte, habe das deutsche Bürgertum versagt: während des Bauernkrieges, der antinapoleonischen Befreiungskriege und in der Revolution 1848. Daraus erkläre sich der aggressiv-militaristische Charakter des Deutschen Reiches. »Hätte das deutsche Bürgertum im Aufschwung von 1813 seine Fürsten nicht restauriert, sondern verjagt und sich einen geschlossenen Nationalstaat geschaffen, hätte es das 1848 getan, würde es nicht in die hoffnungslose Lage geraten sein, sich zur Expansion erst stark genug fühlen zu können, nachdem die Welt bereits aufgeteilt war.«[7]

Der Besiegte: Carl Schmitt

Der Staatsrechtler Carl Schmitt erhielt im Sommer 1945 Besuch vom Philosophen und Pädagogen Eduard Spranger, der als kommissarischer Rektor der Berliner Universität amtierte. Spranger bescheinigte Schmitt, geistvolle Vorlesungen zu halten, jedoch auch ein »undurchsichtiges« Wesen, und verlangte von ihm, einen Fragebogen auszufüllen. In Schmitts Erfahrungsbericht *Ex Captivitate Salus* heißt es: »Ich sah meinen Inaugurator an und dachte: Wer bist *Du* denn eigentlich, der Du mich so in Frage stellst? Woher deine Überlegenheit? Was ist das Wesen der Macht, die dich ermächtigt und ermutigt, mir solche Fragen zu stellen.«

Nun kannte kaum jemand das Wesen der Macht besser als Schmitt: Er wußte, daß er nun zu den Besiegten des Weltbürgerkriegs und den Parias, zu den politischen Kriminellen gehörte. Tatsächlich würde er in Kürze verhaftet, verhört, seine Bibliothek

7 Ernst Niekisch: *Deutsche Daseinsverfehlung.* Berlin 1948 (1946), S. 89, S. 20, S. 69.

beschlagnahmt werden. Sein Gegenüber war ein Vertrauens- und Gewährsmann der Sieger, die ihm von ihrer Macht ein wenig geliehen hatten, damit er sie in ihrem Sinne ausübe.

Besiegt war Schmitt als Homo politicus. Jahrzehntelang war es sein Bestreben gewesen, die universellen Tendenzen, die die Konkretheit der Nationen bedrohten: Zentralisierung, Rationalisierung, Durchorganisation, für Deutschland abzuwehren. Deren beider mächtigste Vertreter, die USA und Rußland, hatten sich jedoch als siegreich erwiesen. Das globale russisch-amerikanische Kondominium, das Tocqueville vorausgesehen hatte, zog seine Demarkationslinie mitten durch Deutschland und Europa.

Besiegt war er als Deutscher und Vertreter des deutschen Geistes, welcher »sich keiner der von außen eindringenden Fragestellungen unterwerfen konnte. Hier liegt das Geheimnis seiner Schwäche und seiner Überlegenheit«, die in »einer großen Tradition gründlichster Forschung und kühnstem Kritizismus« bestand.[8] Schon nach dem Ersten Weltkrieg hatte Schmitt die Bereitschaft deutscher Intellektueller beunruhigt, die militärische Niederlage geistig-kulturell nachzuvollziehen. Seine Großraum-Theorie war, wie gesagt, aus der Defensive geboren: Von Deutschland, das den europäischen Großraum dominiert und gleichzeitig seine Einbettung in ihn erfahren habe, sollte der Universalisierungs- und Globalisierungsdruck genommen werden. Doch schon 1942, als Schmitt in *Land und Meer* das Flugzeug als die »raumrevolutionäre« neue Waffe bezeichnete, bedeutete das angesichts der alliierten Luftüberlegenheit das Eingeständnis, daß seine Theorie an der Wirklichkeit zerschellt war.[9] Von den Gegnern aber konnte sie als Beleg herangezogen werden, daß Deutschland zur Bewahrung seiner nationalen Exklusivität sich außerhalb bzw. über die Weltgemeinschaft stellte und, indem es die weltumspannenden Ideale des Humanismus und Fortschritts negierte, sich vorsätzlich zum Feind der Menschheit machte.

---

8 Carl Schmitt: *Ex Captivitate Salus. Erfahrungen der Zeit 1945/47.* Berlin 2002 (1950), S. 9 f., S. 17.

9 Carl Schmitt: *Land und Meer. Eine weltgeschichtliche Betrachtung.* Stuttgart 2001 (1954), S. 104.

Als Deutscher mußte Schmitt sich auch besiegt fühlen, weil ausgerechnet und nur der Nationalsozialismus sich als fähig erwiesen hatte, Deutschland temporär wieder wehrhaft zu machen. Seine Massenverbrechen gaben dem internationalen Bürgerkrieg gegen Deutschland den nachträglichen Anschein der Berechtigung. Die Sieger hatten dadurch Gelegenheit, »die Mittel und Methoden der Justiz zu Mitteln und Methoden der Vernichtung« zu machen und im Namen des Rechts die Entrechtung des Unterlegenen in immer tiefere Bereiche hineinzutreiben.[10]

Für Schmitt verdankten die Alliierten ihren Sieg keiner überlegenen Wahrheit, sondern dem größeren Potential und Raffinement. Der Nationalsozialismus war der in vielerlei Hinsicht unmögliche Versuch gewesen, der deutschen Zwangslage und der Gefahr der politischen und geistig-kulturellen Neutralisierung zu entgehen. Noch im totalen Zusammenbruch schätzte Schmitt die geschichtliche Lage Deutschlands nicht als völlig hoffnungslos ein. »Wir sind besiegt, zu Boden geworfen, subjugiert, gevierteilt und zertreten, aber wir sind in keiner Hinsicht vernichtet, auch nicht moralisch oder juristisch. Wir sind okkupiert, aber nicht erobert.«[11] Die Siegermächte kennten Deutschland zu wenig, und die in ihrem Gefolge zurückgekehrten Emigranten strebten nur ihre früheren Positionen und Entschädigungen an.

Schmitt hatte zunächst geglaubt, die Dynamik der NS-Bewegung lenken und beeinflussen zu können, was sich schnell als Illusion herausstellte.[12] Als angeblicher »Kronjurist« Hitlers verrufen, war er nun auch persönlich ein Besiegter. Sein Wissen um die Situation konnte ihm, dem »das Wissen von Recht zu einem Teil seiner Existenz geworden ist«, weder Linderung noch Genugtuung verschaffen, sondern »einen besonders herben Zusatz, der zu allen anderen physischen und psychischen Qualen hinzutritt, einen Stachel des Wissens, der die brennende Wunde immer von neuem entzündet«. Trost fand er nur in der außerweltlichen Sphä-

---

10 C. Schmitt: *Ex Captivitate Salus,* S. 57.

11 C. Schmitt: *Glossarium,* S. 115 (14. 3. 1948).

12 Über Schmitt und den Nationalsozialismus u. a.: Martin Tielcke: *Der stille Bürgerkrieg. Ernst Jünger und Carl Schmitt im Dritten Reich.* Berlin 2007.

re: »Das letzte Asyl für einen von Menschen gequälten Menschen ist immer ein Gebet.«[13]

Der konservativ-liberale Bildungsbürger: Friedrich Meinecke

Das Buch *Die deutsche Katastrophe* des Historikers Friedrich Meinecke war eine der ersten und zählt bis heute zu den bekanntesten Schriften über den Zusammenbruch. Meinecke ging vom »Primat der Geistesgeschichte« aus.[14] Das deutsche Übel bestand hauptsächlich darin, daß Deutschland vom Geist und Erbe der Goethe-Zeit abgefallen war. Dieses Erbe bestand aus einer »Synthese von Geist und Macht, von staatsbildenden und geistbildenden Kräften, damit zugleich von Kultur, Staat und Nation, von Weltbürgertum und Nationalstaat«, die sich um die Mitte des 19. Jahrhunderts in Preußen herausgebildet hatte und sich politisch im Liberalismus manifestierte. Dieser wurde von zwei großen Wellen bedrängt, die seit dem 19. Jahrhunderts über Europa hinwegrollten: dem bürgerlichen Nationalismus und dem proletarischen Sozialismus. Dem preußisch-deutschen Staat wurde zum Verhängnis, daß er in sich gespalten war: in einen kulturfähigen und einen kulturwidrigen Teil, der seinen Ausdruck im Militarismus fand und nach 1871 allmählich die Überhand gewann. Ein liberaler Ausgleich zwischen Bürgertum und Proletariat, zwischen Nationalismus und Sozialismus war damit unmöglich geworden, die Leidenschaften der modernen Massengesellschaft blieben ungezähmt, der Nationalismus wurde zum »Massenmachiavellismus« und »rüden Volksegoismus«. Bis zum Ersten Weltkrieg ging das noch einigermaßen gut, und eine Fortsetzung der behutsamen Außenpolitik Bismarcks hätte es laut Meinecke erlaubt, »auch die Gefahrenzone der imperialistischen Ära ungeschädigt zu durchschreiten und vielleicht auch in der Heilung unser inneren Schäden« voranzukommen. Doch als die Verschmelzung der nationalen mit der sozialen Idee 1933

13 C. Schmitt: *Ex Captivitate Salus*, S. 60 und S. 61.
14 Friedrich Meinecke: *Die deutsche Katastrophe*, Wiesbaden 1946, S. 13.

im Zeichen des Nationalsozialismus erfolgte, verlief sie in brutalen Formen und beschwor die Unterwelt herauf. Universelle Werte wurden vollends zurückgedrängt. Die seelischen Kräfte hatten sich vom Ideal des Goethe-Menschen »zu einem neudeutsch entarteten Hitlermenschentum« verschoben.[15] Der deutsche Drang zur Weltmacht – ohnehin »ein Abenteuer für uns« – offenbarte im Zweiten Weltkrieg seine ganze Überspanntheit.

Warum mußte die deutsche Entwicklung zur militärischen Auseinandersetzung mit fast der ganzen Welt führen? Wieder macht Meinecke geistesgeschichtliche und moralische Motive geltend. Die Aufkündigung der Geistes- und Gewissensfreiheit im nationalsozialistischen Deutschland habe die tiefe Abneigung der westlichen Völker, insbesondere des amerikanischen, hervorgerufen. Das Regime habe im Ausland eine »Garnitur von kleinen Hitlers« auf den Plan gerufen, außerdem habe die Auslandsorganisation der NSDAP versucht, »vor allem in Südamerika (Argentinien), anscheinend aber auch in den USA«, Fuß zu fassen. »Die Hitlerbewegung bekam so einen universalen Zug« und rief damit die westliche Gegenwehr auf den Plan: eine völlig abwegige Erklärung, die Meinecke benötigt, um sein germanozentriertes Erklärungsmuster durchzuhalten.

Jetzt war Deutschland ein »ausgebrannter Krater der großen Machtpolitik«. Die Zumutung, künftig gänzlich auf Militär zu verzichten, wies Meinecke jedoch als Siegeranmaßung zurück, denn ohne gesunden Wehrgeist könne kein Volk sich erhalten. Auch das unterlegene Deutschland dürfe »mit stolzer Trauer der Einheit und Macht gedenken, die es vordem genossen hat«. Das Bündnis aus Geist und Macht, von Humanität, Nationalität und Kultur sei zwar aus »eigener Schuld« zerbrochen, doch sei Deutschlands »unersetzliche Mission« noch lange nicht zu Ende.[16] Über die Trümmer der Bismarck-Zeit hinweg müsse der deutsche Geist wieder die Höhen der Goethe-Zeit erklimmen.

---

15 Ebenda, S. 13, S. 21, S. 81, S. 86, S. 55.
16 Ebenda, S. 18, S. 134, S. 162, S. 159, S. 173.

Der Kommunist: Alexander Abusch

Als der KPD-Mann Alexander Abusch (1902–1982) im Jahr 1946 aus seinem mexikanischen Exil nach Deutschland zurückkehrte, befand sich in seinem Gepäck das Manuskript *Der Irrweg einer Nation*. Die entscheidende Katastrophe, die den Irrweg bestimmte, war für ihn die Niederlage der Bauern im Bauernkrieg 1520/25. Zudem habe Luthers Bündnis mit den Landesfürsten den verhängnisvollen Partikularismus vertieft. Das zweite grundlegende Unglück war das Preußentum, zu dessen Hauptmerkmalen Abusch »den Drang nach Osten« zählte. Wilhelm II. und Hitler seien Erben Friedrichs II. gewesen, der »Geist von Potsdam« habe in einem »inneren Zusammenhang« mit »dem später durch das neue Element des Monopolkapitalismus entscheidend geformten von Machtromantik beherrschten Geist des deutschen Imperialismus« gestanden.

Abusch gehört zu den wenigen, die wenigstens ansatzweise die geographische Lage Deutschlands und ihren Einfluß auf die Außenpolitik berücksichtigten. »Deutschlands Lage mitten in Europa« habe es vor der Reichseinigung »zu dem Spielball fremder Einflüsse gemacht«, und noch das geeinte Reich sei strategisch verwundbar gewesen. Bismarcks Außenpolitik sei davon geprägt gewesen, doch wegen der undemokratischen Struktur des Reiches konnten die reaktionären »Kräfte innerhalb Deutschlands« zweimal den Versuch unternehmen, »ihren Weltherrschaftsanspruch mit brutaler Gewalt durchzusetzen«.[17] Weil die Novemberrevolution scheiterte, habe auch die Weimarer Republik »keine neue demokratische Außenpolitik« entwickeln können. So führte eine kontinuierliche Linie von Preußen ins Dritte Reich: »Dreihundert Jahre nach der Gründung des brandenburgisch-preußischen Staates und ein halbes Jahrhundert nach der Entstehung einer deutschen Monopolindustrie entschlossen sich die Industriekönige und die Junker, die politische Vertretung ihrer eigenen Interessen in die Hände eines Gangsters und seiner Mordorganisation zu legen.« Schuld hät-

17 Alexander Abusch: *Der Irrweg einer Nation. Ein Beitrag zum Verständnis der deutschen Geschichte*. Berlin 1947, S. 33, S. 130, S. 164, S. 175.

ten aber auch die Sozialdemokratie, die Bauern, die Kleinbürger gehabt, die sich widerstandslos gegen den Versailler Vertrag hätten aufhetzen lassen und »den phantastischen Träumen einer deutschen Weltherrschaft« gefolgt seien. Sogar die Antifaschisten hätten Verantwortung auf sich geladen, weil sie die Weimarer Demokratie als »Bündel von formalen ›Spielregeln‹ betrachtet« hatten, anstatt »ihren faschistischen Feinden mit der lebendigen Macht des Volkes entgegenzutreten«.

Nötig war jetzt eine Rundumerneuerung, alle »reaktionären Elemente in der deutschen Geschichte, Literatur und Philosophie, die zu Wegbereitern für Hitler werden und seine Herrschaft begünstigen konnten«, mußten entlarvt werden. »Die ganze verpfuschte Geschichte der deutschen Nation steht zur Kritik in dieser Selbstprüfung, die eine tiefe Selbstreinigung erstrebt.«[18] Mehrfach fallen Begriffe wie »Umerziehung« und »innere Wandlung«. Die Verweise auf die Sowjetunion bleiben dezent. Auf jeden Fall sollte Deutschland geeint bleiben und ein »friedlicher Mittler in Kultur und Handel zwischen Ost und West« sein.[19] Abusch stieg in der DDR zum stellvertretenden Kulturminister auf.

Der Schuld-Metaphysiker: Karl Jaspers

Der Philosoph Karl Jaspers hatte die NS-Zeit in Deutschland verbracht. Er lehnte das Regime aus tiefer Überzeugung ab. Weil er die Scheidung von seiner jüdischen Ehefrau verweigerte, wurde er 1937 von der Universität Heidelberg suspendiert und im Jahr darauf mit Publikationsverbot belegt. Für den Fall der gewaltsamen Trennung und Deportation hatten die Eheleute den gemeinsamen Freitod geplant.

Sein Buch *Die Schuldfrage* basierte auf einer Vorlesungsreihe im Wintersemester 1945/46. Als aktuelles Grundmerkmal der Deutschen stellte Jaspers »die Zugehörigkeit zu einem restlos besiegten

18 Ebenda, S. 232, S. 203, S. 253, S. 256 f.
19 Ebenda, S. 271, S. 270.

Staatsvolk« fest, »ausgeliefert der Gnade und Ungnade der Sieger; (...): jeder ist im wesentlichen auf sich gestellt, und doch ist jeder als einzelner hilflos. Gemeinsam ist die Nichtgemeinsamkeit«. Eine historisch-politische Analyse und Herleitung dieser »grausamen Tatsache« will der philosophische Existentialist, für den Grenzerfahrung die tiefste Selbsterfahrung bedeutet, ausdrücklich nicht liefern, denn sie würde vom Wichtigsten ablenken: von der Beschäftigung der Deutschen mit ihrer Schuld. »Wir kämpfen um die Reinheit der Seele. Dazu gehört nicht nur die Arbeit des Verstandes, sondern durch ihn veranlaßt eine Arbeit des Herzens.«

Seine Unterscheidung zwischen der juristischen (kriminellen), der politischen, moralischen und metaphysischen Schuld ist berühmt geworden. Die »juristische Schuld« bezieht sich auf die verübten Verbrechen und trifft diejenigen, die sie begangen haben. Sie führt nicht zur kriminellen Kollektivschuld – ein Begriff, den Jaspers ausdrücklich zurückweist. Kollektiv betroffen waren die Deutschen hingegen von der »politischen Schuld«, denn das NS-Regime, das die Verbrechen in die Wege geleitet hatte, fand »bis 1943 keine für es gefährliche Gegenwirkung. Die Zerstörung jeder anständigen, wahrhaftigen deutschen Staatlichkeit muß ihren Grund auch in Verhaltensweisen der Mehrheit der deutschen Bevölkerung haben. Ein Volk haftet für seine Staatlichkeit«.

Zur politischen kam die »moralische Schuld«, die diejenigen betraf, die sich gegenüber dem »bösen Prinzip« zu keinem konsequenten Entweder/Oder hatten durchringen können, die sich gefügt hatten, untätig geblieben oder mitgelaufen waren, die sich in Selbsttäuschung oder Anpassung geflüchtet oder übersehen hatten, daß noch alles, was dem Regime positiv zu gelingen schien, den Zwecken des Bösen diente; die sich in »innere Unbetroffenheit von dem gesehenen Unheil« zurückgezogen hatten. Schuld traf auch jene, die etwa »1940 Hollands Neutralität« bezweifelt und deshalb den deutschen Angriff auf das Nachbarland für gerechtfertigt gehalten hatten. In der Tat war Deutschland britischen Invasionsplänen lediglich zuvorgekommen, doch solche Sachargumente tat Jaspers als »irrende Objektivität« ab. Außenpolitische Fakten ignorierte er konsequent: Da das nationalsozialistische Deutschland für ihn von Anfang an eine Verkörperung des Diabolischen war, hatte es kein Recht, an normalen Maßstäben gemessen zu werden.

Dann aber war es um so problematischer, den Deutschen ihre Anpassung, die dem Durchschnittsverhalten zu allen Zeiten entsprach, als moralische Schuld zu unterstellen. In der Umkehrung implizierte das Übermenschliches: die selbstverständliche Pflicht, das System zu durchschauen und Widerstand zu üben selbst auf die Gefahr des Schafotts. Diese Konsequenz wiederum konnte und wollte auch Jaspers nicht ziehen: »(...) moralisch besteht keine Forderung, das Leben zu opfern bei sicherem Wissen, daß damit nichts erreicht wird.« Um dennoch das Bewußtsein einer alles überwölbenden Schuld aufrechtzuerhalten, führt er den Begriff der »metaphysischen Schuld« ein, der zu entkommen unmöglich ist, denn sie besteht im »Mangel an der absoluten Solidarität mit dem Menschen als Menschen. Sie bleibt noch ein unauslöschlicher Anspruch, wo die moralisch sinnvolle Forderung schon aufgehört hat«. Wer überlebt hat, ohne den anderen gerettet zu haben, für den gilt: »daß ich noch lebe, ist meine Schuld«.

Der kriminelle Charakter der deutschen Politik und Kriegführung steht für Jaspers außer Frage. Dem Prozeß, den die alliierten Siegermächte vor dem Internationalen Militärgerichtshof in Nürnberg gegen führende deutsche Politiker und Militärs anstrengten, und den Anklagepunkten: erstens Verbrechen gegen den Frieden, zweitens Kriegsverbrechen und drittens Verbrechen gegen die Menschlichkeit, stimmte er ohne Einschränkung zu, den Vorwurf der Siegerjustiz verwarf er. Jaspers behauptete: »Dieses Mal ist nicht zu bezweifeln, daß Deutschland den Krieg planmäßig vorbereitet und ohne Provokation von anderer Seite begonnen hat.«[20] Verfahrensfragen erschienen ihm daher nebensächlich.

Doch so eindeutig lagen die Dinge keineswegs. Der amerikanische Chefankläger Robert H. Jackson warnte vor dem »unendlichen Schaden« (für die Siegermächte), den »eine Erörterung der

---

20 Zit. nach: Karl Jaspers: *Lebensfragen der deutschen Politik.* Tb, München 1963, S. 39, S. 38, S. 67, S. 72, S. 74 f., S. 75, S. 61.

politischen und wirtschaftlichen Ursachen des Krieges« anrichten würde.[21] Die Satzung des Prozesses war darauf angelegt, solche Diskussionen zu unterbinden. Jaspers waren die Einseitigkeiten und Einschränkungen bekannt: »Politische Notwendigkeiten setzen den Erörterungen eine Grenze. Daraus folgt aber nicht, daß damit alles unwahrhaftig würde. Im Gegenteil, die Schwierigkeiten, die Einwände sind offen, wenn auch kurz, ausgesprochen.« Doch für den Verlauf und das Ergebnis des Prozesses blieben sie folgenlos. Entscheidend ist, daß Jaspers den politischen Charakter des Prozesses konzedierte und sich mit ihm einverstanden erklärte. Das bedeutete letztlich die Identifizierung mit den Interessen der Sieger. Er hoffte, der Nürnberger Prozeß könne trotz aller Schwächen den Beginn einer neuen, verbindlichen Friedensordnung markieren. 1962 gab er zu, sich getäuscht zu haben, der Prozeß sei zwar kein »Schauprozeß«, jedoch ein »Scheinprozeß« gewesen, »ein einmaliger Prozeß von Siegermächten gegen die Besiegten (...) Nicht Recht wurde begründet, sondern das Mißtrauen gegen das Recht gesteigert«.

In der Hauptsache aber ging es Jaspers um eine innere Reinigung der Deutschen, die Umschmelzung ihres Inneren, um die Verwandlung ihres Selbst. Sogar eindeutig falsche Vorwürfe dürften sie nicht einfach zurückweisen, sondern müßten sie zur Selbstprüfung nutzen. Reinigung hieß Anerkennung der eigenen Schuld. Sie war »die Bedingung auch unserer politischen Freiheit. Denn erst aus dem Schuldbewußtsein entsteht das Bewußtsein der Solidarität und Mitverantwortung, ohne die die Freiheit nicht möglich ist«.

Die Schuld, die anzuerkennen Jaspers forderte, war eine von den Siegern bemessene und dekretierte. Eine politische Freiheit, die daraus abgeleitet war, basierte folglich auf der geistigen und politischen Unterwerfung. Wenn den Deutschen verboten war, ihre schuldhaften Handlungen im Kontext des internationalen Bürgerkriegs zu betrachten und zu interpretieren, bedeutete das im Umkehrschluß, sie als Entäußerungen eines grundlos bösen,

21 Zit. nach: Stefan Scheil: *Fünf plus Zwei. Die europäischen Nationalstaaten, die Weltmächte und die vereinte Entfesselung des Zweiten Weltkriegs*. Berlin 2003, S. 339.

menschenfeindlichen Prinzips zu akzeptieren, das sie beherrscht und von dem die Alliierten sie erlöst hatten. Jaspers drängte tatsächlich auf die Verinnerlichung dieser Schuldvariante. »Wenn wir unsere eigene Schuld bis in ihren Ursprung verfolgen, so stoßen wir auf das Menschsein, das in deutscher Gestalt ein eigentümliches, furchtbares Schuldigwerden angenommen hat, aber Möglichkeit im Menschen als Menschen ist.« Eine »Möglichkeit im Menschen als Menschen« immerhin – aber nur die Deutschen hatten ihr Gestalt verliehen und so eine neue Qualität des Bösen verwirklicht. Das verpflichtete sie künftig zu einer besonderen Haltung. »Wo das wirkliche Schuldbewußtsein ein untilgbarer Stachel ist, da wird das Selbstbewußtsein in eine neue Gestalt gezwungen.«[22]

In den Händen von Fanatikern konnte dieser Text zu Dynamit werden. Der überpolitische Gestus konnte, beim Wort genommen, zu harten politischen Konsequenzen führen. Die Grenze zwischen krimineller und politischer Schuld ließ sich verschieben, bis beide ununterscheidbar wurden. Die Linie zwischen moralischer und metaphysischer Schuld war ohnehin undeutlich gezogen, ebenso die zwischen der moralischen und der politischen. In letzter Konsequenz konnten alle Deutschen als »schuldig« erklärt werden, die sich gegen die Niederlage Deutschlands gesträubt hatten und damit ein »eigentümliches, furchtbares Schuldigwerden« in Kauf nahmen.

Der Theologe der deutschen Schuld: Karl Barth

Im Herbst 1945 erschien in einem Stuttgarter Verlag die Broschüre *Zur Genesung des deutschen Wesens* des Schweizer Theologen Karl Barth, die im Untertitel »Ein Freundeswort von draußen« ankündigte. Barth unternahm darin eine Gesamtschau über Vergangenheit, Gegenwart und Zukunft der Deutschen. Wie bei Jaspers der Existentialismus den Ausgangspunkt der Überlegungen bildet, so geht Barth vom christlichen Glauben aus. Dankbar vermerkte der

---

22 K. Jaspers: *Lebensfragen*, S. 65, S. 115, S. 108, S. 95, S. 108.

deutsche Herausgeber, daß »von einem Freunde in freundschaftlicher Weise geredet wird, also eine Stimme ertönt, wie sie damals und jetzt nur höchst selten im Auslande laut wurde und wird«.[23] Karl Barth war kein Unbekannter in Deutschland. Von 1921 bis 1935 hatte er als Theologieprofessor in Göttingen, Münster und Bonn gelehrt. 1934 hatte er sich federführend an der »Barmer Erklärung« beteiligt, in der die Bekennende Kirche ihren Widerspruch zum NS-Regime klarstellte. Weil er den Beamteneid auf Adolf Hitler verweigerte, wurde er im Jahr darauf aus Deutschland ausgewiesen.

Die Broschüre enthält den für ein Schweizer Publikum bestimmten Vortrag »Die Deutschen und wir« vom Februar 1945, den für eine englische Zeitung verfaßten Aufsatz »Wie können die Deutschen gesund werden« sowie den Briefwechsel mit zwei deutschen Lesern, die sich auf Barths Vortrag bezogen hatten. Indizien legen nahe, daß Barth sie fingiert hat, daher werden sie hier als Eigenschöpfungen behandelt.[24]

Dem Ausland, so Barth, erschienen die Deutschen wie die Insassen eines mittelalterlichen Pesthauses. Nachdem sie »wie Amokläufer in alle Himmelsrichtungen« gerannt seien, »um zu töten und immer wieder zu töten«, befänden sie sich »nun selbst in einer Zwangslage, wie kein anderes Volk seit Menschengedenken gewesen ist«. Für sie sei »grundlegend«, daß sie militärisch »vor ihren eigenen Augen ein für allemal widerlegt« worden seien. Jetzt gehe es nur noch um das nackte »deutsche Leben« und um Deutschlands radikal gestellte »Existenzfrage«.

Den Krieg habe Deutschland »um reiner Torheit und Bosheit willen« geführt. Neben dem »Geist von Weimar« gebe es den »von Potsdam« und sogar »einen Geist von Oradour und Auschwitz«. Daher sei das deutsche »das am schwersten kranke Volk in Euro-

---

23 Karl Barth: *Zur Genesung des deutschen Wesens. Ein Freundeswort von draußen.* Stuttgart 1945, S. 6.

24 K. Barth: *Genesung,* S. 56. Das Vorwort ist auf den 19. April 1945 datiert. Für den fiktiven Charakter sprechen Wortwahl, Syntax, das Verschweigen der Umstände der Verfasser, ihr unglaubwürdiger Informationsstand. So formulieren sie keinen Widerspruch zu Barth, sondern führen seine Überlegungen weiter oder üben allenfalls Detailkritik, was ihm Gelegenheit gibt, seine Gedanken zu präzisieren.

pa«. Barth zitiert Clemenceau, der den Deutschen »eine krankhafte und satanische Liebe zum Tod« attestierte, und knüpft daran die »christliche Theorie«, daß sie »den eigentlichen Sinn des Christentums: die Gnade Gottes in der Person des Juden Jesus Christus tiefer und gründlicher als alle Anderen verstanden« hätten. Nur sie seien daher zu »einer so völligen und konsequenten Abweisung Jesu, seines Volkes und seiner Botschaft fähig gewesen« und konnten »den Krieg als die letzte Weisheit und den Vater aller Dinge« akzeptieren.[25]

Hinweise auf historische und politische Zusammenhänge, auf die »Einengung und Bedrohung« der Mittellage seien »wehleidig«. Barth entrüstet sich auch »über die Flut von Scheltworten« gegen den Versailler Vertrag. Für entscheidend hält er, ob »der 30. Januar 1933 zum Schicksalstag der deutschen Geschichte (wird), zu dem Tag, der eine Schuld begründen oder nicht begründen kann«. Falls ja, »dann wird es zulässig, darüber nachzudenken, ob wirklich ein gerader Weg von früheren Ereignissen der deutschen oder preußischen Geschichte zu diesem 30. Januar geführt hat«.

Für Barth besteht daran kein Zweifel. Beinahe leitmotivisch beschwört er die Entwicklungslinien von Friedrich II. über Bismarck zu Hitler, vom Hohenfriedberger Marsch zum Horst-Wessel-Lied.[26] Das Böse, das »von Deutschland aus die ganze Welt zerstören wollte«, habe »einen allgemeinen Krieg gegen sich notwendig« gemacht. Schon Jahre vor dem deutschen Angriff auf Polen hatte Barth gefordert, Hitler mit Waffengewalt entgegenzutreten. Man mußte, schrieb er nun, »jenen Kriegsausbruch trotz der Voraussicht all des Schreckens (...) als recht und notwendig und im Verhältnis zu den Zuständen der Jahre 1933–1938 als das Bessere« ansehen. Auch für die Deutschen sei es »besser, daß dieser Krieg von den Anderen unternommen und nun siegreich durchgeführt wurde«. Damit entschlüpft ihm das Eingeständnis, daß Deutschland keineswegs allein den Ausbruch und die Eskalation des Krieges betrieben hatte. Zweitens liefert er die theologische Rechtfertigung für

---

25 Ebenda, S. 58, S. 23, S. 58, S. 24, S. 29, S. 16 f., S. 58, S. 20, S. 33.
26 Ebenda, S. 19, S. 42, S. 82, S. 33. Vergl. auch S. 17, 20, 24, 33, 41, 90, 95. 101.

einen Heiligen Krieg und für das »verwüstete Deutschland«, denn erst aus dem Sieg konnte »ein neues Licht emporsteigen« und »jene ›Humanitas‹ ihre Schwingen neu ausbreiten, wie Nicolaus v. Cues sie verstand als Spiegelung, als repräsentativ im Endlichen des einen, unendlichen Gottmenschen, des Jesus Christus«.[27]

Neben dem Hakenkreuz werde es »auch mit dem deutschen Adler aus sein«, denn Hitler bedeutete in einem die Vollendung und Zerstörung des Werks Friedrichs II. und Bismarcks. Deutsche würden unter fremde Herrschaft geraten, Gebietsverluste waren wahrscheinlich. Mit der deutschen Einheit und dem deutschen Staat werde es »für lange Zeit vorbei sein«, jede Form von Macht – insbesondere der militärischen – »muß und wird ihm zweifellos genommen werden: nicht nur um die Anderen vor ihm, sondern auch um es vor sich selbst zu schützen«. Sie mußten zu der Einsicht gebracht werden, »daß so etwas wie ein Rückzug aus der Weltgeschichte – ähnlich dem, wie ihn die Schweiz am Anfang des 16. Jahrhunderts in aller Freiheit und Würde und nicht zu ihrem Schaden – vollzogen hat, auch für sie eine gute und angemessene Sache sein könnte«. Nach »dem großen geschichtlichen Rahmen ihrer künftigen Existenz« würden sie ohnehin »vorläufig nicht mehr gefragt« sein. Immerhin sollten sie rasch angehalten werden, an der Regelung ihrer Angelegenheiten mitzuwirken und so »zur Freiheit genötigt« werden, im Rahmen »der notwendigen Regulierungen der Besatzungsmächte«.[28] Eine Verwaltungsautonomie also, wie sie Eingeborenen von den Kolonialmächten zugestanden wurde.

Um die Deutschen zu einem »freien Volk«, »einem wirklich mündigen Volk«, um sie »politisch vernünftig, gesund und lebenstüchtig« zu machen, mußte ihnen verwehrt werden, »das alte, das bisherige Deutschland zu rechtfertigen und zu entschuldigen und unter irgendeinem Titel neu aufzubauen. Je gründlicher es abgebaut werden wird, um so besser vor allem für sie selber.« Das betraf auch die Kirchen. Allen rückwärtigen Bestrebungen müsse man »geradezu eisenhart begegnen«. Barth rechnete mit Ausweichbe-

27 Ebenda, S. 105, S. 86, S. 105 S. 98.
28 Ebenda, S. 24, S. 64, S. 65, 62.

wegungen, zu denen die Deutschen aufgrund ihres geschichtsphilosophischen und religiösen Tiefsinns generell neigten und die sie zu dem Schluß führen könnten, »daß eine besondere deutsche Buße offenbar nicht nötig und durchaus nicht angebracht sei«. Dann durfte man »keine Sentimentalitäten«[29] walten lassen. Eine Umkehr der Anklage oder entlastende Erklärungen seien ihnen nicht erlaubt. Es sollte ihnen verwehrt sein, die »außerordentliche Form der Abwehr« der deutschen Weltbedrohung etwa durch die Flächenbombardements als »Mord« zu bezeichnen und »mit Oradour und Auschwitz in eine Linie zu rücken«. Gleiches galt für »Racheakte« an Deutschen, die Barth »im Osten und (...) vielleicht da und dort auch im Westen (...) nicht für ausgeschlossen hielt«. Und sollten »gewisse Vertreter der deutschen Wissenschaft eingeladen (werden), sich für den Rest ihrer Tage lieber privaten Studien zu widmen«, sei dies keine »Knebelung der deutschen Wissenschaft«.[30] Den Deutschen sei »die notwendige Erkenntnis beizubringen«, daß sie für den angerichteten Schaden »solidarisch verantwortlich gemacht werden müssen« und »nicht nur Diese und Jene, sondern in verschiedenem Maß und Sinn Alle gefehlt und versagt haben«.

Barth fühlte sich der »Gesinnung eines christlichen Realismus« verpflichtet. Täuscht der Eindruck des Behagens, ein renitentes Mündel in seine volle Verfügungsgewalt zu bekommen? »Man muß sie wohl sehr lieb haben, um sich nun auch dieser Aufgabe nicht zu entziehen und um sie dann auch recht an die Hand zu nehmen.« Ein wenig fühlt man sich an die Geschichte »Die Marter der Hoffnung« des französischen Schriftstellers Villiers de l'Isle-Adam erinnert. Darin malt der Großinquisitor dem fast zu Tode gepeinigten Delinquenten die Qualen des bevorstehenden Autodafés als seine Chance aus, das Ewige Licht zu erblicken. Zum Schein eröffnet er ihm einen Fluchtweg aus dem Kerker, nur um ihn wieder einzufangen und tränenreich in seine Arme zu schließen: »Oh mein Kind! Am Vorabend des möglichen Heils ... wolltet Ihr uns

---

29 Ebenda, S. 39 f., S. 42, S. 43.
30 Ebenda, S. 104, S. 106.

also verlassen!«[31] Möglicherweise war ja auch er, Barth, als Werkzeug eines Heilsplans ausersehen. Über die Deutschen schrieb er: »Wir können nicht umhin, uns zu fragen, ob sie gerade darum, weil sie heute die Letzten sind, nicht noch einmal in einem ganz andern Sinn die Ersten werden könnten.«

Die Deutschen mußten ihr Leben in einem zertrümmerten Land neu aufbauen, hatten Buße und Wiedergutmachung zu leisten, die Territorialverluste und alle Maßnahmen der Sieger widerspruchslos hinzunehmen. Noch die gröbste gegen sie gerichtete Willkür sollten sie als verdient und selbstverursacht akzeptieren. Die Klage über eigenes Leid sollte ihnen verboten sein, da sie als Vorwurf gegen andere gedeutet werden konnte. Sie hatten sich als Verworfene zu begreifen und das meiste ihrer bisherigen Geschichte und Kultur als Irrtum abzutun. Auch die Religion durfte ihnen keinen Trost für die Härten und Zumutungen bieten, waren Barths Erziehungspläne doch christliche Barmherzigkeit und Nächstenliebe in reiner Form. Der Basler Theologe sah voraus: »Das neue Deutschland wird, wie sich auch die Dinge gestalten mögen, ein Land voller Traurigkeit sein.«[32]

---

31 Villiers de l'Isle-Adam: *Grausame Geschichten*. Leipzig und Weimar 1981, S. 14.
32 K. Barth: *Genesung*, S. 61, S. 67, S. 70, S. 40, S. 29, S. 26.

8

Biopolitik

Am Ende des Zweiten Weltkriegs war Deutschland militärisch, politisch, moralisch zerschmettert. Die auf Hitler projizierten nationalen Erwartungen waren nicht nur gescheitert und zerbrochen, sie waren brutal ad absurdum geführt. Ausländische Beobachter stellten verwundert fest, daß sie kaum einen Nationalsozialisten mehr antrafen: Der Nationalsozialismus war zu vulgär und zu anspruchslos, um das Ende des deutschen Nationalstaates, von dem er sich zwölf Jahre lang kannibalistisch genährt hatte, als Idee zu überleben. Physisch und seelisch waren die Deutschen so tief verwundet, daß sie buchstäblich einen klinischen Fall darstellten. Sabotageakte, Partisanenkampf, auch bloß hinhaltender Widerstand, mit denen die einrückenden Truppen fest gerechnet hatten, blieben aus. Die Menschen waren am Ende ihrer Kräfte.

Der Krieg und die Maßnahmen unmittelbar danach bewirkten einen Eingriff in die biologisch-politische Struktur des Landes. Die heutige Selbstnegation muß daher wenigstens teilweise als eine Abnormität begriffen werden, die auf einen medizinischen Großversuch zurückgeht. Für Eingriffe dieser Art steht der Begriff »Biopolitik«, der zuletzt durch Giorgio Agamben aktualisiert wurde.[1] Agamben verknüpft drei Elemente: Michel Foucaults Theorie von der »Biomacht«, die durch politisch-medizinische Maßnahmen wie Bevölkerungs- und Gesundheitspolitik, Geburtenkontrolle, Lebensverlängerung oder Eugenik auf die Individualkörper einwirkt, damit sie sich effektiver in die staatlichen und gesellschaftlichen Institutionen wie die Arbeitswelt oder Armee einpas-

---

1 Giorgio Agamben: *Homo sacer. Die souveräne Macht und das nackte Leben.* Frankfurt a. M. 2002 (1995). Ders.: *Ausnahmezustand.* (Homo Sacer II.I.) Frankfurt a. M. 2004 (2003).

sen und zu einem effizienten Kollektivkörper formieren. Zweitens bezieht er sich auf Hannah Arendts Überlegungen zum Konzentrationslager als einem Laboratorium »totaler Herrschaft«, wo das »nackte Leben« der Biomacht »total«, das heißt zur grenzenlosen Verfügung bis einschließlich der Vernichtung ausgeliefert ist. Das dritte Element ist Carl Schmitts Theorie vom Ausnahmezustand. Agamben spitzt Schmitt dahingehend zu, daß der Dispens von der gesetzlichen Norm nicht mehr deren Sicherung bzw. Wiederherstellung zum Ziel hat und nicht nur vorübergehend ist. Norm und Ausnahme durchdringen, »un-bestimmen« und verbinden sich vielmehr zu einem neuartigen Aggregatzustand. Es entsteht eine permanente Ungewißheit und Rechtlosigkeit, wie sie beispielhaft in Konzentrations- und Internierungslagern exekutiert wird. In den Lagern glaubt Agamben das »Paradigma der Moderne« zu erkennen. Er erläutert seine Theorie anhand des Dritten Reiches, das die Hegemonie des »Ariers« herstellen wollte. Diese Hegemonie wurde freilich gründlich verfehlt. Um die deutsche Situation von 1945 zu verstehen, muß die historische Perspektive Agambens um 180 Grad gedreht und geprüft werden, wie die Deutschen selber zu Objekten biopolitischer Operationen wurden.

Der empfindlichste Eingriff war die Bevölkerungsreduktion. Die Zahl der deutschen Kriegstoten wird in der Regel mit sechs Millionen veranschlagt, davon die Hälfte Zivilisten, was insgesamt einem Anteil von knapp zehn Prozent der Bevölkerung des Deutschen Reiches (ohne Österreich) entspricht. In neueren Forschungen wird die Zahl der gefallenen Soldaten auf deutscher Seite sogar mit über fünf Millionen beziffert. Die Menschenverluste wirkten sich um so verheerender aus, weil sie überproportional die Generation der jungen, waffenfähigen Männer betrafen, die den Bestand, die Zukunft, die Leistungs- und Schöpferkraft einer Nation verbürgen. Die zum Wehrdienst gezogenen Jahrgänge von 1910 bis 1927, die bei Kriegsende zwischen 18 bis 35 Jahre alt waren, erlitten Einbußen von bis zu 40 Prozent. Viele Männer jungen und mittleren Alters wurden nach Kriegsende in Gefangenschaft und Zwangsarbeit überführt und blieben, falls sie überhaupt heimkehrten, dem Wiederaufbau Deutschlands auf Jahre entzogen. Auch zahlreiche junge Frauen ereilte das Schicksal der Deportation.

Der quantitativen und qualitativen Schrumpfung des deutschen Kollektivkörpers entsprachen neue politische Kräfteverhältnisse und geopolitische Realitäten. Dem französischen Ministerpräsidenten Clemenceau wurde seit Versailles der Satz zugeschrieben, es gebe zwanzig Millionen Deutsche zuviel, als das europäische Gleichgewicht ertragen könne. Die Äußerung konnte nicht nachgewiesen werden, aber der Zusammenhang zwischen Demographie, Machtpotential und zwischenstaatlichen Beziehungen in Europa war unbestreitbar. Der Zweite Weltkrieg hatte das demographische Ungleichgewicht deutlich verringert; zusätzlich wurde das verbliebene deutsche Bevölkerungspotential in zwei Teile separiert, die sich gegenseitig neutralisierten.

Die Abtrennung der Oder-Neiße-Gebiete und die Vertreibung der deutschen Bewohner erfuhren aus Sicht der Sieger durch den Bevölkerungsrückgang eine zusätzliche Rechtfertigung. Er könne nicht einsehen, so Winston Churchill am 15. Dezember 1944 im Unterhaus, »warum in Deutschland kein Platz für die Bevölkerung Ostpreußens und der anderen (...) Gebiete sein sollte. Schließlich wurden bereits sechs bis sieben Millionen Deutsche in diesem schrecklichen Krieg getötet (...). Überdies ist zu erwarten, daß noch mehr Deutsche in den Kämpfen des kommenden Frühjahrs und Sommers getötet werden«. Zwei Monate später beim Treffen mit Roosevelt und Stalin in Jalta rechnete er mit einer weiteren Million Toten, »daher sollte ein gewisser Raum für die auswandernde Bevölkerung vorhanden sein, und man wird sie brauchen, um Lükken auszufüllen«. Auf Stalins Frage, ob es eine oder zwei Millionen Tote sein sollten, erwiderte Churchill, was die Vernichtung der Deutschen angehe, setze er keine Grenzen.[2]

Nach Kriegsende wurden die bevölkerungspolitischen Gedan-

---

2 Winston Churchill: *Der Zweite Weltkrieg*. S. 1025. Vgl. auch: Diane Shaver Clemens: *Jalta*. Stuttgart 1972, S. 209. Churchill unterschlägt in den Memoiren seine Antwort auf Stalins Frage.

kenspiele fortgeführt. Da bei der Festlegung der Reparationen, die Deutschland zu leisten hatte, der unabkömmliche, existentielle Grundbedarf der deutschen Bevölkerung formal berücksichtigt werden mußte, waren die Siegermächte daran interessiert, die Anzahl der Deutschen niedrig zu kalkulieren. 1947 schlug der französische Außenminister Georges Bidault auf der Moskauer Konferenz eine zusätzliche Massenauswanderung vor. Bidaults Hintergedanke bestand darin, ein Wiedererstarken des Nachbarlandes zu verhindern und insbesondere die Facharbeiter abzuziehen. Zwei Millionen Deutsche könnten von Frankreich und seinen Kolonien aufgenommen werden. In Großbritannien sinnierte man über die Auswanderung junger Familien nach Übersee. Frauen könnten sich in Fabriken oder als Haushaltshilfen nützlich machen. Angedacht wurde auch eine großzügige Adoption deutscher Kinder, die sich rasch an ihre neue Umgebung assimilieren würden. Solche Pläne kamen zwar nur in geringem Umfang zur Ausführung, doch sie verweisen auf den Geist, der hinter den alliierten Maßnahmen und Unterlassungen stand, welche die Not und das Leiden in Nachkriegsdeutschland verschärften.

Der Zweite Weltkrieg war seitens der Alliierten zum Zweck der Einkreisung, Gefangennahme und Bestrafung vorgeblich verbrecherischer Völker geführt worden. 1945 fanden die Deutschen sich in einer Art Erziehungslager wieder, dessen Härten in Ost und West bald große Unterschiede aufwiesen und mit der Zeit gemildert wurden, doch die Öffnung der Lagertore erfolgte erst 1989/90. Zunächst wurden sie kollektiv in einen Ausnahmezustand überführt, der den unbeschränkten Zugriff auf sie sanktionierte. »Alliierte Armeen führen die Besetzung von ganz Deutschland durch, und das deutsche Volk fängt an, die furchtbaren Verbrechen zu büßen, die unter der Leitung derer, welche es zur Zeit ihrer Erfolge offen gebilligt hat und denen es blind gehorcht hat, begangen wurden«, hieß es in der Einleitung zum Potsdamer Abkommen 1945.[3]

---

3 Zit. nach: www.hdg.de/lemo/html/dokumente/Nachkriegsjahre_vertragPotsdamerAbkommen/index.html

Noch effektiver als die Schrumpfung des Kollektivkörpers war auf längere Sicht die Veränderung seiner inneren Struktur. Der einflußreiche britische Außenpolitiker und Propagandist Robert Vansittart hatte früh gefordert, den Krieg gegen Deutschland als die »bisher weitestgehende geistige Heilbehandlung der Geschichte« zu verstehen. »Dies wird einen völligen Wandel des Herzens, der Gesinnung und der Seele umfassen, auch des Geschmacks, des Temperaments und der Gewohnheiten; neue Standards im Bereich der Moral und der Werte und eine neue, ja brandneue Art der Lebenseinstellung gehört dazu.« Die Erziehungsarbeit zur geistigen Erneuerung der »dreisten Horde« würde eine Generation lang dauern müssen.[4] Der Publizist Sebastian Haffner ventilierte im britischen Exil ebenfalls medizinisch-biologistische Überlegungen. Er forderte, einen »totalen Krieg« gegen Deutschland zu führen. Es handle sich um ein »riesiges Geschwür«, welches »aufgeschnitten« gehöre, damit ein »gründlicher Reinigungsprozeß« im »deutschen politischen Körper« stattfinden könne. Dazu schlug er 1939 die »physische Destruktion der mit dem Wolfsbazillus behafteten« Deutschen vor. 1942 konkretisierte er als »ersten Schritt« die »Eliminierung« der SS, was »auf die Tötung von bis zu 500000 jungen Männern« hinauslaufen würde. Sie konnte durch den Vollzug eines summarischen Kriegsgerichtsurteils, gänzlich formlos oder durch Zwangsarbeit herbeigeführt werden. Haffner gab zu, daß es sich um eine »krasse und grausige Angelegenheit« handelte. Schon zwei Jahre zuvor hatte er den totalen Krieg als das Walten einer gnaden- und unterschiedlosen Biomacht definiert. Das zweite »Hauptschlachtfeld« – neben dem zentralen Nervensystem der Staatsmaschinerie – sollten »Körper und Seele jedes einzelnen Mannes des am Kriege beteiligten Volkes« sein.[5]

Ob solche Vorschläge die strategischen und taktischen Überlegungen der Politiker und Militärs nachweisbar beeinflußten, ist unerheblich. Sie wurden jedenfalls in aller Öffentlichkeit gemacht und teilweise verwirklicht.

---

4 Zit. nach: Olaf Rose (Hg.): *Der Hetzer. Lord Vansittart und die britische Kriegspropaganda gegen Deutschland 1939–1945.* Stegen a. Ammersee 2004, S. 52 und S. 117.

5 Zit. nach: Ralf Beck: *Der traurige Patriot. Sebastian Haffner und die Deutsche Frage.* Berlin-Brandenburg 2005, S. 49 ff. und S. 45.

Der biopolitische Eingriff erfolgte zum einen über das »morale bombing« der britischen und amerikanischen Luftwaffe gegen die deutschen Städte. Bei den Bombenangriffen starben zwischen 420000 bis 570000 Menschen.[6] Sie richteten sich in direkter Weise gegen Leib und Seele der Zivilbevölkerung: Ihr Hauptzweck erfüllte sich in der Extermination hunderttausender Deutscher und in der Zerstörung von Millionen Behausungen. Millionen Zivilisten wurden jahrelang und in steigendem Maße mit der Aussicht auf ein qualvolles Sterben, durch Schlaflosigkeit und Dauerstreß malträtiert, was zur Überlastung und Paralysierung ihrer Körper- und Nervenfunktionen, ihrer Gefühls- und Denkapparaturen führte. Den Menschen wurde das Gefühl völliger Wehrlosigkeit und letaler Verfügbarkeit vermittelt. Köln wurde 262mal von Bombern heimgesucht, Essen 272mal, Düsseldorf 243mal und Dortmund 299mal. Daraus folgte zwar kein Zusammenbruch der Kriegsmoral – die Gebombten kamen ihren Pflichten weiter nach, immer apathischer und mechanischer zwar –, aber es fand die Abtrennung vom gewachsenen Ich, eine Entpersönlichung und Mechanisierung der Existenz statt. Handgreiflich wurde dieser Vorgang in der Zertrümmerung der privaten, städtischen, regionalen und nationalen Lebenswelten. Die Vernichtung persönlicher Habseligkeiten und Erinnerungsstücke, der Kultur- und Geschichtsgüter, der Archivalien und Bauwerke, an die sich persönliche und kollektive Bezüge knüpften, trug zur Entwurzelung, Atomisierung und Desorientierung bei und optimierte die Erziehung und Heilbehandlung im Sinne Vansittarts zweifellos. Bei Kriegsende führten die Deutschen weitgehend eine Trümmerexistenz. Zum Verlust an zivilisatorischen Mindeststandards kam das peinigende und schamvoll ins Innere abgedrängte Gefühl, einem »Rattenvolk« (W. G. Sebald) anzugehören.[7] Als der amerikanische Journalist William L. Shirer Ende 1945 zu einer Stippvisite nach Berlin zurückkehrte, fand er hier Geschlagene vor, die in den Ruinen herumstocherten: »gebrochen, betäubt, zitternd; hungrige menschliche Wesen ohne Wil-

6 Jörg Friedrich: *Der Brand. Deutschland im Bombenkrieg 1940–1945.* München 2002, S. 63.
7 Vgl. u.a.: W. G. Sebald: *Luftkrieg und Literatur.* Frankfurt a. M. 2001, S. 40–52.

len, Lebenszweck oder Ziel, reduziert auf animalische Funktionen wie Nahrungs- oder Obdachsuche«. Die Szenerie war für ihn das Sinnbild »einer einstmals mächtigen Nation, die aufgehört hat zu existieren«.[8]

Die mittelalterlichen deutschen Städte als Sinnbild und Träger kultureller Rückständigkeiten und geistiger Finsternisse zu definieren, war am eindrucksvollsten Thomas Mann in seinem »Faustus«-Roman gelungen. Mann, der im kalifornischen Exil den Bombenkrieg lebhaft befürwortete, nannte einen Hauptschauplatz seines Buches »Kaisersaschern«. Dort hatte sich die »Hysterie des ausgehenden Mittelalters, etwas von latenter seelischer Epidemie«, eine »altertümlich-neurotische Unterteuftheit«, ein »Rückständig-Böses« atmosphärisch bis weit in das 20. Jahrhundert erhalten.[9] Das Böse verbrannte im Feuersturm. Ernst Jünger kommentierte den Vorgang lapidar: »Die Verbindung zum Mittelalter ist nun auch zerschnitten.«[10] Indem der Luftkrieg die Deutschen von ihrem Erbe und Herkommen abschnitt, bereitete er sie auf die kulturellen Umbrüche und allgemeine Amerikanisierung der Nachkriegszeit vor, die sich nun gleichfalls im Stadtbild manifestierten: Die engen, verwinkelten Gassen der alten Städte mit ihren leicht brennbaren Häusern hatten Todesfallen gebildet. Der Wiederaufbau erfolgte nach den Maßgaben der autogerechten Stadt und der modernen Betonbauweise. Die Geschichtslosigkeit und ästhetische Dürftigkeit wurde im Zeichen eines demokratischen Fortschrittsglaubens in Kauf genommen. Beides war zukunftsprägend.

Die Not der Trümmerexistenz wurde ergänzt und verschärft vom grassierenden Hunger, dem zweiten biopolitischen Eingriff. In den Anmerkungen, die Präsident Roosevelt im August 1944 zu den Deutschland-Konzepten seiner Minister machte, wurde der Hunger als Mittel eines Lern- und Umformungsprozesses ausdrück-

---

8 William L. Shirer: *Berliner Tagebuch*. Bd. 2, S. 160.

9 Thomas Mann: *Doktor Faustus. Das Leben des deutschen Tonsetzers Adrian Leverkühn, erzählt von einem Freunde*. Berlin und Weimar 1971, S. 50–53.

10 Ernst Jünger: *Jahre der Okkupation*, Stuttgart 1958, S. 122 (Eintragung vom 7. August 1945).

lich herausgestellt: »Es ist von äußerster Wichtigkeit, daß jeder Mensch in Deutschland begreifen sollte, daß Deutschland diesmal eine besiegte Nation ist. Ich will sie nicht Hungers sterben lassen, aber wenn sie zum Beispiel mehr zum Essen brauchen, als sie haben, um Leib und Seele zusammenzuhalten, so sollten sie dreimal täglich Suppe aus Heeresküchen fassen. Das wird sie vollkommen gesund erhalten, und sie werden an diese Erfahrung ihr Leben lang denken. (...) Allen Deutschen muß beigebracht werden, daß sie an einer gesetzlosen Verschwörung gegen Recht und Sitten der modernen Zivilisation beteiligt waren.«[11] Dieser Geist war nicht dadurch erledigt, daß der Morgenthau-Plan zur Deindustrialisierung Deutschlands, der auf die Aushungerung des durch die Grenzziehung verkleinerten und übersiedelten Landes hinauslief, rasch wieder zu den Akten gelegt worden war. Die Berliner Journalistin (und Halbamerikanerin) Margret Boveri notierte am 24. Juni 1945: »Schon allein die Befriedigung, mit der täglich die Amerikaner am Radio feststellen, daß im Winter in Deutschland die Hungersnot herrschen werde und daß die Amerikaner nichts dagegen tun werden.«[12]

Die Alliierten hatten festgelegt, daß das Niveau der Ernährung in Deutschland nicht höher liegen dürfe als in den anderen Ländern Europas. Tatsächlich war es das europäische Schlußlicht. 1946 wurde jeder Person ein tägliches Nährwertlimit von 900 Kalorien (in der französischen) bis 1330 Kalorien (in der amerikanischen Besatzungszone) zugestanden. Die Mangelernährung war nur teilweise die Folge von Kriegszerstörungen. Schwer wog die Amputation der Ostgebiete mit ihren ausgedehnten landwirtschaftlichen Flächen, deren mittellose Bevölkerung zusätzlich in das zerstörte Rumpfdeutschland gepreßt wurde. Zu den Demontagen kam die drastische Begrenzung der Treibstoff- und Düngemittelproduktion durch die Alliierten. Für die Fischereiflotte bestand ein Jahr lang ein Auslaufverbot. Unter diesen Umständen war es unmöglich, genü-

11 Zit. nach: John Morton Blum: *Deutschland ein Ackerland? Morgenthau und die amerikanische Kriegspolitik 1941–1945*. Düsseldorf 1968, S. 221.
12 Margret Boveri: *Tage des Überlebens*. Berlin 1945. Berlin 2004, S. 197.

gend Lebensmittel für den Eigenbedarf zu produzieren. Die Industrieproduktion und der Export wurden massiv gedrosselt – in der amerikanischen Besatzungszone sank die Ausfuhr auf drei Prozent des Vorkriegsstandes –, so daß auch keine Lebensmittel importiert werden konnten. Zugleich wurde Deutschland von Hilfslieferungen abgeschnitten; Lebensmittelspenden aus dem neutralen Ausland wiesen die Alliierten zurück.

Die anhaltende Unterernährung setzte die körperlichen Abwehrkräfte drastisch herab, führte zu schweren Mangelerscheinungen und machte die Menschen anfällig für tödliche Krankheiten und für die Auswirkungen der Kälte. Eine Gesamterhebung über die Hungertoten in Deutschland existiert nicht; ihre Zahl liegt auf jeden Fall im sechsstelligen Bereich. In Berlin war die Sterberate im Mai 1946 dreimal höher als in der Vorkriegszeit, ein Jahr später war sie kaum geringer. In Königsberg, das mit seinem nordostpreußischen Umland der Sowjetunion angegliedert wurde, kamen 75 Prozent der von der Roten Armee überrollten Einwohner um; es kam hier sogar zu Kannibalismus.[13]

Im Herbst 1946 reiste der schwedische Schriftsteller Stig Dagerman durch die Westzonen und nach Berlin. Seine Eindrücke und Erlebnisse faßte er in über 13 eindringlichen Reportagen zusammen. Die elendigen Wohn- und Lebensbedingungen verglich er mit einem Zustand der Folter und Mißhandlung. Er registrierte Demontagegüter, die im Regen achtlos vor sich hinrosteten, weil es den Siegermächten offenbar nicht so sehr darum ging, sie selber zu nutzen, als sie der deutschen Wirtschaft zu entziehen. »Warum sollen wir euch Deutschen helfen, im Laufe von drei Jahren wieder auf die Beine zu kommen, wenn das genausogut dreißig Jahre dauern kann?« zitiert er einen englischen Offizier. In dem konkreten Fall ging es gar nicht um Hilfe, sondern um die Erlaubnis, den Hamburger Hauptbahnhof zu reparieren. Er beobachtete, daß die erzwungene Abhängigkeit von fremder Hilfe exakt die Wirkung erzielte,

---

13 Vgl. dazu u.a.: James Bacque: *Verschwiegene Schuld. Die alliierte Besatzungspolitik in Deutschland nach 1945*. Selent 2003. Hier: S. 273.

die US-Präsident Roosevelt beabsichtigt hatte: »Man geniert sich, und es wird als Schande empfunden, vollkommen hilflos zu dieser Suppenausgabe zu kommen.« Die Situation wurde als eine permanente Bestrafung wahrgenommen. Sie traf die NS-Gegner psychologisch noch härter als den Rest der Bevölkerung, weil diejenigen, in denen sie ihre Befreier erblicken wollten, eine Kollektivschuld zelebrierten.

Dagerman blickte scharf, ohne zu verstehen, denn er ging von falschen politischen Voraussetzungen aus. Er glaubte an einen Irrtum und unterstellte die Ernsthaftigkeit der humanitaristischen Phraseologie der Alliierten. Die innere Einkehr, die man von den Deutschen forderte, mahnte er, werde durch die geschaffene Situation doch gerade verhindert, denn »Hunger ist ja eine Form der Unzurechnungsfähigkeit«. Der Widerspruch, den er zu erkennen vermeinte, löst sich leicht auf, wenn man bei den Siegern die Unterwerfungsabsicht annimmt, die mit biopolitischen Maßnahmen vollendet werden sollte. Eine Ahnung davon blitzt auch bei Dagerman auf, wenn er schreibt, man behandle Deutschland wie einen Kranken, »der dringend Spritzen mit antinazistischem Serum braucht«. Diese »Patiententheorie« setze freilich eine »mystische Einheit« der Deutschen voraus, die gar nicht existiere. Doch wieder hatte Dagerman das dahinterstehende Motiv verkannt. Die Einheit, auf welche die Heilbehandlung abzielte, war keine mystische, sondern – in mittlerer Perspektive – nach wie vor eine demographische und staatlich-machtpolitische Größe. Ohne zu begreifen, beobachtete er, wie ihr ein neues Bewußtsein eingepflanzt wurde, dem die nationale Selbstneutralisierung und -negation eingeschrieben war. Das erinnert an die alten Behandlungsmethoden für Geisteskranke, die Michel Foucault in *Wahnsinn und Gesellschaft* aus einem Lehrbuch von 1835 zitiert. Die Psychologie als Heilmethode ordnete sich damals um die Bestrafung; bevor man den Kranken beruhigte, mußte das Leiden mit der Strenge einer moralischen Notwendigkeit durchexerziert werden: »Wendet keinen Trost an, denn er ist unnütz. Greift nicht zu Überlegungen, denn sie überzeugen nicht. Seid nicht mit den Melancholikern traurig, eure Traurigkeit würde die ihre unterstützen. (...) Viel Kaltblütigkeit, und, wenn es notwendig ist, Strenge. Eure Vernunft soll ihr Verhaltensmaßstab werden. Eine einzige Saite vibriert noch bei ihnen: die des Schmerzes. Seid mutig genug, sie anzurühren.«[14]

Den Mut dazu besaßen die Besieger Deutschlands zweifellos. Als Dagerman abreiste, stand den Deutschen der lange, bitterkalte Hungerwinter 1946/47 erst noch bevor, in dem Hunderttausende den schwarzen Hunger- und den weißen Kältetod starben. Der körperliche und seelische Schmerz dieser Jahre blieb für die Erlebnisgenerationen eine prägende Erfahrung, die ihren späteren materialistischen Lebensstil, aber auch ihre politischen Präferenzen definierte. Mit der Verschärfung des Kalten Krieges, als es den Westalliierten darum ging, sich des westdeutschen Potentials zu versichern, wurden die Restriktionen gelockert, und die natürliche Hilfsbereitschaft vor allem der amerikanischen Bürger erreichte auch die Deutschen in den Westzonen. Noch 1948 aber gab es Hungerdemonstrationen in Deutschland.

Genau zwei Monate vor der Verkündigung des Grundgesetzes, am 23. März 1949, sah Konrad Adenauer, Vorsitzender des Parlamentarischen Rates, sich genötigt, in einem Vortrag vor der Schweizer Gruppe der Interparlamentarischen Union in Bern scharfe Angriffe gegen die Politik der Alliierten zu richten. Die Machtverhältnisse lagen noch immer so, daß er seine Worte vorsichtig wählen mußte – doch sie waren deutlich genug. Die Ernährung und den Gesundheitszustand der Deutschen beschrieb er als katastrophal und nannte dazu dramatische Zahlen. Die Kindersterblichkeit in Berlin betrug 1946 13,5 Prozent und war damit exakt 13,5mal so hoch wie in New York. Die Zahl der Tuberkulose-Erkrankungen war gegenüber 1938 um das Zweieinhalbfache gestiegen. In Nordrhein-Westfalen waren im Oktober 1948 fast 160 000 Tuberkulosefälle registriert, davon etwa 37 000 ansteckende. Nur 14 000 Krankenhausbetten standen für sie zur Verfügung, die Wohnungsnot verschlimmerte die Ansteckungsgefahr zusätzlich. Da die Alliierten der Baustoffindustrie viel zu wenig Kohle und Eisen zuteil-

---

14 Michel Foucault: *Wahnsinn und Gesellschaft. Eine Geschichte des Wahns im Zeitalter der Vernunft.* Tb, Frankfurt a. M. 1973, S. 331.

ten, könne kein nennenswerter Wiederaufbau stattfinden. Für die Zukunft sei in Deutschland nur noch mit 600000 Geburten pro Jahr zu rechnen, gegenüber 1,5 Millionen im Kriegsjahr 1915. Auf hundert deutsche Männer bis zu dreißig Jahren kämen dreihundert Frauen im Alter bis zu 26 Jahren. Adenauer fürchtete um die physische Substanz des deutschen Volkes. Die Deutschen erlebten einen »rapiden wirtschaftlichen, körperlichen und seelischen Verfall (...), der sich vielleicht hätte vermeiden lassen«, doch die Alliierten ließen sich »vielfach von eigenen politischen und wirtschaftlichen Gesichtspunkten« leiten.[15] Ihr Ziel sei es, die deutsche Konkurrenz auf dem Weltmarkt langfristig auszuschalten.

In den Erzählungen über die Nachkriegszeit, die offiziell tradiert werden, spielen diese Fakten und Zusammenhänge keine Rolle mehr. Hingegen erhalten die Care-Pakete und die (in Wahrheit sehr bescheidene) Hilfe aus dem Marshall-Plan eine gleichsam mythische Dimension. Die westlichen Alliierten werden ausschließlich als Retter und Helfer beschrieben, was zeigt: Es ist ihnen gelungen, ihre biopolitische Lektion als unvergängliche Ur-Erfahrung in die Individual- und Kollektivkörper der (West-)Deutschen einzusenken. Diese wurden von der Einsicht überwältigt, daß sie, um aus Hunger und Kälte erlöst zu werden, den Erwartungen der Sieger entsprechen mußten. Der zunehmende Eifer, ihnen nicht nur dem Anschein nach zu gehorchen, sondern sich ehrlich mit ihnen zu identifizieren, erklärt sich aus der schieren Wucht ihrer Not und Unterlegenheit. Die eigenen Bestände waren zerstört oder komprimittiert, eine neue innere Emigration damit ohne Orientierung. Außerdem präsentierte das amerikanische Gegenmodell sich nicht nur erfolg- und siegreich, es war in vielerlei Hinsicht tatsächlich attraktiv, so daß sich an ihm ein neues, unbeflecktes Selbstbewußtsein aufrichten konnte. Das war zwar nur ein abgeleitetes, doch das Gefühl, nach vielen Irrwegen endlich auf der richtigen und sicheren Seite zu stehen, bedeutete Ausgleich genug. Nur war die objektive Stellung als Besieg-

15 Konrad Adenauer: *Erinnerungen. 1945–1949*. Lizenzausgabe. Augsburg 1996, S. 180–188.

ter damit nicht aufgehoben und der Stachel, den das Wissen um die Umstände der eigenen Unterwerfung setzte, nicht gezogen: Die Wunde wurde ruhiggestellt. Doch im Laufe der Zeit steigt der Bedarf an Morphium immer höher – bekanntlich mit mörderischen Folgen für den Organismus.

Ein dritter entscheidender Eingriff waren die Massenvergewaltigungen. An ihnen waren keineswegs nur Rotarmisten beteiligt, aber sie stellten das Hauptkontingent der Vergewaltiger. Schätzungsweise bis zu 1,9 Millionen deutsche Frauen wurden 1944/45 von Angehörigen der Roten Armee vergewaltigt, vom siebenjährigen Kind bis zur über achtzigjährigen Greisin, viele davon mehrfach, oft dutzende Male. Drei Viertel der Verbrechen geschahen in Ost-, die übrigen vor allem in Mitteldeutschland. Viele Frauen starben oder trugen körperliche und seelische Dauerschäden davon.

Die besondere Qualität der sexuellen Gewalt lag neben ihrer Häufigkeit und dem flächendeckenden Charakter in der absoluten Wehrlosigkeit der Opfer. Auf die Hilferufe der Gequälten zu reagieren, kam einem Todesurteil gleich, und eine deutsche Staatsmacht, die Schutz oder juristische Genugtuung gewähren konnte, gab es nicht mehr. Nicht genug, daß die Opfer am Boden lagen, sie durften straflos in den Staub getreten werden. So wurde die totale Niederlage des Landes körperlich und seelisch millionenfach als individuelle Erfahrung miterlebt. »Der russische Siegesrausch manifestiert sich im Fleische. Im Fleisch unserer Frauen. Leibhaftig nehmen sie Stück für Stück der deutschen Erde in Besitz; leibhaftig zeugen sie Nacht für Nacht in sie hinein«, versuchte die Berliner Journalistin Ruth Andreas-Friedrich in ihrem Tagebuch das Elementare des Vorgangs zu erfassen.[16] Schwangerschaften, die daraus entstanden, wurden in großer Zahl von Ärzten abgetrieben. Dazu mußten sie sich über ein Verbot der russischen Behörden hinwegsetzen, welche die Kinder aus solchen

16 Ruth Andreas-Friedrich: *Schauplatz Berlin. Tagebuchaufzeichnungen 1945–1948*. Tb, Frankfurt a. M. 1986, S. 24.

Zwangsvereinigungen als fortwirkendes Symbol und Faktum ihres Sieges bewahrt wissen wollten.[17] Geschlechtskrankheiten, Unfruchtbarkeit, dauerhafte sexuelle Abstinenz waren die weiteren Folgen. Der Berliner Konrad Kardinal Graf Preysing schrieb im Juli 1945, die russischen Soldaten hätten die biologische Grundlage für eine nachfolgende Generation in Deutschland schicksalhaft geschwächt.[18]

Es dauerte Monate, bis wieder eine gewisse Sicherheit einzog. Die Demütigung wurde dadurch gesteigert, daß der Mißbrauch auch vor den Augen der Kinder und Ehemänner stattfand: ein atavistisches Ritual, das die Männer moralisch vernichtete bzw. kastrierte. Die bleibende Degradierung der deutschen Männer, die ihre Ehefrauen, Bräute, Töchter und Mütter den Siegern als Beute überlassen mußten, bildet das Komplementärstück zur Tragödie der Frauen.

Die Sieger führten ihnen triumphierend ihre Schwäche und Wehrlosigkeit vor Augen, indem sie sie zwangen, das Intimste herzugeben, um es nach Gutdünken zu gebrauchen. Auch die Demütigung der Männer verdoppelte sich, weil ihre Männlichkeit in den Augen der Frauen, denen sie nicht helfen konnten, entwertet wurde. Über die Erschütterung eines biederen Bäckermeisters während des Mißbrauchs seiner Frau heißt es: »Eine Sekunde lang habe ich das Gefühl, in einem Theaterstück mitzuspielen. Unmöglich kann ein bürgerlicher Bäckermeister sich so bewegen, solche Herztöne in seine Stimme legen, so nackt, so aufgerissen wirken, wie ich es bis jetzt nur an großen Schauspielern erlebte.« Hier gewinnt der Mann durch die Art, wie er seinen Schmerz offenbart, immerhin noch eine gewisse Größe. Andere erklärten sich aus Überlebensgründen mit der eigenen Entwertung einverstanden und vergrößerten sie dadurch. So berichtet die als »Anonyma« bekannt gewordene Berliner Chronistin von einer Nachbarin, die, als die Russen an ihr zerrten, von einem Mann

---

17 Vgl. Rudolf Tüngel/Hans Rudolf Berndorff: *Stunde Null. Deutschland unter den Besatzungsmächten*. Berlin 2004, S. 174.

18 Vgl. Helke Sander/Barbara Johr: *BeFreier und Befreite. Krieg, Vergewaltigung, Kinder.* Tb, Frankfurt a. M. 1995 (1992), S. 37.

aufgefordert wird: »Nun gehen Sie doch schon mit, Sie gefährden uns ja alle!« Die Schreiberin fügte hinzu: »Kleine Fußnote zum Untergang des Abendlandes.«[19]

Die Schändung ihrer Frauen zerstörte bei den Männern alle verbliebenen Illusionen von Macht, Besitz, Selbstbehauptung, Stolz. Der vorübergehende Besitzwechsel der Frauen minderte für sie deren Wert und traf das eigene Selbstwertgefühl. Die Wirkung war um so größer, weil die NS-Ideologie den starken, soldatischen, wehrhaften Mann verherrlicht hatte. Dem unter Hitler erstarkten Deutschland entsprach nach der Überwindung von Wirtschaftskrise, Massenarmut und -arbeitslosigkeit ein neues Selbstbewußtsein des Mannes als Ernährer der Familie. Als siegreiche Soldaten, die sie zunächst waren, repräsentierten sie den Eros des virilen Triumphators.

Jean-Paul Sartre läßt im Roman *Der Pfahl im Fleische* einen homosexuellen Dekadenten ihren Einmarsch in Paris erleben: »Sein Herz schlug bis in die Schläfen, und er sah sie ... sie streiften ihn mit ihrem ausdruckslosen Blick, und andere kamen nach ihnen, andere genau solche Engel, die ihn genauso ansahen. (...) Er hatte keine Angst, er dachte: Unsere Besieger! Und Wollust umfing ihn. Er erwiderte kühn ihren Blick, er konnte sich nicht satt sehen an diesen blonden Haaren, diesen wettergebräunten Gesichtern, in denen die Augen wie Gletscherseen wirkten, an diesen schmalen Hüften, diesen unglaublich langen und muskulösen Schenkeln. Er murmelte: Wie schön sie sind! (...) Eine unerträgliche, köstliche Erregung stieg ihm von den Schenkeln in die Schläfen, er sah nicht mehr ganz klar, er wiederholte ein wenig keuchend: Wie in Butter – sie dringen in Paris ein wie in Butter ... sie werden uns Böses antun, die Herrschaft des Bösen bricht an, welche Wonne!«[20]

Dagegen breitete sich 1945 eine »Kollektiv-Enttäuschung« aus, die das Gefühl der Frauen gegenüber den Männern radikal änderte. Sie erschienen ihnen »kümmerlich und kraftlos«, als »schwäch-

---

19 Anonyma: *Eine Frau in Berlin. Tagebuchaufzeichnungen vom 20. April bis 22. Juni 1945.* Tb, Berlin 2005 (2002), S. 60 und S. 87.
20 Jean-Paul Sartre: *Der Pfahl im Fleische.* Tb, Hamburg 1963, S. 91 f.

liches Geschlecht«. Margret Boveri beobachtete, daß sie flüchteten, wenn russische Soldaten ihren Tribut forderten. Der spätere SPD-Spitzenpolitiker Egon Bahr bekannte nach Jahrzehnten verschämt, Zeuge von Vergewaltigungen gewesen zu sein. »Ich habe nicht versucht, es zu verhindern.« Als allgemeine Erfahrung formulierte er, »daß in kritischen Situationen Charakter wichtiger als Intellekt ist«.[21] Der Publizist Erich Kuby schrieb, daß die überwiegende Anzahl der Männer »sich hinter den Frauen verkrochen, Angst hatten und feige waren – unvorstellbar feige«. Eine andere Zeitzeugin erinnerte sich an sie als »kleine Bübchen, die sich vor dem schwarzen Mann fürchteten und Mutters Schutz brauchten. Als sich die Frauen das verbaten, meinten sie: ›Euch tun sie doch nichts, ihr haltet doch bloß mal still. Aber uns bringen sie nach Sibirien‹«.[22] Indirekt wurde hier ein biologischer Sachverhalt angesprochen: Die männliche Substanz in Deutschland war derart dezimiert und stand in Gefahr, gänzlich ausgelöscht zu werden. Um überhaupt zu überleben, mußten die Männer sich unsichtbar machen.[23]

»Zwischen den smarten amerikanischen Uniformen, den wohlgenährten Gestalten unserer Besatzungsmächte«, notierte eine andere Zeitzeugin am 30. Juli 1945 in ihr Tagebuch, »tauchen zerlumpt und abgezehrt, scheu um sich blickend, wie ertappte Sünder die ersten deutschen Soldaten auf. Kriegsgefangene, von irgendwo her. Man möchte wegblicken, wenn man sie sieht, weil man sich ihrer Scham so schämt, ihres trostlosen, jämmerlichen Aussehens. Sind das die strahlenden Sieger, die Adolf Hitler vor Jahren in den Krieg schickte! Als wandelnde Ruinen wanken sie dahin. Beinlose, Armlose, Sieche, Kranke, Verlassene und Verlorene«.[24] Die einst »erstklassigen Soldaten« wirkten auch auf William L. Shirer nur noch »bezwungen, schmutzig, müde und hungrig«.[25]

---

21 Zit. nach: M. Boveri: *Tage*, S. 16

22 Zit. nach: Helke Sander und Barbara Johr: *BeFreier und Befreite*, S. 28 und S. 30.

23 Vgl. M. Boveri: *Tage*, S. 68.

24 R. Andreas-Friedrich: *Schauplatz*, S. 88.

25 W. L. Shirer: *Tagebuch*, Bd. 2, S. 181.

Die derart dementierte Männlichkeit wurde nicht selten im Wortsinne gezielt verletzt oder ausgelöscht. Aus Ostdeutschland wird von einem Mann berichtet, der seine Frau vor der Vergewaltigung schützen wollte; von russischen Soldaten niedergeschossen, wurden dem Sterbenden die Hoden zerquetscht.[26] Während des Malmedy-Prozesses fügten die US-Vernehmer den beschuldigten Angehörigen der Waffen-SS, die das soldatisch-heroische Männlichkeitsideal explizit verkörperten, dauerhafte Verletzungen an den Genitalien zu.[27] Hermann Heidegger, der Sohn des Freiburger Philosophen, geriet am Ende des Krieges als junger Infanterieoffizier in russische Kriegsgefangenschaft. Er mußte sich vor Mitarbeiterinnen des Geheimdienstes entkleiden, die ihn abwechselnd auspeitschten und sexuell zu stimulieren versuchten.[28] In den Nachkriegsromanen von Heinrich Böll, Wolfgang Koeppen und anderen ist der deutsche Mann ein Geschlagener und de facto ein asexuelles Wesen. Dagegen stand die sexuelle Attraktivität vor allem der Amerikaner, die nach frischer Seife dufteten, die Schutz, Anlehnung und materielle Genüsse versprachen, welche die Deutschen lange entbehren mußten. Entsprechend groß war ihre Resonanz bei den Frauen. Zum Wunsch nach ein wenig Lebensqualität und nach Sicherheit für den eigenen Nachwuchs kam mitunter auch der Wunsch, von der Besiegten- auf die Siegerseite zu treten. Das konnte mit einer Härte und Gehässigkeit geschehen, die sogar die umworbenen Sieger schockierte. Eine junge Berlinerin, die sich mit einem Engländer angefreundet hatte, beschimpfte einen zerlumpten deutschen Soldaten als »Kriegsverlängerer«. Als dieser sie ohrfeigte, solidarisierte sich der Engländer mit ihm und ließ das Mädchen stehen.[29]

---

26 Marco Picone Chiodo: *»Sie werden die Stunde verfluchen ...« Sterben und Vertreibung der Deutschen im Osten 1944–1949*. München 1990, S. 43.

27 Vgl. Franz W. Seidler: »Folter, Demütigung, Sadismus«, in: *Deutsche Militärzeitschrift* (DMZ), Selent, Sonderausgabe 2005, S. 116–120. Lothar Greil: »Der Fall Malmedy«. Jochen Peiper auf der Anklagebank. *DMZ* 1/ 2007, S. 110–113. Auch: ebd, S. 104–106.

28 Hermann Heidegger: *Heimkehr 47. Tagebuch-Auszüge aus der sowjetischen Gefangenschaft*. Schnellroda 2007, S. 37.

29 Ursula von Kardorff: *Berliner Aufzeichnungen. Aus den Jahren 1942–1945*. Tb, München 1964 (1962), S. 276.

Solche Einzelerlebnisse waren zahllos, sie summierten und formten sich zum Kollektiverlebnis. »Unter Männern hatten die Deutschen versagt«, schreibt Alexander Mitscherlich, es blieb ihnen nur die Regression zur »mutterähnlichen Sicherheit«.[30] Den traumatisierten, mißhandelten Frauen fiel es leichter, über die sexuelle Demütigung zu reden, als ihren Männern: Die Frauen wurden vor sich selbst und der Familie erniedrigt, die zur Passivität verdammten Männer erlebten eine zusätzliche Degradierung vor der Geschlechteranthropologie, die ihnen die Beschützerfunktion zuweist. Das »Anonyma«-Tagebuch, in dem eine Berliner Journalistin über die Vergewaltigungsorgien berichtet und die Rolle der Männer kritisch beleuchtet, wurde von der (damals männerdominierten) Öffentlichkeit am Ende der fünfziger Jahre mit Empörung aufgenommen.

An der Regression der deutschen Männlichkeit änderte das nichts. Bezeichnenderweise hat der internationale Film für den deutschen Mann die Rolle des Nazis bzw. Wehrmachtssoldaten reserviert, im übrigen bildet er eine Leerstelle. Zum Vergleich: Die Rollenmuster des Amerikaners changieren zwischen dem mutigen Selbsthelfer und dem omnipotenten Weltenretter, in italienischen Nachkriegsfilmen agieren flamboyante Liebhaber und Charmeure, in Frankreich der elegante Intellektuelle und Künstler. Ihnen gesellt sich der versnobte, leicht derangierte Brite zu. Der deutsche Mann hatte seine definitive Ausprägung als Soldat erfahren. Nach seiner Entmachtung durch zwei verlorene Kriege war er außerstande, ein konsistentes Rollenbild und -vorbild, eine psychologisch und kulturell signifikante Lebenspraxis zu vermitteln. Er flüchtete sich in die Arbeit und prägte das gesellschaftliche Klima, indem er sich über das Einkommen und errungene Statussymbole definierte, was die Generation der Söhne, die eine ausgleichende, vorbildhafte Vätergeneration vermißten, um so mehr zum Widerspruch reizte. Die Feststellung Alexander Mitscherlichs bestätigte sich, daß »neurotische Väter (...) die beste Voraussetzung für die

30 Alexander Mitscherlich: *Die Unwirtlichkeit unserer Städte. Anstiftung zum Unfrieden*. Tb, Frankfurt a. M. 1966 (1965), S. 61.

Erzeugung neurotischer Söhne« sind.[31] Die Neurosen der Söhne äußerten sich in der vehementen Anklage gegen die Väterwelt über die frühe Erwachsenenphase hinaus. Der moderne deutsche Film widerspiegelt diese Infantilisierung der Männlichkeit durch den überwiegenden Typus, der noch jenseits der Vierzig jungen- und flatterhaft und unfähig ist, sich zu binden und Verantwortung zu übernehmen. Zum Gesamtbild gehört, daß die Filmemacher außerstande sind, die historischen und mentalen Zusammenhänge dieser Regression darzustellen und zu analysieren. Das heißt, daß die Auflösung nationaler Bezüge weder zu einem Mehr an privatem Glück noch zur Steigerung der intellektuellen Leistungsfähigkeit und der künstlerischen Imagination geführt hat.

»Die Not bricht Eisen und der Krieg die Treue und den Stolz. Erbarmungsloser Lehrer auf dem Feld menschlicher Schwächen ist die Niederlage.«[32] Das Zerfallen überkommener Loyalitäten unter dem Druck von Hunger, Kälte und Rechtlosigkeit tritt in schauerlicher Weise aus Berichten über Gefangenenlager für Deutsche hervor, wo Insassen darin wetteiferten, in der Beaufsichtigung und Mißhandlung ihrer Mitgefangenen das Wachpersonal zu übertreffen. »Zwanzigjährige Deutsche schreien alte Hauptleute, die ihre Väter sein könnten, an: ›Herr, haben Sie mich verstanden? Los, davai!‹ und unterstützen diese Forderung mit einem Fußtritt.«[33] Das Wolfsgesetz tritt unverstellt hervor und veranlaßt und ermächtigt den Stärkeren, um des eigenen Überlebens willen gnadenlos den Schwächeren zu treten. Auch geht es nach der Abdankung der alten Macht darum, rechtzeitig die Abkehr von ihr zu demonstrieren und sich unter das Gesetz der neuen Macht zu stellen, um an ihr teilzuhaben und seelischen Halt zu finden. In der zitierten Szene sind Spuren der Verzweiflung vorhanden, die eine Generation erfüllte, welche sich durch die Väter-

---

31 Alexander Mitscherlich: *Auf dem Weg zur vaterlosen Gesellschaft. Ideen zur Sozialpsychologie.* München 1969 (1963), S. 207.
32 Hans von Hentig: *Die Besiegten. Zur Psychologie der Masse auf dem Rückzug.* Tb, München 1966, S. 154.
33 Vgl. H. Heidegger: *Heimkehr.* S. 65 und S. 68, hier: S. 68.

generation auf einen Irrweg und ins Nichts geschickt sah. Die Verzweiflung des Kriegsheimkehrers Beckmann in Wolfgang Borcherts *Draußen vor der Tür,* der auf seine Frage nach dem Warum des Elends keine Antwort erhält, mündet in Autoaggression, im Selbstmord. In dem russischen Kriegsgefangenenlager wendet sie sich als Aggression gegen jene, die als vorgeblich Schuldige eben greifbar waren: auch dies ein Symptom der totalen moralischen Erschöpfung Deutschlands.

Die Kriegsgefangenen waren nicht die einzigen, auf die das Lagerschicksal wartete. Am härtesten traf es die Ost- und die Volksdeutschen, die in polnische, tschechische und südosteuropäische Konzentrationslager gesperrt wurden, wo sie in großer Zahl und in oft qualvoller Weise zu Tode gebracht wurden. Aus Ungarn und Rumänien wurden Angehörige der deutschen Minderheit zu Zehntausenden zur Zwangsarbeit in die Sowjetunion deportiert, wo ebenfalls viele starben. In allen vier Besatzungszonen wurden Internierungslager eingerichtet, in die insgesamt 250 000 Menschen gesperrt wurden. Nur eine Minderheit unter ihnen hatte tatsächlich Verbrechen verübt.

Die Amerikaner führten in ihrer Zone ein kompliziertes Fragebogen-Verfahren zur Entnazifizierung ein. Bis Ende 1945 hatten 13 Millionen Deutsche die Bögen ausgefüllt. Die Unterwerfung unter diese Vergangenheits- und Gewissensprüfung und unter die Autorität der Siegermacht war gleichfalls biopolitisch intendiert: Die Beantwortung der Fragen war die Voraussetzung, um die zum Überleben notwendigen Lebensmittelkarten zu erhalten. Plakate mit Schreckensfotos aus deutschen Konzentrationslagern verbreiteten kollektive Schuldanklagen. Ein ausgestreckter Zeigefinger bedeutete dem Betrachter, daß die Überschrift »Du bist schuld!« ihn ganz persönlich meinte. Interessanterweise wird dieses Anklageverfahren, das sogar in Publikationen der Bundeszentrale für Politische Bildung dokumentiert ist,[34] neuerdings von

34 Vgl. Alexander von Platho/Almut Leh: *Ein unglaublicher Frühling. Erfahrene Geschichte im Nachkriegsdeutschland 1945–1948*. Bonn 1997, S. 133. Hier wird ein Foto vom Juli 1945 aus Bad Mergentheim abgebildet, das ein Plakat aus Konzentrationslagern zeigt. Die Überschrift lautet: »Diese Schandtaten: Eure Schuld!«

führenden deutschen Zeitgeschichtlern in Orwellscher Manier bestritten.[35]

Das Zusammenwirken aus körperlicher und geistiger Penetration ist über die Jahre so tief in das Innere gedrungen, daß selbst deutsche Historiker zu ihrer Analyse nicht mehr fähig sind. Der Schriftsteller W. G. Sebald hat mit Blick auf den Bombenkrieg festgestellt, »daß die neue bundesrepublikanische Gesellschaft die in der Zeit ihrer Vorgeschichte gemachten Erfahrungen einem perfekt funktionierenden Mechanismus der Verdrängung überantwortet hat, der es ihr erlaubt, ihre eigene Herkunft aus der absoluten Degradation zwar faktisch anzuerkennen, zugleich aber aus ihrem Gefühlshaushalt völlig auszuschalten«.[36] Das gilt auch für die Vergewaltigungen, die Vertreibung, die Zwangsarbeit, für die Internierungslager, die mutwillig verlängerten Perioden des Hungers, der Obdachlosigkeit usw. Die Verdrängung wird ergänzt durch eine Scheinrationalisierung, das heißt, die erlittene Gewalt wird nicht nur geleugnet oder verkleinert, sie wird nach Bedarf auch als wohlverdiente Strafe oder verständliche Reflexhandlung interpretiert und in einer »Tätervolk«- und »Alleinschuld«-Ideologie aufgelöst. Nur um den Preis der Amnesie ist eine Versöhnung der Deutschen mit den Gegebenheiten und Zwängen möglich, unter denen sie existieren. Andererseits setzen sie sich damit zur menschlichen Natur, zu den geschichtlichen Abläufen und zur politischen Vernunft so sehr in Widerspruch, daß ihre Situation einer geistig-moralischen Perversion gleichkommt.

Der Schmerz wurde Lehrmeister und Stigma, senkte sich ein in Körper und Seele, bewirkte wohl auch eine genetische Veränderung, die sich verschärfend fortzeugt. Die geistige Hauptbewegung der von ihr Betroffenen ist die Flucht vor der eigenen geschichtlichen Wahrheit. Desgleichen erhoffen sie sich von den vermehrten, immer intensiveren Bußritualen eine Schmerzlinderung, die aber ausbleibt, weil die Möglichkeit der Absolution absichtlich versperrt

---

35 Vgl. Norbert Frei: *»1945 und wir«. Das Dritte Reich im Bewußtsein der Deutschen.* München 2005, S. 153.

36 W. G. Sebald: *Luftkrieg und Literatur.* Tb, Frankfurt a. M. 2003 (2001). S. 19.

wird. So gleicht das biopolitisch konditionierte Deutschland einer Katze, der man eine Tüte mit Erbsen an den Schwanz gebunden hat und die sich, erschrocken über das unentrinnbare Geräusch, in Panik zu Tode hetzt.

9

Ohnmachtpolitik

Die düsteren geopolitischen Prognosen aus dem 19. Jahrhundert hatten sich 1945 erfüllt und wurden noch übertroffen. Die Linie Stettin–Triest markierte jetzt die Grenze zwischen der deutschen und der slawischen Welt, zu der nach der Vertreibung der drei Millionen Sudetendeutschen auch ganz Böhmen und Mähren gehörte. Über 700 Jahre deutscher Ostsiedlung waren damit ausradiert. Der Keil durch Deutschland, vor dem Karl Marx gewarnt hatte, stellte sich als Eiserner Vorhang heraus, nur wurde er nicht zwischen Nord und Süd, sondern zwischen Ost und West getrieben. Tendenziell bewahrheitete sich auch die Marxsche Vision, daß Nürnberg, Regensburg und Linz die neuen Grenzstädte bilden und der direkte Weg von Berlin nach München über russisches Territorium führen würden. Unterstellte man die Dauerhaftigkeit des östlichen Imperiums, war Deutschland sogar auf die Grenzen Karls des Großen, das heißt um fast 1200 Jahre zurückgeworfen worden.[1]

Im Westen waren Großbritannien und Frankreich nur noch pro forma eigenständige Akteure. Frankreichs Rang als Mitsieger des Weltkriegs war geliehen und Großbritanniens Weltmachtstatus durch den Krieg hinfällig geworden. Es verlor ihn endgültig, als London im März 1947 die USA bitten mußte, im Mittelmeer die Schutzfunktion über Griechenland und die Türkei zu übernehmen, die durch Rußland bedroht wurden. Die Kraft der alten Seemacht reichte dafür nicht mehr aus. Die Europäer, die noch zur Jahrhundertwende weitgehend die Weltpolitik unter sich ausgemacht hatten, standen im eigenen Haus unter abgestufter Vormundschaft der zwei außereuropäischen Super- und Flügelmächte.

---

1 Vgl. Karl Marx/Friedrich Engels: *Werke*. Bd. 14. Berlin/Ost 1972 (1961), S. 508 f.

Auf die Deutschen traf das doppelt und dreifach zu, weil sie besiegt und besetzt waren. Seit langem hatten die weltpolitischen Konstellationen zum Treffen an der Elbe zwischen russischen und amerikanischen Truppen am 25. April 1945 hingestrebt. Die Teilung des Rumpflandes war die nächste logische Konsequenz, die sich aus den machtpolitischen und ideologischen Differenzen zwischen der Sowjetunion und der USA ergab. Der internationale Bürgerkrieg gegen das nationalsozialistische Deutschland ging nach kurzer Zeit in einen Weltbürgerkrieg zwischen der sozialistischen Sowjetunion und der liberal-kapitalistischen USA über. Das parzellierte Deutschland wurde von den zwei verfeindeten Co-Hegemonen verwaltet und in ihre Paktsysteme eingebaut. Max Webers in einen Rückblick gekleidete Voraussage, der Verzicht auf einen Einheitsstaat würde den Deutschen keinen Frieden garantieren, sie vielmehr zu Hilfstruppen ihrer mächtigen Nachbarn degradieren, war Realität geworden.

Beide Supermächte stimmten in dem entscheidenden Interesse überein, ein politisch eigenständiges Deutschland nie wieder zuzulassen. Der todkranke US-Außenminister John F. Dulles schrieb 1959 dem Regierenden Bürgermeister von (West-)Berlin, Willy Brandt, vermächtnishaft ins Stammbuch: »Wenn wir uns in hundert Fragen mit den Russen streiten, in der hunderteinsten sind wir uns einig: Ein neutrales Deutschland, womöglich noch bewaffnetes Deutschland, das zwischen den Fronten hin und her marschieren kann, wird es nicht geben.«[2] Dulles war ein entschiedener Antikommunist, der sich der Eindämmung der sowjetischen Expansion verschrieben hatte. Für ihn kam eine Vereinigung der beiden deutschen Teilstaaten nur unter amerikanischer Ägide in Frage. Für die Sowjetunion galt unter umgekehrtem Vorzeichen das gleiche. Beide hatten dafür ihre Gründe.

Die USA hatten ihre Grenze über den Rhein hinaus an die Elbe verlegt. Dort waren sie nun zum Bleiben gezwungen, denn auf dem anderen Elbufer standen die russischen Armeen mit ihrer konven-

---

2 Willy Brandt: *Erinnerungen*. Sonderausgabe für die DDR. Berlin, Frankfurt a. M. 1990, S. 154.

tionellen Übermacht. Ein beidseitiger Rückzug, der die Russen hinter die Oder, die Amerikaner hinter den Rhein führte, hätte für die russische Landmacht mit ihren riesigen Rückzugsräumen einen klaren militärstrategischen Vorteil bedeutet. Die russische Drohung, lautete eine verbreitete Befürchtung, würde Westdeutschland über kurz oder lang demoralisieren und in den Sog Moskaus geraten lassen. Der Sowjetunion hätte sich der Weg an den Atlantik eröffnet, denn ohne Westdeutschland verfügte Westeuropa über keine räumliche Tiefe mehr. Äußerstenfalls hätten die USA sich einem kommunistisch beherrschten, europäisch-asiatischen Kontinentalblock auf der anderen Seite des Atlantiks gegenüber gesehen.

Die Sowjetunion hatte fast alles, was Außenminister Molotow an territorialen und strategischen Konzessionen 1940 von Hitler verlangt hatte, 1945 bekommen und sogar noch einiges mehr. Was fehlte, war die Kontrolle über die Ostseeausgänge und damit über Skandinavien sowie der Zugriff auf das westeuropäische Industriepotential, insbesondere auf das Ruhrgebiet, auf den Moskau zum Wiederaufbau der kriegszerstörten Gebiete angewiesen war. Die DDR in eine gesamtdeutsche Neutralität zu entlassen, barg für sie Risiken, denn die Chance, die besiegten Deutschen für sich zu gewinnen, hatte sie 1945 vertan. Es hatte in Deutschland große Furcht vor der russischen Rache geherrscht, in die vages Wissen über die Untaten hineinspielte, die Deutsche in der Sowjetunion angerichtet hatten. Die Tapferkeit der russischen Soldaten wurde ebenso wie die Tatsache registriert, daß es keine russischen Bomben waren, die die Zivilbevölkerung peinigten. Eine generöse Politik Stalins wäre dankbar quittiert worden und hätte ihm viele Möglichkeiten eröffnet. Doch der russische Einzug in Ost- und Mitteldeutschland und die brutale Art, in der das stalinistische System eingepflanzt wurde, sorgten für Zorn, Verzweiflung und Verbitterung, die nur durch Furcht gedämpft wurden. Dazu kam der Eindruck einer hoffnungslosen zivilisatorischen Unterlegenheit der östlichen Sieger. Während der Westen die Unterminierung eines Gesamtdeutschland durch das Zusammenwirken von russischer Macht und kommunistischer Ideologie fürchtete, mußte die Sowjetunion davon ausgehen, daß die Bevölkerung der SBZ/DDR sich desto entschiedener in die Arme des Westens flüchten und sein Potential verstärken würden – mit unabsehbaren Rückwirkungen auf die anderen Satellitenstaaten des Sowjetimperiums.

Auf jeden Fall blieben die Deutschen die Getriebenen der europäischen und Weltpolitik. Das galt auch in den Fällen, wo sie sich für sie – zumindest im Westen – günstig auswirkte. Die entscheidenden Maßnahmen in den Westzonen: ihre Einbeziehung in den Marshall-Plan und die Währungsreform, wurden von den Westalliierten bestimmt. Parallel dazu wurden in der sowjetischen Besatzungszone mit der Verschärfung des Kalten Krieges neben den bürgerlichen auch die nationalkommunistischen Kräfte ausgeschaltet, die einen eigenen deutschen Weg zum Sozialismus beschreiten wollten.

Politische Weichenstellungen, die üblicherweise als Beleg für Weitblick, Humanismus und für die Fähigkeit zur demokratischen Selbstbehauptung herausgestellt werden, hatten den beabsichtigten Nebeneffekt, die deutsche Teilung zu vertiefen. Der amerikanische Historiker John Lewis Gaddis nennt den Marshall-Plan eine »Falle« für Stalin, »die darin bestand, ihn dazu zu bringen, die Mauer zu errichten, die Europa teilen sollte«.[3] Die Sowjetunion beging sämtliche Fehler, die die USA von ihr erwarteten. Die fast einjährige Blockade der Berliner Westsektoren von Juni 1948 bis Mai 1949, mit der sie auf die Währungsreform in Westdeutschland und West-Berlin reagierte, wurde durch die Luftbrükke der Westalliierten eindrucksvoll überwunden. Noch größer als ihr logistischer und politischer Erfolg war die propagandistische und psychologische Wirkung: Die Russen, eben noch als Bezwinger des deutschen Faschismus bewundert, hatten sich als brutale Besatzer demaskiert, die keine Skrupel hatten, Millionen Menschen als Hungergeiseln zu nehmen. Die West-Alliierten erschienen dagegen als Retter und Verteidiger, die ihre ehemaligen Feinde vor dem Verhungern und Unterdrückung bewahrten und damit ihre großherzige Moral unter Beweis stellten. Den West-Berlinern

3 John Lewis Gaddis: *Der Kalte Krieg. Eine neue Geschichte.* München 2007, S. 47.

und Westdeutschen gab das die Gelegenheit, die Besatzungsmächte fortan als ihre Schutzmächte anzuerkennen und sich mit den politischen Realitäten in Übereinstimmung zu fühlen. Die Erinnerung an die todbringenden anglo-amerikanischen Luftflotten durfte hinter der Bewunderung für die lebensrettenden »Rosinenbomber« zurücktreten.

Im schnellen Tempo degenerierte das völkerrechtlich verbindliche »Deutschland als Ganzes«, von dem der Alliierte Kontrollrat in seiner ersten Proklamation am 30. August 1945 noch ausgegangen war, zur juristischen Fiktion. In der Wirklichkeit zahlte das »ganze Deutschland« als Preis, was die eine oder andere Seite als ihren Erfolg verbuchte. Jeder dieser Erfolge riß West und Ost ein weiteres Stück auseinander. Als Stalin im Mai 1949 die Blockade abbrechen ließ, war das Nato-Bündnis unter Dach und Fach gebracht und standen die Verkündigung des Grundgesetzes und die Konstituierung des westdeutschen Teilstaates unmittelbar bevor.

Während die verfeindeten Siegermächte Berlin zum Schauplatz ihrer globalen Auseinandersetzung machten und die West-Berliner für ihre Standfestigkeit während der Luftbrücke international Anerkennung auf sich zogen, mußten die Bewohner der Sowjetischen Besatzungszone ungefragt und unbeachtet ihres Anteils zum Kampf der Giganten beisteuern. Um die West-Berliner davon zu überzeugen, daß ihre Lebensinteressen auf sowjetischer Seite besser aufgehoben seien, bot die Sowjetische Militäradministration ihnen an, sich im Ostsektor mit dem Notwendigen zu versorgen. Die ohnehin unterversorgten Länder der Sowjetischen Besatzungszone mußten dafür große Mengen Nahrung, Kohle, Haushalts- und Gebrauchsgüter zur Verfügung stellen, die in Ost-Berlin deponiert wurden. Die Resonanz bei den West-Berlinern war gering. Während die Lebensmittel wegen unsachgemäßer Lagerung zum großen Teil verdarben, herrschte in der SBZ eine regelrechte Hungersnot.[4]

---

4 Volker Koop: »100 000 Tonnen Weizen für Berlin! Folgen der Blockade für die SBZ«. In: *Auftrag Luftbrücke. Der Himmel über Berlin 1948–1949.* Hg. v. Uwe Förster u.a. Berlin 1998, S. 194–303.

Das Grundgesetz wurde am 23. Mai 1949 in Kraft gesetzt, auf den Tag genau vier Jahre, nachdem britische Soldaten die letzte Reichsregierung in Flensburg unter demütigenden Umständen verhaftet und die politische Existenz des Deutschen Reiches auch formell beendet hatten. Das Datum sollte die staatliche Kontinuität und den Anspruch der Bundesrepublik Deutschland unterstreichen, ein Gesamtdeutschland vorwegzunehmen und zu vertreten. Diesen Anspruch konnte sie nach Lage der Dinge in keiner Hinsicht erfüllen. »Eine Verfassung ist die Gesamtentscheidung eines freien Volkes über die Formen und die Inhalte seiner politischen Existenz«, sagte der SPD-Politiker Carlo Schmid im September 1948 während der Beratungen des Parlamentarischen Rates. Solche Entscheidungen sind in der Regel das Ergebnis mächtiger Strömungen und Bewegungen, von Revolutionen, Unabhängigkeitskriegen oder emanzipatorischem Aufruhr. Nichts davon war bei der Erarbeitung und Verkündigung des Grundgesetzes wirksam, die von der Schwäche und Gebrochenheit des nationalen Gedankens und der deutschen Souveränität zeugten. Schmid: »Es liegt hier ein Akt der Unterwerfung vor (...), eine Art von negativem Plebiszit, durch das das deutsche Volk zum Ausdruck bringt, daß es auf Zeit auf die Geltendmachung seiner Volkssouveränität zu verzichten bereit ist.«

Bundeskanzler Konrad Adenauer nahm seine begrenzten Kompetenzen aus der Hand der Hohen Kommissare entgegen. Die berühmte Szene, in der er, ohne dazu eingeladen worden zu sein, den roten Teppich der drei Hohen Kommissare betrat, ließ erkennen, daß er entschlossen war, aus seiner subalternen Stellung schnellstmöglich herauszutreten. Doch der härteste Wille schuf die Tatsache nicht aus der Welt, daß die Gründung und Grundausrichtung der Bundesrepublik von äußeren Mächten festgelegt worden waren. Die erste Bundestagswahl am 14. August 1949 gab den Wählern gar keine Möglichkeit, über die grundlegende Frage abzustimmen, ob sie einen westdeutschen Separatstaat und die deutsche Teilung tatsächlich wollten oder nicht. Vielen Wählern war überhaupt nicht klar, daß sie genau das mit ihrer Stimmabgabe implizierten.[5]

---

5 Vgl. Margret Boveri: *Die Deutschen und der Status quo.* Tb, München 1974, S. 153.

Die Abhängigkeit und Nichtsouveränität des Grundgesetz-Staates hatte Carlo Schmid auf den Punkt gebracht: »Wo ein Volk sich unter Fremdherrschaft und unter deren Anerkennung zu organisieren hat, konstituiert es sich nicht – es sei denn gegen die Fremdherrschaft selbst –, sondern es organisiert sich lediglich, vielleicht sehr staatsähnlich, aber nicht als Staat im demokratischen Sinn. (...) Diese Organisation als staatsähnliches Wesen kann freilich sehr weit gehen. Was aber das Gebilde von echter demokratisch legitimierter Staatlichkeit unterscheidet, ist, daß es im Grunde nichts anderes ist als die Organisation einer Modalität der Fremdherrschaft; denn die trotz mangelnder voller Freiheit erfolgende Selbstorganisation setzt die Anerkennung der fremden Gewalt als übergeordneter und legitimierter Gewalt voraus.«[6] Bald zeigte sich allerdings, daß die Mehrheit der Bundesbürger in der vorenthaltenen Volkssouveränität kein dringendes Problem erblickte und die deutsche Einheit nicht für unveräußerlich hielt. Die hohe Wahlbeteiligung, die Akzeptanz der staatlichen Institutionen und staatstragenden Parteien, die Sanktionierung von Entscheidungen und Verträgen, die die Westbindung verstärkten und damit die Kluft zur DDR vergrößerten – das alles ergab eine nachträgliche Legitimation des Grundgesetzes, der Staatskonstituierung und der eingeschlagenen Richtung. Die Menschen waren mehrheitlich einverstanden mit dem politischen Kurs, der nach innen und außen Sicherheit versprach und den Rahmen für den rasanten wirtschaftlichen Wiederaufstieg bildete, der unter dem eingängigen Begriff »Wirtschaftswunder« zum Gründungsmythos der westdeutschen Republik wurde. Bald bezeichneten Neologismen wie »Freßwelle« oder »Reisewelle« den neuen Lebensstil, mit dem die Bundesbürger sich für die Entbehrungen der langen Kriegs- und Nachkriegsjahre zu entschädigen versuchten.

Von der SED und von seinen Gegnern in der Bundesrepublik wurde Adenauer als rheinischer Separatist angeprangert. Richtig ist, daß er eine Abneigung gegen Preußen empfand und der Bun-

---

6 Zit. nach: *Der Parlamentarische Rat 1948–1949, Akten und Protokolle.* Band 9. Hg. vom Deutschen Bundestag und vom Bundesarchiv, München 1996, S. 20 ff.

desrepublik eine rheinisch-westdeutsche Prägung gab, der auch seine Politik der entschiedenen Westbindung entsprach. Er sah keine Alternative dazu. Wenn man eine sowjetische Vorherrschaft über ganz Deutschland und Europa fürchtete, dann gab es Gründe, aus den Westzonen einen eigenen Staat zu konstituieren, um eigene Gegenkräfte, wie schwach auch immer, zu mobilisieren. Gründe gab es dann auch, um die Anlehnung an die USA und die westeuropäische Integration für notwendig zu halten. Das mußte keine nationale Selbstaufgabe bedeuten. Wenn man Stück für Stück die Souveränität und militärische Gleichberechtigung zurückerlangte, wenn man mit der geliehenen Kraft der Bündnispartner die Sowjetunion zur Herausgabe der DDR bewog und ein wiedervereintes, im Westen verankertes, mit den USA eng verbundenes Gesamtdeutschland erreichte, das Frankreich und Großbritannien in etwa ebenbürtig war, dann hatte man der deutschen Geschichte doch wohl eine versöhnliche Wendung gegeben?

Für die bundesdeutsche Gesellschaft waren solche Langzeitperspektiven nicht entscheidend. Sie fand schnell zu einem Lebenspragmatismus, den das Nachdenken über nationalpolitische Zusammenhänge nur gestört hätte. Bis heute ist viel von einem ursächlichen Konnex von erlebtem Wohlstand und demokratischer Überzeugung die Rede, der den Bestand der Demokratie im Krisenfall fraglich mache. Es gibt noch ein drittes, wichtigeres Element, welches das politische Leben in Deutschland konstituiert: der entschiedene Verzicht auf Politik, wo sie den Horizont der Sozialpolitik überschreitet; die Neigung, Interessenkonflikte nur insoweit zu formulieren und auszutragen, wie sie sich sozialstaatlich – das heißt: durch Geld – beheben lassen.

Die moderate, im Innern bekömmlich ausgestaltete Fremdherrschaft, von der Carlo Schmid mit abschätzigem Unterton gesprochen hatte, erwies sich sogar als Vorteil, gewährte sie Deutschland doch Freiheit von der außenpolitischen Verantwortung, an der es in seiner Geschichte immer wieder gescheitert war, und gönnte ihm – im Westen – den weltpolitisch ruhigen Winkel, wo man gut lebte und leben ließ. Der Konflikt mit der Sowjetunion war vor allem die Sache der Amerikaner. Nie wieder wollte man in Streit mit anderen Ländern geraten, keinen Krieg mehr führen, nie wieder auf der Verliererseite stehen. Der Verzicht auf nationale Einheit erschien nach den erlebten Katastrophen ein leicht zu zahlender Preis dafür.

Der Chefredakteur und -kommentator des Bayerischen Rundfunks, Walter von Cube, lieh solcher Haltung seine geschulte Stimme. Seit 1947 schon sprach er mit großer Offenheit und Resonanz aus, was andere nur dachten und für sich behielten, und konnte sich der zustimmenden Hörerpost sicher sein. Für Cube stand von Anfang an kein deutscher Einheitsstaat mehr zur Debatte, sondern nur noch die Frage, »welche Teile unseres Vaterlandes sind der Menschenwürde, der Demokratie, dem Abendland zu retten«. Er rechnete mit den »40 oder 50 Millionen Deutschen« in den Westzonen.

Er kritisierte das Zögern der westdeutschen Ministerpräsidenten, die Bildung eines Separatstaats voranzutreiben und kritisierte sogar Adenauer für seine Berner Rede. Eine Politik, die den Eisernen Vorhang zur SBZ/DDR durchlässiger machte, lehnte er ab, weil dadurch nur totalitärer Geist in den Westen einströmen würde. Ein Körperteil, der von einem Bazillus befallen sei, sagte er 1951, müsse im Interesse des Ganzen amputiert werden. Gemeint waren die DDR und Berlin. 1953 sprach er sich dafür aus, die »selbstmörderische Humanität« aufzugeben und Flüchtlinge aus der DDR zurückzuweisen, die ganz überwiegend keine politischen Fluchtgründe hätten. Er war also bereit, die DDR als Ausland zu behandeln, und hielt es für selbstverständlich, daß deren Bürger die härteren Kriegsfolgelasten trugen. In deren Ohren mußte es doppelt zynisch klingen, wenn Cube die Deutschen mahnte, sich keinesfalls als Geschlagene zu fühlen, weil das hieße, »daß wir uns zur Partei der Nationalsozialisten zählen«. Er hatte keine Bedenken, den ideologischen Weltbürgerkrieg voll auf die innerdeutschen Beziehungen zu übertragen, weil er sich davon eine Stärkung eigener Abwehrkräfte versprach.

Seine Kommentare waren keineswegs zynisch gemeint. Zum einen vertrat er einen dezidiert bayerischen Standpunkt und trat für einen föderal verfaßten Staat mit weitgehenden Rechten der Länder ein. Vor allem aber war er ein Pragmatiker, der das, was er hatte, nutzen, genießen und verteidigen wollte, anstatt einem Verlorenen mit unsicheren Erfolgsaussichten nachzujagen. Sein Ideal war ein Staat, wo die Freiheit der Individuen, sozialen Gruppen, gesellschaftlichen Dachorganisationen und Länder »keinen anderen Einschränkungen begegnet als denen wirtschaftlicher Vernunft«.[7] Die deutsche Staatsräson sollte sich künftig in der Wahrnehmung wirtschaftlicher Interessen erfüllen. Die Abkehr von »Deutschland als Ganzem« war hier mehr als nur angedeutet. Die inneren Mauern in Deutschland entstanden als Folge der Niederlage schon lange vor den äußeren.

Das Grundgesetz der Bundesrepublik kam den Vorstellungen Cubes weit entgegen. Im »Dritten Reich« hatte eine straff ideologisch ausgerichtete Partei den Staat zu ihrem Werkzeug erniedrigt und in weiten Teilen zerstört. Daraus wurde paradoxerweise die Lehre gezogen, daß man einen schwachen Staat brauche, um solche Hybris künftig zu vermeiden. So wurde an den Anfang der Verfassung keine politische Grundfeststellung gesetzt – etwa: die Bundesrepublik als das schützende Dach, unter dem die Deutschen ihre Angelegenheiten gestalteten –, sondern die individuellen Grundrechte, deren Gewährung der Staat zu garantieren hat. Das Sozialstaatspostulat in Artikel 20 des Grundgesetzes, wonach die Bundesrepublik ein »sozialer Bundesstaat« sei, bildete den Hebel, um diese Rechte sukzessive auszuweiten und den Staat proportional weiter zu schwächen. Denn sozialstaatliche Gewährleistungen sind auf Teilhabe aus. »Die Teilhabe als Recht und Anspruch meint einen leistenden, zuteilenden, verteilenden, teilenden Staat.«[8] Der Staat schrumpft zum Sozialstaat, dessen Ernstfall sich auf den Sozialfall bzw. das Absinken des Sozialprodukts reduziert. Dieses apolitische Staatsverständnis konnte man sich leisten, weil der Rahmen der staatlichen Existenz durch äußere Vormächte abgesteckt

---

7 Walter von Cube: *Ich bitte um Widerspruch. Fünf Jahre Zeitgeschehen kommentiert.* Frankfurt a. M. 1952, S. 45 f. Vgl. auch: *Der Spiegel,* 51/1951 und 11/1953.

8 Ernst Forsthoff: *Rechtsstaat im Wandel. Verfassungsrechtliche Abhandlungen 1954–1973.* München 1976, S. 75.

und gesichert wurde. Diese Abhängigkeit war ebenso bequem wie gefährlich, denn die Kultivierung des sozialen Wohlseins war nur zu Bedingungen und nur so lange gesichert, wie es im Interesse der Vormächte lag. Zudem machte ein Staat ohne echte Staatsethik sich auf längere Sicht wehrlos gegen Gegner, die von innen her gegen ihn anstürmten. Eignete ein derartiger Staat sich als Kernstaat für ein souveränes, wiedervereinigtes Deutschland, zum deutschen Piemont?

Der Schweizer Journalist Hans Fleig schrieb 1954 über ein Gespräch mit einem amerikanischen Offizier kurz nach der Kapitulation 1945. Der Amerikaner sei verblüfft gewesen, »wie gefügig und butterweich die Deutschen bei sich zu Hause seien (...). Es sei, wie wenn man einen Kuchenteig in den Händen halte. Man könne ihn mit dem Messer nach Belieben zerteilen, ihn zusammenknüllen, als Ballen aufs Brett schmeißen oder ihn aufessen. Immer geschehe das gleiche: nämlich gar nichts. Dieser Teig lasse alles mit sich geschehen, ohne zu explodieren, zu reagieren oder zu protestieren. Es sei ein Phänomen.« Ein Phänomen, das sich aus den damaligen Umständen heraus leicht erklären läßt. Doch neun Jahre später hatte die Situation sich kaum geändert: Westdeutschland, so Fleig, habe sich mit der Teilung abgefunden; beschränke sich auf seine wirtschaftlichen Angelegenheiten und lege ein völliges Desinteresse an der DDR und den Oder-Neiße-Gebieten an den Tag. Eine Deutschland-Politik gebe es faktisch nicht bzw. sie erschöpfe sich in hohlen Deklamationen. »Das kann man Bonner Realismus nennen, oder biopolitische Anpassung an erschwerte Lebensbedingungen, oder gesunden Lebenswillen oder kalten Egoismus, Feigheit, Flucht vor den größten Aufgabe, Kollektivverrat am eigenen Volk.«[9] Hätten die Bundesdeutschen sich für die deutsche Einheit genauso ins Zeug gelegt wie für das Wirtschaftswunder, wäre die Wiedervereinigung womöglich längst erreicht.

Das war eine rhetorische Überspitzung, doch richtig ist, daß es keine breiten und überzeugenden Bekundungen der Deutschen

9 Zit. nach: Hermann Rauschning u.a.: ... *mitten ins Herz. Über eine Politik ohne Angst.* Berlin 1954, S. 14 f.

gab, daß die nationale Einheit ihre Herzenssache war. Damit begaben sie sich der politischen Waffe, in die sich das moralische Argument in den Händen von Machtlosen verwandeln kann. Die Siegermächte, die sowieso an der Teilung festhalten wollten, bekamen den Eindruck, daß die Deutschen selber nicht an ihrer Aufhebung interessiert waren. Beide deutschen Staaten machten sich das Vokabular des ideologischen Weltbürgerkrieges zu eigen und wandten es gegen die andere Seite. Es ist eine bemerkenswerte Fußnote, daß einer der lautesten Akteure, der während der Blockade weltberühmt gewordene Berliner Bürgermeister Ernst Reuter, seine politischen Lehrjahre als Mitglied des Spartakusbundes und der Kommunistischen Partei absolviert hatte. Seine ideologische Entschiedenheit entstammte der Bürgerkriegszeit von 1918/19.

Die antikommunistische Rhetorik aus Bonn konnte der Macht Moskaus – um die es in letzter Instanz ging – natürlich nichts anhaben, sie schmälerte nur die russische Bereitschaft, deutschen Anliegen entgegenzukommen. Aber auch eine informelle Zusammenarbeit unterhalb der Regierungsebene zwischen Bonn und Ost-Berlin, die die Teilungsfolgen zu lindern versuchte, unterblieb. Es setzte sich fort, was schon 1945 in Berlin festzustellen war, wo die vier Besatzungsmächte in ihren Sektoren eigene Verwaltungsbehörden installiert hatten. Die deutschen Sachbearbeiter dachten gar nicht daran, sich aus patriotischer Pflicht untereinander heimlich abzustimmen, um für ihre Landsleute und die Stadt das Beste zu bewirken. Ihre Loyalität gehörte ganz der jeweiligen Siegermacht. Mit einigem Recht erklärte der britische Außenminister Anthony Eden auf der Außenministerkonferenz der vier Mächte 1954 in Berlin, es sei unmöglich, Vertreter der Bundesrepublik und der DDR zusammenzubringen, denn sie würden sich gegenseitig zerfleischen.[10] Die Niederlage hatte die Seele, den Geist, die geschichtlich-kulturelle Identität Deutschlands analog zu den politischen Demarkationslinien umdisponiert.

In einschneidender Weise zeigte sich das im Umgang mit der Ver-

---

10 M. Boveri: *Status quo*, S. 57 f.

treibung und den abgetrennten Oder-Neiße-Gebieten. Alte Kulturräume wie Pommern, Ostpreußen, Schlesien mit ihrem eigentümlichen Menschenschlag und Dialekten verschwanden von der Bildfläche. Das gleiche Schicksal betraf deutsche Minderheiten außerhalb der Reichsgrenzen, so daß ein regelrechter Ethnozid vorliegt. Der Bundesrepublik, aber auch der DDR gelang es, die Entwurzelten wirtschaftlich und sozial zu integrieren. Eine ganz andere Frage ist es, wie Deutschland seinen Substanzverlust politisch, emotional und ideell verarbeitet hat. Aus der Perspektive einer tief verwundeten, aber intakt gebliebenen Nation hätte es zwei Möglichkeiten gegeben: Entweder weigerte Deutschland sich, Gebietsraub und Vertreibungen zu akzeptieren, und unternahm alle Anstrengungen, sie wieder rückgängig zu machen. Oder es fand sich mit den materiellen Verlusten ab, bestand aber auf dem verletzten Rechtsstatus, um mit ihm als außenpolitisches Pfund zu wuchern. Die nationale Pflicht, das kulturelle und historische Erbe zu bewahren, verstand sich sowieso von selbst. Die erste Alternative kam wegen offenkundiger Aussichtslosigkeit nicht in Frage. Aber auch die zweite Alternative wurde nicht wirklich ergriffen. Zwar wurde die Verbands- und Kulturarbeit der Vertriebenen von Bund, Ländern und Gemeinden unterstützt, doch der Umfang war in Wahrheit sehr gering. Die Kulturförderung durch den Bund betrug 1962 lediglich 4,5 Millionen D-Mark und 1969 8,5 Millionen D-Mark. Zum Vergleich: Das Auswärtige Amt stellte zur selben Zeit für die Kulturarbeit im Ausland über 150 Millionen D-Mark zur Verfügung. Allein sechs Millionen D-Mark wurden für die Sanierung eines ägyptischen Tempels ausgegeben.

Obwohl die Vertriebenen bis weit in die sechziger Jahre ein großes und relativ kompaktes Wählerpotential bildeten und die Parteien deshalb Rücksicht auf ihre Belange nehmen mußten, begann die Abwendung vom deutschen Osten bereits in den fünfziger Jahren. Der britische Historiker Arnold J. Toynbee, der im Zweiten Weltkrieg an Vertreibungskonzepten mitgearbeitet hatte, behauptete eine spezifische ostdeutsche Schuld am Nationalsozialismus, die er mit dem preußischen Militarismus begründete. Der Westen war hingegen ein Hort der demokratischen Gesinnung. 1950 schrieb er in einem Offenen Brief, die Vertreibung werde zur Verwestlichung der Ostdeutschen führen. Mit dieser Argumentation konnte dem monströsen Vorgang ein positiver geschichtlicher Sinn unterlegt werden, der sich mit den aktuellen Interessen der Politik und der mentalen Neuausrichtung der Bundesrepublik deckte.

Eine Zentralstelle zur Untersuchung von Vertreibungsverbrechen wurde aus formalen Erwägungen – die Länder pochten auf ihre Zuständigkeit für die Justiz – verworfen. Mehr noch fürchtete man negative Reaktionen aus dem Ausland. In der Debatte um die Aufhebung der Verjährungsfrist für Mord 1965 wurde auf die Ermordung zahlreicher Ostdeutscher nicht eingegangen.[11] Im selben Jahr veröffentlichte die Evangelische Kirche Deutschlands ihre Denkschrift »Die Lage der Vertriebenen und das Verhältnis des deutschen Volkes zu seinen östlichen Nachbarn«, die als »Ostdenkschrift« bekannt wurde und großen Einfluß auf die politische Diskussion hatte. Die Ausführungen sind vielschichtig, die Argumentation gewunden, abwägend, mit Rückversicherungen und Relativierungen versehen, aber schließlich schälen sich eindeutige Parteinahmen und Postulate heraus.

Die Massendeportation der Deutschen und das verweigerte Rückkehrrecht der Geflohenen wird als völkerrechtswidrig verurteilt, jedoch müsse das deutsche Volk sich die Frage gefallen lassen, »welchen Ausgleich das von ihm selbst verletzte Recht gebietet«, »nachdem in seinem Namen im letzten Krieg den Völkern des Ostens und im besonderen den Polen (...) schweres Unrecht zugefügt worden ist«. Eine Einteilung in gerechte und ungerechte Völker wird zurückgewiesen, aber eine deutsche Regierung müsse »heute zögern, einen Rechtsanspruch auf die Rückgabe von Gebieten zu erheben, deren Besitz wegen des Verlustes von Ostpolen zu einer wirtschaftlichen Lebensnotwendigkeit für Polen geworden ist«. Historisch und rechtlich war die Analogie haltlos, und bizarrerweise stützte sie sich auf ein von polnischer Seite vorgebrachtes »Lebensraum«-Argument. Doch der Evangelischen Kirchenfüh-

11 Vgl. Manfred Kittel: *Vertreibung der Vertriebenen? Der historische deutsche Osten in der Erinnerungskultur der Bundesrepublik (1961–1982)*. München 2007, S. 18, S. 67, S. 85.

rung ging es um Höheres. Unter der Überschrift »Theologische und ethische Erwägungen« verlangte sie, »Begriff und Sache der Versöhnung auch in das politische Handeln als einen unentbehrlichen Faktor einzuführen«. Konkret hieß das, vom »Unrecht der Vertreibung« nicht zu sprechen, »ohne daß die Frage nach der Schuld gestellt wird. Im Namen des deutschen Volkes wurde der Zweite Weltkrieg ausgelöst und in viele fremde Länder getragen. Seine ganze Zerstörungsgewalt hat sich schließlich gegen den Urheber selbst gekehrt. (...) Wir müssen aber daran festhalten, daß alle Schuld der anderen die deutsche Schuld nicht erklären oder auslöschen kann.«[12] Wenn die deutsche Schuld aus allen politischen Erklärungszusammenhängen herausfiel, dann war sie wohl von metaphysischer Dimension. Damit war der Tenor vorgegeben, der die Rede über die Vertreibung – und nicht nur über sie – bald dominierte.

Die Bedeutung der Ostdenkschrift reichte weit über ihren Anlaß hinaus. Eine allseits respektierte, überparteiliche Institution formulierte, abstrahierte und theologisierte eine Haltung, die weite Teile der Gesellschaft ergriffen hatte, ohne allerdings Staat und Politik schon zu beherrschen. Dies war nun der Beginn ihres Durchbruchs. Deutsche Politik sollte nicht interessengeleitet, sondern vor allem moralisch sein, das heißt, sie hatte den Vorbehalt einer ursächlichen deutschen Schuld und eine permanente Wiedergutmachungspflicht anzuerkennen.

Die Folgen waren enorm. Von Anfang an hatte die Bundesrepublik unter der Gefahr der moralischen Erpressung gestanden. Adenauer hatte ihr seinen starken Willen und zähen Widerstand entgegengesetzt. Jetzt war ihr von innen Tür und Tor geöffnet worden. Zwar beharrten die Bundesregierung und das Bundesverfassungsgericht auf dem juristischen Fortbestand des Deutschen Reiches in den Grenzen von 1937, doch der moralische Druck, unter den die Politik sich jetzt setzen ließ, hinderte sie daran, die Verzichts- und Vorleistungen, die in den seit 1970 geschlossenen Ostverträgen enthalten waren, mit Entschiedenheit geltend zu machen. Sie wurden

---

12 Zit. nach: http://www.ekd.de/EKD-Texte/45952.html

von der Gegenseite daher als selbstverständlich entgegengenommen. Das Konzedieren deutscher Schuld als Grundlage der Politik forderte dazu heraus, Deutschland immer neue Schuldtitel zu präsentieren. Seit Ende der sechziger Jahre wurde die Vertreibung als Fußnote zum Nationalsozialismus und zum Holocaust abgehandelt und fand in ihnen eine ausreichende Erklärung und Rechtfertigung. Dieser Nachvollzug der Niederlage ist so sehr zum Teil des öffentlichen Konsenses geworden, daß ein Zentrum gegen Vertreibungen, wie es der Bund der Vertriebenen geplant hat, den bundesdeutschen Eliten als Angriff auf das politische und gesellschaftliche Selbstverständnis der BRD erscheinen und sabotiert werden muß.

Die DDR hatte von Anfang an noch viel weniger Spielraum für eine eigenständige Politik. Dafür sorgten die historischen, kulturellen und zivilisatorischen Eigentümlichkeiten der sowjetischen Besatzungsmacht und die kommunistische Ideologie, von der sie sich politisch inspirieren ließ. Daher traten die Nachkriegsnöte hier noch schärfer hervor als im Westen. Das deutsche Drama kulminierte im Arbeiteraufstand am 17. Juni 1953. Die Forderung nach einer Senkung der willkürlich heraufgesetzten Arbeitsnormen ging schnell über in den Ruf nach der Wiedervereinigung Deutschlands. Symbolträchtig wurde die rote Fahne vom Brandenburger Tor heruntergeholt und durch die schwarzrotgoldene Fahne ersetzt. Dem Aufstand wohnte eine doppelte Tragik inne: weil er von der Besatzungsmacht niedergeschlagen wurde und weil er zum Kalkül in einem innersowjetischen Machtkampf gehörte. Sein Ausbruch und seine Niederlage waren von Anfang an in Moskau beschlossen. Die Akteure, deren Tapferkeit und Tatkraft zu Recht gerühmt werden – sie waren, ohne es zu wissen, unfreiwillige und unwissende Statisten in einer Tragödie, deren Drehbuch von höheren Mächten: von der zerstrittenen Partei- und Staatsführung der Sowjetunion, verfaßt worden war.[13]

---

13 Wir folgen hier u. a. der erhellenden Darstellung: Friedrich Dieckmann: »Olymp im Nebel. Hintergründe des 17. Juni 1953«, in: ders.: *Deutsche Daten. Der Lange Weg zum Frieden*. Göttingen 2009, S. 69–101.

In vier Noten hatte Stalin 1952 den drei Westmächten Verhandlungen über die Wiedervereinigung Deutschlands angeboten. In der Bundesrepublik stießen sie auf Ablehnung, denn die Absicht, die eingeleitete Westintegration aufzuhalten, war offensichtlich. Die Forderung Stalins, die DDR-Regierung müsse in Verhandlungen der Bundesregierung gleichgestellt sein, nährte den Verdacht, er wolle damit in Westdeutschland einen Systemwechsel anstoßen. Der Notenwechsel blieb ergebnislos. Nach Stalins Tod im März 1953 ging sein designierter Nachfolger, der Geheimdienstchef Lawrenti Berija, einen wesentlichen Schritt weiter. Er war zu dem Ergebnis gekommen, daß die DDR für die Sowjetunion mehr Kosten- als Nutzenfaktor war. Die kurzsichtigen, brutalen Demontagen und Reparationen hatten ihren ökonomischen Wert gemindert, und das harte Besatzungsregime hatte die Sowjetunion so verhaßt gemacht, daß keine Aussicht bestand, daß die DDR-Bevölkerung sie je als politische und militärische Schutzmacht akzeptieren würde, wie die Bundesdeutschen das mit den Amerikanern taten. Das SED-Regime war ebenso verhaßt und beruhte ausschließlich auf sowjetischen Bajonetten. Die Abneigung konzentrierte sich auf SED-Generalsekretär Walter Ulbricht, der den Aufbau des Sozialismus proklamiert, den Kampf gegen innere Feinde und den Aufbau der Schwerindustrie (auf Kosten der Konsumindustrie) forciert hatte.

Berija folgerte, daß ein vereintes, neutrales Deutschland die Sicherheit der Sowjetunion besser gewährleisten konnte als die deutsche Teilung. Weiterhin wollte er die wachsende Wirtschaftskraft der Bundesrepublik für die ökonomischen Ambitionen der Sowjetunion nutzen. Dafür war er bereit – und das war der qualitative Unterschied zu Stalin –, ein bürgerlich-kapitalistisches System in ganz Deutschland zu akzeptieren und die sowjetischen Truppen auch aus Polen zurückziehen. Wären diese Überlegungen in offizielle Vorschläge gegossen worden, hätten sie die Westmächte und Bonn in eine schwierige Situation gebracht. Die Bundesregierung hätte vor der Feuer- und Wasserprobe gestanden, wieviel ihr die Erlösung ihrer Landsleute vom sowjetischen und SED-Regime tatsächlich wert war. Diese Probe blieb ihr durch eine Anti-Berija-Fronde in der kommunistischen Parteiführung erspart.

Diese Fronde, in der sich der spätere Parteichef Nikita Chruschtschow und hohe Militärs versammelten, hielt die Preisgabe der DDR für grundfalsch. Die DDR war für sie ein militärisches Glacis, ein wirtschaftliches Ausbeutungsobjekt sowie symbolische Kriegstrophäe. Als Ulbricht Anfang Juni 1953 in Moskau erschien, um von Berija seine faktische Degradierung entgegenzunehmen, fehlte auf der Forderungsliste der innenpolitischen Maßnahmen, die er umzusetzen hatte, ausgerechnet die Rücknahme der Normerhöhungen, die in der Arbeiterschaft für Zorn und Verbitterung gesorgt hatte. Das war erstaunlich, weil die Arbeiterschaft aufgrund ihrer Zahl und Organisation als einzige Kraft zu offener Rebellion fähig war. Für diesen folgenreichen Fehler hatten die Berija-Gegner gesorgt.

Ulbricht kehrte sichtbar gedemütigt aus Moskau zurück. Auch ihm war ein Part in dem Spiel zugewiesen. Als er seinen harten Kurs abmilderte, aber ausgerechnet die erhöhten Arbeitsnormen beibehielt, wirkte das als eine neue Provokation. Andererseits schien er aufgrund seines verlorenen Rückhalts bei der Besatzungsmacht ein leicht überwindbares Hindernis zu sein. Es kam zu den Streiks, die in eine nationale Bewegung übergingen. Damit war nun auch die Sowjetunion herausgefordert. Den deutschen Einheitsstaat, der erst am Ende langer Verhandlungen und umfangreicher Gegenleistungen stehen konnte, beanspruchten die Streikenden von vornherein als ihr natürliches Recht. Genau darauf hatten die Moskauer Frondeure gewartet, denn einen derartigen Gesichtsverlust konnte eine Super- und Besatzungsmacht sich nicht bieten lassen. Zur Niederschlagung eines vermeintlich faschistischen Putsches verhängte die Sowjetische Militäradministration den Belagerungszustand. Das Konzept eines vereinten, neutralen Deutschland war am Ende und der Beweis erbracht, daß das Ergebnis der Wiedervereinigung ein antikommunistisches, antisowjetisches Deutschland sein würde. Berija wurde gestürzt und erschossen, Ulbrichts Macht war gestärkt, und Adenauer konnte die Westintegration vorantreiben. Die deutsche Einheit, für die die Aufständischen gekämpft hatten, war durch den Aufstand selbst unmöglich geworden – für fast 37 Jahre.

Die DDR-Bürger belehrte der 17. Juni darüber, daß ein Aufstand gegen die Besatzer sinnlos und Hilfe aus dem Westen nicht zu erwarten war. Die Demonstranten von 1989 beherzigten diese Lehre. Es gab keinerlei Gewaltakte gegen die sowjetische Armee. Auch die SED-Machthaber kamen ungeschoren davon, weil andernfalls die Gefahr bestand, daß die sowjetische Führung sich zur Solidarisierung und schließlich zum militärischen Eingreifen bemüßigt fühlte. Die Aggression und Wut über die jahrzehntelangen Bevormundungen und Drangsalierungen durch die Staatspartei und ihren Sicherheitsapparat durften sich nicht entladen, die innere Katharsis wurde blockiert. Im Moment ihres ersten und letzten politischen Triumphs erfuhren die DDR-Deutschen noch einmal den Stachel der Weltkriegsniederlage.

Einen letzten, nationalkommunistisch inspirierten Versuch für die deutsche Einheit hatte der junge Ost-Berliner Philosophieprofessor Wolfgang Harich unternommen, der 1956 dem sowjetischen Botschafter Grigori Puschkin eine entstalinisierte SED schmackhaft machen wollte, die im Bündnis mit der SPD gesamtdeutsche Wahlen gewinnen und Ulbricht und Adenauer abservieren würde. Harich verschwand danach für acht Jahre im Zuchthaus. Er hatte nicht gewußt, daß die Sowjetunion und die DDR inzwischen einen Kurswechsel in ihrer Deutschland-Politik vorgenommen hatten. Bis dahin schlossen die östlichen Wiedervereinigungsofferten die theoretische Möglichkeit ein, das SED-Regime dem Volk zur Wahl zu stellen. Nun sollten beide deutsche Staaten ihre Systeme aufrechterhalten dürfen und sich im Rahmen einer Konföderation gegenseitig der Nichteinmischung in die inneren Angelegenheiten versichern. Es war klar, daß die Bundesregierung solche Modelle ablehnen würde. Harichs propagandistisch groß herausgestellte Verurteilung im Sommer 1957 machte deutlich, daß alternative Vereinigungskonzepte als Staatsverbrechen geahndet würden.

Nach dem Mauerbau 1961 versank die Wiedervereinigung hinter dem Horizont des Denkbaren. Die Bundesrepublik blieb für die DDR-Bürger Hoffnung, Alternative und Bezugspunkt, aber nur noch für den individuellen und nicht mehr für den politischen Fall. Angesichts der Machtverhältnisse schienen die Teilung und der Bestand der DDR unverrückbar zu sein, sie senkten sich in das individuelle und kollektive Bewußtsein mit der Evidenz eines Naturgesetzes. Aus diesem verdinglichten Bewußtsein heraus wird erklärlich, warum der 1961 erfolgte Mauerbau von Intellektuellen und Künstlern der DDR begrüßt wurde. Wer an der brutalen Machtdemonstration nicht verzweifeln oder in bloße Anpassung verfallen wollte, der mußte in der Grenzschließung eine Chance sehen: Nun endlich würde der Sozialismus ungestört von äußerer Einmischung sein humanistisches Potential entfalten können und auf die eigene Bevölkerung und auf den Westen derart anziehend wirken, daß die Mauer und alle anderen Restriktionen überflüssig würden.

Die Bekundungen der DDR-internen Kritiker, den Sozialismus nicht abschaffen, ihn vielmehr verbessern zu wollen, waren ehrlich gemeint und wurden bis zum Schluß gebetsmühlenhaft wiederholt. Als in anderen Ostblock-Staaten längst über alternative Gesellschafts- und Europa-Konzepte auf politischem Niveau diskutiert wurde, kam die DDR-Opposition über das Moralisieren des Politischen nicht hinaus. Der schärfste Vorwurf an die SED-Führung lautete lediglich, sie verübe Verrat an den sozialistischen Idealen.

Die prinzipielle Loyalität gegenüber der DDR und der Sozialismus-Utopie unter Intellektuellen war keine bloße Resignation vor dem Faktischen, sonst hätte sie schwerlich über den Mauerfall 1989 hinaus angedauert. Die Idee des Sozialismus war die einzige Möglichkeit, dem Bestand der DDR, die keine eigenständige nationale Basis besaß, einen anderen geschichtlichen Sinn zu verleihen als den, die Frucht einer Niederlage und eine koloniale Kriegsbeute zu sein. An der Verbesserung des Sozialismus zu arbeiten, hieß daher, der unfreiwilligen Existenz als Bürger dieses Landes einen Anschein von Würde abzugewinnen, die über die des Besiegten und Kolonisierten hinausreichte. Das Festhalten am sozialistischen Weltbild war – zusammen mit dem als Staatsideologie inthronisierten Antifaschismus, der gleichfalls außerhalb der Kritik blieb – der paradoxe Versuch, die deutsche Niederlage im Geiste zu überwinden und sie nicht in der eigenen Existenz fortschreiben zu müssen: mit dem Ergebnis, daß sie in die Schichten des Unbewußten absank und sich desto skurriler entäußerte. Der Ruf nach der Wiedervereinigung, der Ende 1989 spontan aufkam, hatte nichts mehr mit der Aussicht auf politische und geschichtliche Perspektiven zu tun, sondern ausschließlich mit der Erwartung westlichen Wohlstands und privater Freiheitsrechte.

Die SED-Führung zog aus dem 17. Juni die Konsequenz, daß sie die Arbeiterklasse nicht mehr mit materiellen und sozialen Zumutungen provozieren durfte. Sie änderte ihre Wirtschaftspolitik und korrigierte die einseitige Orientierung auf die Schwerindustrie. Die DDR wurde, soweit ihre Mittel das zuließen, zum Sozialstaat ausgebaut. Die relative soziale Sicherheit verschaffte dem Regime durchaus Ansehen. Auf breite Zustimmung stießen auch die egalitären Tendenzen, die Enteignung der Industrie und landwirtschaftlichen Güter, die Benachteiligung bürgerlicher Schichten usw., in denen sich die kommunistische Klassenkampfideologie der zwanziger Jahre verwirklichte und die sich für die unteren Schichten als nützlich erwiesen. Innerhalb des Ostblocks verfügte die DDR-Bevölkerung über den höchsten Lebensstandard. Ironischerweise unterstützte die Bundesrepublik die Entwicklung und stabilisierte die DDR: durch Unmengen privater Paketsendungen und Geschenke, durch die Vorteile des innerdeutschen Handels, durch Kredite, Pauschalzahlungen und Häftlingsfreikäufe. Nach der Wiedervereinigung stellte sich heraus, daß die beiden Teile Deutschlands sich in der Sozialstaats- und Nivellierungsmentalität und in ihrem auf »soziale Gerechtigkeit« fokussierten Politikverständnis erstaunlich ähnlich waren.

Die Brücke vom Niederlage-Bewußtsein zum sozialistischen Weltbild in der DDR bildete der Antifaschismus. Dieser zog seine Begründung und emotionalen Energien aus der Gegnerschaft zum Faschismus. Bei diesem handelte es sich in der marxistisch-leninistischen Definition um die reaktionärste, aggressivste und offen terroristische Spielart des Imperialismus, der wiederum die höchste und letzte Stufe des Kapitalismus darstellte. Der Imperialismus beutete aus, unterdrückte und manipulierte die arbeitenden Klassen, die in der Zeit des Faschismus und des Krieges zwar mitgelaufen waren und damit objektiv gegen ihre eigenen Klasseninteressen gearbeitet hatten, die aber eben Verführte und Unterdrückte gewesen waren. Aus dieser Zwangslage hatten die Rote Armee und die antifaschistischen Maßnahmen in der SBZ – vor allem die Zerschlagung der kapitalistischen und junkerlichen Strukturen – sie befreit. Die Kriegsniederlage war also nur die Niederlage des Imperialismus und Faschismus, während die arbeitenden Menschen den 8. Mai als ihren Tag der Befreiung begehen und sich als Mitsieger fühlen konnten. Das wurde in dieser plumpen Form nicht geglaubt, zumal die persönlichen Erfahrungen mit der Roten Armee der Befreiungsthese widersprachen. Wirkungslos war sie deswegen nicht. Die Schuldgefühle, die echten und die oktroyierten, konnte man danach getrost dem Westen Deutschlands überlassen. Denn während man auf dem Territorium der DDR das Privateigentum an Produktionsmitteln beseitigt und damit alle Wurzeln des Faschismus mit – wie es obligatorisch hieß – »Stumpf und Stiel ausgerottet« hatte, waren die Eigentumsverhältnisse im Westen im wesentlichen unangetastet geblieben. Unter den Fittichen des US-Imperialismus blieb dort die faschistische Gefahr lebendig.

Der östlich-antifaschistischen Lesart setzte die Bundesrepublik die westlich-liberale Totalitarismus-Theorie entgegen. Sie beschreibt diktatorische Herrschaftsformen, die sich nicht mit autoritärer Machtausübung begnügen, sondern auf die Praktizierung einer Ideologie, eines ganzheitlichen Konzepts von der Gesellschaft und dem Menschen hinarbeiten. Alle politischen, ökonomischen, sozialen, kulturellen Verhältnisse sollen entsprechend der Ideologie umgestaltet werden bis hin zur Erschaffung eines »Neuen Menschen«. Diese Beschreibung traf auf den Nationalsozialismus wie auf den Kommunismus zu. Aus dieser Sicht war in der DDR der Totalitarismus keineswegs überwunden, sondern nur aus dem braunen in ein rotes Gewand geschlüpft. Die Bundesrepublik stand hingegen im antitotalitären Lager der freiheitlichen Demokratien und durfte sich ebenfalls als Mitsieger wähnen. Der Antitotalitarismus, soweit er als geistiges Fundament für das amerikanisch-westdeutsche Bündnis diente, hatte jedoch einen praktischen Defekt, der an seiner Beständigkeit zweifeln ließ: Die westlich-liberalen Länder hatten in der Vergangenheit keine Äquidistanz zu den beiden totalitären Spielarten, sondern die nationalsozialistische für die schlimmere gehalten. Der Sieg über Deutschland bildete nach wie vor die Grundlage der internationalen Nachkriegsordnung, zu deren Garanten die Sowjetunion gehörte.

Beide Teilstaaten hatten sich die Weltanschauungen und Regierungssysteme ihrer jeweiligen Vormächte, gegen die Deutschland im Zweiten Weltkrieg gekämpft und verloren hatte, zu eigen gemacht. Musterschüler, die sie waren, durften sie ihnen bald als engste Verbündete an die Seite treten. Der Preis bestand darin, daß sie als Speerspitzen der verfeindeten Lager gegeneinander antraten. Die Handlungsunfähigkeit des geteilten Deutschland entlud sich in internen, deutsch-deutschen Aggressionen, der ideologische Weltbürgerkrieg wurde als nationaler Bürgerkrieg ausgetragen. Gemäß ihrem Alleinvertretungsanspruch blockierte die Bundesrepublik 20 Jahre lang die internationale Anerkennung der DDR, was zu oft kleinlichen Aktionen – etwa der Diskriminierung von DDR-Sportlern bei internationalen Wettkämpfen – führte. Die Wiedervereinigung rückte dadurch keinen Schritt näher, im Gegenteil, die Spaltung wurde emotional vertieft. Und die DDR schlug der Bundesrepublik tiefe Wunden durch Kampagnen, die ihre faschistische Kontaminierung nachweisen sollten und sie international in ein schlechtes Licht rückten. Doch beschädigt wurde damit auch »Deutschland als Ganzes«, weil das Ausland den Eindruck gewinnen mußte, mit der Wiedervereinigung drohe eine Neuauflage des Nationalsozialismus.

Die deutsch-deutsche Konfrontation entsprach einer pathologischen Inversion. Den Schuldvorwurf, der auf der deutschen Nation lastete und in der Weltmeinung ihre Teilung moralisch begründete und rechtfertigte, versuchten beide Staaten auf ihren direkten Konkurrenten zu lenken. Wieder waren die Folgen in der DDR sehr viel schlimmer als in der Bundesrepublik. Westdeutschland war als Organisationsform schnell konsolidiert, weil die Bevölkerung sie akzeptierte. Ganz anders die DDR, die sich dennoch sowenig abschaffen durfte wie das Rumpf-Österreich der zwanziger Jahre. Mit der offenen Grenze nach West-Berlin existieren konnte sie erst recht nicht. Aus diesem genetischen Defekt ergaben sich der Mauerbau und der Schießbefehl. Auch die Mauertoten müssen vor allem als Spätfolgen der deutschen Niederlage betrachtet werden.

In der militärischen Frontstellung beider Staaten steckte die Zumutung des Brudermords. Als Gegenleistung für den – unterschiedlich großen – Spielraum, den ihre Vormächte ihnen allmählich konzedierten, stellten sie in Verträgen ihr Territorium für einen möglichen konventionellen oder atomaren Vernichtungskampf zur Verfügung, der zuerst zum deutschen Selbstvernichtungskampf geführt hätte. Noch in den siebziger und achtziger Jahren glaubten die Nato-Partner, der Bundesrepublik (und spiegelbildlich der DDR) mit der Neutronenbombe und atomaren Kurzstreckenraketen ein singuläres Sicherheits- und Selbstmordrisiko abfordern zu dürfen.

Auf diese Notlage, die in Spannungszeiten furchterregend ins Bewußtsein trat, antwortete die bundesdeutsche Gesellschaft mit einer weiteren inversiven Reaktion: mit der Vergangenheitsbewältigung. Zu den Akteuren der ersten Stunde zählt der Journalist Michael Mansfeld. Er litt unter der deutschen Teilung und unter der Atomkriegsplanung der Nato, die Deutschland als nukleare Wüste einkalkulierte. 1956 veröffentlichte er die Broschüre *Der Kurs ist falsch*. Die Beiträge beschäftigen sich mit angeblich neonazistischen oder restaurativen Tendenzen in der bundesdeutschen Politik, Gesellschaft und Publizistik. An diesem Punkt glaubte er eine Handlungsmöglichkeit für Deutschland auszumachen. Die gefährliche Lage, die ihm abverlangt wurde, hatte in Mansfelds Überlegungen damit zu tun, daß die Verbündeten noch kein rechtes Vertrauen zur Bundesrepublik gefaßt hatten. Eine ehrliche Aufarbeitung der NS-Zeit könnte das ändern. »Dieselben Verbündeten beobachten unsere Auseinandersetzung mit der eigenen Vergangenheit sehr genau. Auf diesem Gebiet aber, wo nicht nur über unseren nur notdürftig wiederhergestellten Ruf, sondern auch über unsere politische Zukunft entschieden werden kann (...), auf diesem Gebiet ist in den letzten Jahren viel versäumt worden.« Es handle sich um »eine entscheidende Voraussetzung für eine glücklichere Zukunft«.[14] Mansfeld reproduzierte die deutsche Gewohnheit, politische Probleme angesichts objektiver Ohnmacht in den Bereich der Moral und der Innerlichkeit zu verlegen und dadurch ihren eigentlichen Kern zu verkennen.

Die antitotalitäre Motivstruktur Mansfelds wurde von einer stärkeren und ambitionierteren überlagert. Die Frankfurter Schule, für die emblematisch die zurückgekehrten Emigranten Theodor Adorno und Max Horkheimer stehen und die das intellektuelle Leben der Bundesrepublik jahrzehntelang beherrschte, sah darin ein Mittel zur geistig-kulturellen Umerziehung der Gesellschaft. Diese sollte eine Wiederholung des Faschismus unmöglich machen. Basis-Revolutionen wie in der Sowjetunion und der DDR, die die Eigentumsverhältnisse umstürzten, hatten die Entfremdung des Menschen nicht beenden können. Um die Wurzeln des Faschismus freizulegen und zu beseitigen, war eine Kulturrevolution nötig, die in die Tiefe der psychischen, kulturellen und geschichtlichen Disposition vordrang. Zu dem Projekt gehörte auch die Implementierung einer US-affinen Elite, die neben der Politik alle relevanten Bereiche des gesellschaftlichen Lebens beherrschte.

Eine Rekonstruktion des erschütterten deutschen Nationalbewußtseins, dessen Sonderweg zum Faschismus geführt hatte, galt es dementsprechend zu verhindern. Ein allein antinationales Bewußtsein wiederum wäre nur die Umkehrung des Sonderwegs gewesen. Das Ziel war daher die Verwestlichung des deutschen Bewußtseins. Dieses Westliche, das die USA, Großbritannien und Frankreich modellhaft vorlebten, entsprach allerdings spezifischen geschichtlichen Lagen, Erfahrungen, Machtpositionen und territorialen Gegebenheiten, die von den deutschen abwichen. Wenn die Verwestlichung mehr sein sollte als wurzellose Satrapie, die sich unter veränderten Umständen leicht wieder abstreifen ließ, dann mußte sie an ein Ereignis anknüpfen, das eine kollektiv verbindliche Erschütterung auszulösen vermochte.

Ausschlaggebend wurde die Verknüpfung von Faschismus und

---

14 Helmut Hammerfeld/Michael Mansfeld: *Der Kurs ist falsch*. München u. a. 1956, S. 6.

Holocaust. Die Zusammenarbeit des Frankfurter Instituts für Sozialforschung mit dem American Jewish Committee, die schon auf die Exilzeit zurückging und Ende der fünfziger Jahre wieder intensiviert worden war, lieferte dafür wichtige Impulse. Vor allem Adorno gab die Entwicklung vor, die später einen deutschen Außenminister zu der Aussage bewegen sollte, Auschwitz sei der Gründungsmythos der Bundesrepublik. Adorno schrieb: »Hitler hat den Menschen im Stande ihrer Unfreiheit einen neuen kategorischen Imperativ aufgezwungen: ihr Denken und Handeln so einzurichten, daß Auschwitz sich nicht wiederhole, nichts ähnliches geschehe.« Diese Erkenntnis hielt Adorno für unumstößlich, sie »diskursiv zu behandeln, wäre Frevel«.[15] Die Schuld Deutschlands, das Hitler hervorgebracht hatte, war diesem Imperativ eingeschrieben. Er eröffnete der besiegten Nation aber auch einen neuen Transzendenzbezug und neue Felder politischen Handelns, auf denen die Letzten des Jahres 1945 tatsächlich die Ersten werden konnten! Nicht mehr als Vertreter eines deutschen Machtstaates und deutschen Selbstbewußtseins, aber als Botschafter einer universellen Idee und eines praktischen Humanitarismus, der zwischen dem Individuum und der Menschheit, zwischen dem Bürger- und dem Menschenrecht keine Unterscheidung mehr kennt.

Praktizieren ließ sich das freilich nur, wenn man zur Zerstörung bzw. zum Abschied vom Nationalstaat bereit war. Für junge Intellektuelle mit ihrem von Realitätserfahrung kaum getrübten Idealismus war diese Handlungsoption verführerisch. In der Studentenrevolte 1968 trennten sie sich spektakulär von den Traditionen, die sie in einer gedemütigten, verachteten Vätergeneration und einem unsicher agierenden Staat verkörpert sahen. Beide wurden von ihnen faschistisch genannt: zuerst in dem Gefühl, dann im sicheren Wissen, sie mit diesem Vorwurf rettungslos in die Defensive zu treiben.

Mit der Studentenrevolte von 1968 brach die schleichende Kulturrevolution offen aus und wurde direkt politisch. Herbert Mar-

---

15 Theodor W. Adorno: *Gesammelte Schriften*. Bd. 6, Tb, Darmstadt (Lizenzausgabe) 1998, S. 318.

cuse als politischer Guru der Bewegung sah die Bundesrepublik in einer »nachfaschistischen Periode«, die eine »Periode eindeutiger und gegenwärtiger Gefahren« sei. In der Vergangenheit seien die Reden der faschistischen und nationalsozialistischen Führer »das unmittelbare Vorspiel zum Massaker« gewesen, weshalb den aktuellen Wiedergängern jegliche Toleranz verweigert werden müsse: neben dem Recht auf freie Rede und Versammlungsfreiheit auch die Freiheit der Meinung, des Wortes, des Denkens. Der Kreis der Feinde bezog alle »rückschrittlichen Bewegungen«, namentlich die »Konservativen und die politische Rechte«, ein.[16] In Marcuse fand ein aggressiver Antifaschismus westlicher Provenienz seinen Wortführer. In dessen Logik stand fortan alles, was für weniger radikale Kräfte nationale und nationalstaatliche Normalität bedeutete, unter dem Faschismus- und Holocaust-Stigma. Nationale Identität konnte danach nur noch eine negative, mit dem Ruch des Verbrechens behaftete sein, denn »wer in Deutschland vom Faschismus spricht, kann von der involvierten deutschen Nation nicht schweigen. Nicht allein das Regime, die gesamte Nation ist mit dem Massenverbrechen affiziert«.[17]

Diese kurz nach der Wiedervereinigung niedergeschriebenen Sätze eines deutsch-israelischen Historikers will das 2005 errichtete Holocaust-Mahnmal in Berlin bestätigen. Doch ehe man das Stelenfeld als kollektive Bekundung einer deutschen Negatividentität betrachtet, sollte man danach fragen, ob diese Identität eine selbstbestimmte ist, ob sie tatsächlich aus der Tiefe einer gemeinsam gefundenen und akzeptierten geschichtlichen Einsicht kommt, oder ob sie von außen auferlegt und in der Hinnahme einer Zuschreibung besteht. Die Negativmodelle von Deutschland waren, wie erwähnt, bereits verfertigt, ehe die Ereignisse, auf die sie sich heute beziehen, überhaupt geschehen waren. Das Mahnmalprojekt wurde von keinem Volkswillen, sondern von den neuen

16 Zit. nach: Robert Paul Wolff/Barrington Moore/Herbert Marcuse: *Kritik der reinen Toleranz.* Tb, Frankfurt a. M. 1968 (1965), S. 120 f.
17 Dan Diner: *Der Krieg der Erinnerungen und die Ordnung der Welt.* Berlin 1991, S. 48.

deutschen Funktionseliten betrieben, die bewußt oder unbewußt im Sinne der Frankfurter Schule agieren.

In der Vergangenheitsbewältigung wollen die Subtileren unter ihnen die geglückte Verwestlichung der deutschen »Nationalidee nach dem Muster Frankreichs und der USA« erkennen, weil sie auf paradoxe Weise zu einer »Renationalisierung« geführt habe. Die öffentliche Dauerbuße wird in dieser Interpretation zum Glücksfall für die Deutschen. Sie ermöglicht es ihnen, Freiheit, Gleichheit, Menschenrechte und Demokratie, die sich im Rahmen der Nation nur unvollkommen verwirklichen lassen, »in den Bereich ihrer universalen Geltung für alle Menschen hochzuprojizieren, wobei ihre weltweite Verbreitung zur nationalen Sendung« wird. Damit entsteht »zwischen der nationalen Realität und der universalen Geltung der Nationalidee Vergangenheitsbewältigung ein westlich-lineares Verhältnis«, und Deutschland schafft sogar ein exportfähiges »Grundmuster« für den Umgang mit der Nationalgeschichte.[18]

Eine Reihe von Tatsachen spricht gegen diese Deutung, etwa der Zusammenhang zwischen den perpetuierten Schuldgefühlen und der ausufernden Asylpraxis, die zu einer ungesteuerten Massenzuwanderung führte. Religiöse und kulturelle Strömungen, die außer der Verwestlichung auch das Primat der autochthonen Deutschen in Frage stellen, konnten sich zu einer einflußreichen Größe entwickeln. Deutschland wird nach wie vor im globalen Rahmen als Chiffre des Bösen assoziiert; darüber belehren einen die anhaltenden, aus dem Zweiten Weltkrieg herrührenden Entschädigungsforderungen wie die internationale Filmproduktion. Allein die USA sind aufgrund ihres Machtpotentials noch in der Lage, den universellen Sendungsanspruch mit nationalem Eigeninteresse zu verbinden, während in Deutschland, Frankreich und den anderen europäischen Ländern die Menschenrechts- und Freiheitsrhetorik längst ein Ausdruck Spenglerscher Erschöpfung ist. Die Neuankömmlinge aus vitaleren Kulturkreisen, die man aus Schwäche nicht zurück-

18 Clemens Albrecht/Günter C. Behrmann u.a.: *Die intellektuelle Gründung der Bundesrepublik. Eine Geschichte der Frankfurter Schule.* Korrigierte Studienausgabe. Frankfurt a. M. 2000 (1999), S. 571. Vgl. auch S. 405 und 561.

weist, sollen durch Bekundungen guten Willens gnädig gestimmt werden. Ein Blick auf die demographischen, ökonomischen und sozialen Daten zwingt zu der Frage, ob der Versuch, westliche Werte universell zu handhaben, nicht längst zum Einfallstor für die genetische Umformung Europas geworden ist. Deutschland hätte in diesem Fall allen Grund, in seiner Verwestlichung die Besiegelung seiner Niederlage zu sehen.

Wenn die Negatividentität sich »auf das Selbst der Identität, die Fähigkeit zur Selbstbestimmung überhaupt«, bezieht, dann wird die Situation hoffnungslos, weil es sich um eine »Nichtidentität« handelt, die »so etwas (ist) wie eine Wand, eine Projektionsfläche für Zuschreibungswillkür. Das Selbst, wenn denn davon noch gesprochen werden kann, hat dabei seine Identität nur mehr in der stummen Anerkennung der Fremdbestimmung«.[19] Damit entfallen auch das Recht und der Wille zur Selbstbehauptung, weil dieses Selbst nicht mehr in der Lage ist, sich vorzustellen, daß es das Recht und den Willen zu seiner eigenen Selbstbehauptung überhaupt geben kann.

Daher war der Triumph, den die Bundesrepublik als Sieger des Kalten Krieges über die DDR genüßlich auskostete, nicht nur schal, sondern auch dumm, weil er die Möglichkeit einer gemeinsamen, gesamtdeutschen Bestandsaufnahme und Katharsis zunichte machte. In einem aktuellen, großangelegten Buch über *Die deutsche Modernitätskrise*, das von der politischen Mentalität in Deutschland von der Reichsgründung bis zur Gegenwart handelt, wird erleichtert festgestellt, daß der Horror Carl Schmitts vor einer entpolitisierten Welt heute auf allgemeines Unverständnis stößt. Begriffe wie Sonderbewußtsein, Erhabenheit oder Entzauberung seien ohne Resonanzkraft, man wisse gar nicht mehr, was sie bedeuteten. »Die Bundesrepublik und ihre Bürger haben sich nicht nur vom alten Militarismus und Nationalismus losgesagt; den Deutschen ist, wie den Bürgern wohl kaum eines zweitens Landes, jeder Heroismus innerlich fremd.« Der Autor, ein Politikwissenschaftler

19 Peter Furth: *Troja hört nicht auf zu brennen. Aufsätze aus den Jahren 1981 bis 2004*. Berlin 2006, S. 408 f.

und idealtypischer Vertreter der Bundesrepublik im Geiste, stellt triumphierend fest, es bestehe »aus verfassungspatriotischer Sicht kaum Anlaß zu fundamentaler Sorge«, daß sich im wiedervereinigten Deutschland das Politikverständnis ändere – dafür sorge schon die Dominanz des westlichen Landesteils.[20] Hat also das Konzept des Unpolitischen, das Thomas Mann im Ersten Weltkrieg so verbissen verteidigte, auf Umwegen doch noch gesiegt?

Ja, aber in anderer Form, und keinesfalls als Ergebnis einer echten politischen Reflexion. Die latente Angst der Deutschen vor einer Rückkehr der Politik und der Geschichte und vor einer erneuten Überforderung wurde mit der Wiedervereinigung akut und trieb die pathologische Inversion in eine neue Qualität. Die unpolitische Gesinnung, die sie in der Innerlichkeit traditionell kultivierten und die nach 1945 die gesamte Gesellschaft und zunehmend die Politik selbst okkupierte, wurde nun demonstrativ nach außen gekehrt. Das deutsche Interesse soll fugenlos in einem postnationalen Gesamtinteresse aufgehen, das in den mantrahaft beschworenen »westlichen Werten« wurzelt. Politik erscheint als moralische Bewährung gegenüber dem Humanitarismus bzw. westlichen Universalismus. Dieser Wahrnehmung bleibt verborgen, daß die Definition dieser Werte sowie die Art und Weise, wie sie zu vertreten sind, von politischen Interessen und Machtfragen bestimmt werden. Die fast zwanghaft bekundete Inter- bzw. Postnationalität der eigenen Politik ist die Kehrseite eines politischen Provinzialismus, der zwanghaft ausblendet, daß die Differenzen in Kultur, Mentalität und geschichtlichen Erfahrungen trotz enger internationaler Verflechtung bestehen bleiben und daß intensivere Nähe nicht unbedingt Annäherung bedeutet, sondern auch das Bewußtsein für die Unterschiede schärft. Das deutsche Insistieren auf der postnationalen Perspektive kann auch als beschränkt, aufdringlich oder als bedrohlich empfunden werden und die von Max Scheler analysierte Deutschen-Abneigung wiedererwecken.

---

20 Christian Schwaabe: *Die deutsche Modernitätskrise. Politische Kultur und Mentalität von der Reichsgründung bis zur Wiedervereinigung.* München 2005, S. 452 und S. 488. Vgl. auch S. 35.

Tatsächlich hat es Interessenkonflikte mit den westlichen Partnern immer wieder gegeben, sie kamen nur nicht zur vollen Entfaltung, weil das gemeinsame Bewußtsein der sowjetischen Bedrohung alles überwog. Die Bundesrepublik behob solche begrenzten Konflikte stets mit finanziellen Zuwendungen. Im größten Stil geschah das im Irak-Krieg 1990/91, als Deutschland sich zur Teilnahme außerstande sah, zur Besänftigung der Bündnispartner aber einen großen Teil der Kriegskosten übernahm. Der überstürzte und konzeptionslose Verzicht auf die D-Mark, das wichtigste Machtmittel, über das die Bundesrepublik verfügte, steht symbolhaft für die Entpolitisierung des deutschen Staates sogar in seinen dringendsten Angelegenheiten. Ohne politische und rechtliche Absicherungen ließ Deutschland sich auf eine europäische Währungsunion ein – in der naiven Annahme, sein Verzicht auf die D-Mark würde die anderen Länder ausreichend beeindrucken, um die deutschen Vorstellungen von einer stabilen Währung zu übernehmen. Das politische, finanzielle und ökonomische Erdbeben, das sich mit der Euro-Krise abzeichnet, bedeutet das Scheitern einer sich auf Sozialtechnik beschränkenden Außenpolitik und zeigt den Anachronismus einer Denkschule auf, die sich mit Demokratie-Exegese bescheidet und die Machtfragen ausklammert. Begriffe wie »Pragmatismus« oder »Realismus«, die dieses Politiksurrogat rechtfertigen, bezeichnen eine politische Schwäche, die übrigens zum Kalkül auswärtiger Mächte gehört. Wer sich weigert, Subjekt der Politik zu sein, der wird eben zu ihrem Objekt. Tatsächlich steht eine Änderung nicht in Aussicht, denn auch in der DDR hatte sich kein politisches Bewußtsein und Reflexionsvermögen herausbilden können, das den Horizont der Sozialstaatlichkeit und der Moralisierung überschritte.

Drängender denn je erscheint daher die Feststellung Carl Schmitts: »Es wäre tölpelhaft zu glauben, ein wehrloses Volk habe nur noch Freunde, und eine krapulose Berechnung, der Feind könne vielleicht durch Widerstandslosigkeit gerührt werden. (...) Dadurch, daß ein Volk nicht mehr die Kraft oder den Willen hat, sich in der Sphäre des Politischen zu halten, verschwindet das

Politische nicht aus der Welt. Es verschwindet nur ein schwaches Volk.«[21]

Im September 1951 veröffentlichte Bertolt Brecht einen Offenen Brief an die deutschen Künstler und Schriftsteller, in der er vor der Re-Militarisierung Deutschlands warnte. Am Ende stehen die klassischen Sätze über das große Karthargo, das nach dem ersten der Punischen Kriege noch mächtig, nach dem zweiten immerhin noch bewohnbar, nach dem dritten nicht mehr auffindbar war. Sie formulieren eine Parabel über Deutschland, über die beiden Weltkriege, den drohenden dritten und die wahrscheinlichen Folgen für das eigene Land.

Gut 60 Jahre später drängen sich ganz andere Analogien auf als jene, die Brecht als selbstverständlich voraussetzte. Er erweckt hier den Eindruck, daß Karthago in seiner Entscheidung über Krieg und Frieden frei gewesen wäre und sich aus Hybris eben falsch entschieden hätte. Wußte er wirklich nicht, daß der dritte Punische Krieg ein purer Verzweiflungsschlag war, mit dem sich Karthago der kalten Erdrosselung durch Rom zu erwehren versuchte? Rom hatte dem Konkurrenten auf der anderen Seite des Mittelmeers die außenpolitische Eigenständigkeit genommen und ihm verboten, sich der Überfälle seiner aggressiven Nachbarn zu erwehren – außerdem verfügte weder die DDR noch die BRD jemals über die Macht, einen Dritten Weltkrieg auszulösen. Beide konnten nur hoffen, daß ihre Führungsmächte den militärischen Konflikt vermieden, in den sie ihnen bis zur Selbstvernichtung hätten folgen müssen.

Sie haben Glück gehabt, doch damit ist ihre Geschichte längst nicht zum guten Ende gekommen. Jedenfalls fällt die Vorstellung immer leichter, daß in weiteren 60 Jahren die Historiker die Frage diskutieren werden, ob die lange Friedensperiode für Deutschland nicht als ein kalt geführter dritter Punischer Krieg bilanziert werden muß. Sie werden sich dann darüber wundern, wie wenig den Deutschen ihre Situation bewußt gewesen ist. Und zwar, weil sie von allen Feinden selber ihre entschiedensten waren!

---

21 Carl Schmitt: *Der Begriff des Politischen*. Text von 1932 mit einem Vorwort und drei Corollarien. Berlin 2002 (1963), S. 53 f.

Personenregister

Zum Autor

Thorsten Hinz, Jahrgang 1962, studierte Germanistik in Leipzig. Er war 1997/98 Kulturredakteur der Wochenzeitung *Junge Freiheit* und arbeitet seither als freier Autor in Berlin. Seine Texte publiziert er in verschiedenen Zeitungen und Zeitschriften, vor allem regelmäßig in der *Jungen Freiheit*, für die er auch unter dem zum Markenzeichen gewordenen Pseudonym Doris Neujahr schreibt. Themenschwerpunkte seiner Veröffentlichungen sind Fragen der deutschen Geschichte, Vergangenheitsbewältigung und nationalen Identität. 2004 erhielt er den Gerhard-Löwenthal-Preis für Journalisten.

Weitere Buchveröffentlichungen: *Zurüstung zum Bürgerkrieg* (Edition Antaios, 2008), *Das verlorene Land. Aufsätze zur deutschen Geschichtspolitik* (Edition JF, 2008, 3. Aufl. 2010), *Literatur aus der Schuldkolonie. Schreiben in Deutschland nach 1945* (Edition Antaios, 2010).

Weitere Bücher in der EDITION JF

Thorsten Hinz

Das verlorene Land

Aufsätze zur deutschen Geschichtspolitik

Eine Folge der vollständigen Moralisierung des Politischen ist, daß jede öffentliche Debatte auf ihre mutmaßliche Nähe zur NS-Ideologie überprüft und durch eine eilfertige Verdachtsrhetorik oft vorzeitig beendet wird. Eine ernsthafte Auseinandersetzung mit den Zukunftsfragen der Nation findet nicht mehr statt. Thorsten Hinz sieht in dieser Fehlentwicklung eine Ursache für die aktuelle Krise Deutschlands und eine Gefahr für die Demokratie. Der vorliegende Band versammelt seine wichtigsten Beiträge zu diesem Thema.

256 Seiten, gebunden, Leinen mit Schutzumschlag
und Lesebändchen
EUR 24,90
ISBN 978-3-929886-30-6

EDITION JF

■ Weitere Bücher in der EDITION JF

Alain de Benoist

Carl Schmitt und der Krieg

Die Lehre des großen deutschen Staatsrechtlers Carl Schmitt (1888–1985) zeigt, so der französische Philosoph Alain de Benoist, daß weder die USA noch Europa in der alten Ordnung der Moderne verharren können. Vielmehr erfordert das 21. Jahrhundert eine allgemeine Neuordnung der internationalen Beziehungen im Rahmen einer simplen Alternative: Unipolarität oder Multipolarität. Im Zeitalter asymmetrischer Kriege ist Carl Schmitt mit seiner präzisen Unterscheidung zwischen politischem Feind und Freund aktueller denn je.

128 Seiten, gebunden mit Schutzumschlag
EUR 19,80
ISBN 978-3-929886-28-3

jf
EDITION JF

Weitere Bücher in der EDITION JF

Alain de Benoist

Wir und die anderen

Niemand kann sich seine Identität aussuchen. Aber was ist Identität? Worauf beruht sie, wie macht sie sich bemerkbar? Wann wird sie zur Pathologie? Welche Antworten bietet der Kommunitarismus als Gegenbewegung zum Liberalismus? In seiner kleinen Kulturgeschichte der Identität erläutert der französische Philosoph Alain de Benoist, warum sie neben Freiheit und Gleichheit nicht nur zu den großen Schlagworten, sondern auch zu den Schlüsselbegriffen der Moderne zählt.

128 Seiten, gebunden mit Schutzumschlag
EUR 19,80
ISBN 978-3-929886-32-0

EDITION JF

Weitere Bücher in der EDITION JF

Alain de Benoist

Abschied vom Wachstum

Für eine Kultur des Maßhaltens

Alle reden vom Wachstum: Wie läßt es sich ankurbeln, wie inmitten der Krise im Schwung halten? Welche soziopolitischen Horrorszenarien kommen andernfalls auf uns zu? Dagegen fordert Alain de Benoist in seiner Streitschrift gegen den Selbstmord des Planeten eine gezielte Wachstumsrücknahme: Es ist höchste Zeit für eine Abkehr vom blinden Technikglauben und vom Konsumfetisch, höchste Zeit für eine Rückbesinnung auf Werte, die nicht der Markt bestimmt.

200 Seiten, gebunden mit Schutzumschlag
EUR 24,90
ISBN 978-3-929886-33-7

EDITION JF